EL ESPÍRITU SANTO
EL QUE ROMPE
LAS ATADURAS

EL ESPÍRITU SANTO
EL QUE ROMPE
LAS ATADURAS

EXPERIMENTE
LA LIBERACIÓN PERMANENTE
DE FORTALEZAS MENTALES,
EMOCIONALES Y
DEMONÍACAS

DAVID DIGA HERNANDEZ

DESTINY IMAGE® PUBLISHERS, INC.
P.O. Box 310, Shippensburg, PA 17257-0310
"Publicando recursos proféticos de vanguardia para capacitar sobrenaturalmente al cuerpo de Cristo"

Este libro y todos los demás libros de Destiny Image y Destiny Image Fiction están disponibles en librerías y distribuidores cristianos de todo el mundo.

Para más información sobre distribuidores extranjeros, llame al +1 717-532-3040.

Contacte con nosotros en Internet: www.destinyimage.com.

ISBN 13 TP: 978-0-7684-7245-5

ISBN 13 eBook: 978-0-7684-7246-2

For Worldwide Distribution, Printed in the U.S.A.

1 2 3 4 5 6 7 8 / 27 26 25 24 23

Dedicatoria

Dedico este libro a quienes están cansados de la lucha espiritual y desean ser libres por fin.

Agradecimientos

Quiero reconocer y honrar al precioso Espíritu Santo que ha revelado estas verdades por medio de Su Palabra.

También deseo reconocer a mi esposa, Jessica, y a mi hija, Aria, ya que amorosamente me han permitido realizar el trabajo de escribir este libro. Como escribí en el transcurso de varios meses, ellas compartieron el sacrificio del tiempo.

Por último, deseo expresar mi reconocimiento a todo el equipo de DHM (Ministerios David Hernandez por sus siglas en inglés) y a nuestros maravillosos socios de DHM. Juntos, estamos difundiendo el evangelio de Jesucristo por todo el mundo a través de eventos y medios de comunicación.

Contenido

Introducción

No hay espíritu más poderoso que el Espíritu Santo. Ninguna mentira puede permanecer a la luz del Espíritu de Verdad. Ninguna adicción, tormento, miedo o confusión puede luchar contra el poder del Espíritu Santo.

> *Pues el Señor es el Espíritu, y donde está el Espíritu del Señor, allí hay libertad* (2 Corintios 3:17 NTV).

La voluntad de Dios para ti es la victoria total. La vida del creyente está destinada a ser una vida de vitalidad espiritual, fortaleza y libertad. Aunque enfrentarás dificultades, aun en las circunstancias más difíciles de la vida puedes y debes ser espiritualmente victorioso. Tristemente, muchos creyentes pasan años bajo el gran peso del engaño demoníaco, y ese engaño causa estragos en sus vidas a través de la esclavitud que crea. Peor aún, muchos de los hijos de Dios, a sabiendas o sin saberlo, aceptan al menos alguna forma de derrota espiritual como un hecho. Piensan que la lucha espiritual es una parte normal de la vida cristiana. De hecho, las pruebas son parte de la vida cristiana, pero nunca la debilidad espiritual o la esclavitud. Incluso con problemas externos, debemos vivir con paz interior y alegría, totalmente estabilizados en nuestro interior.

Tal vez estés en una esclavitud espiritual. Esa esclavitud no es tu cruz para llevar. La derrota espiritual no es un sacrificio hecho a Dios. No hay duda en mi mente de que puedes y debes ser liberado y luego permanecer permanentemente libre de toda forma de influencia demoníaca.

Si estás en esclavitud espiritual o simplemente quieres ministrar mejor la libertad a otros, las verdades dentro de este libro te desafiarán, animarán y transformarán.

El Espíritu Santo es tu compañero para vivir en la verdad que te hará libre. Cualquiera que sea la esclavitud y sin importar cuántas veces hayas tratado de ser libre, puedo asegurarte esto: la presencia del Espíritu Santo en tu vida será la clave para romper permanentemente toda cadena de esclavitud. Este libro presenta la verdad acerca de la liberación, la guerra espiritual y las estrategias del infierno, mientras enfatiza el poder del Espíritu Santo sobre el poder demoníaco. Los principios que comparto se derivan de las Escrituras y están directamente respaldados por ellas, de modo que las soluciones presentadas son las soluciones de Dios, no directivas religiosas humanas. Se te dará la verdad, no la tradición.

Para sacar el máximo partido a este libro, recomiendo leerlo de principio a fin sin saltar porciones.

"Mandato sobre mandato, mandato sobre mandato, línea sobre línea, línea sobre línea, un poco aquí, un poco allá" (Isaías 28:10 LBLA).

Debemos fundamentarnos en los principios bíblicos básicos antes de poder tratar los aspectos específicos de cada tipo de fortaleza. Abordo los siguientes temas:

+ **Identificar las fortalezas**
+ **Derribar fortalezas**
+ **El poder demoníaco**

- **Puertas abiertas**
- **La verdad**
- **El engaño**
- **La guerra espiritual**
- **Otras verdades clave**

Este libro también presenta estrategias reveladoras que puede utilizar contra estas fortalezas específicas:

- **Tentación**
- **Adicción**
- **Miedo y tormento**
- **Acusación**
- **Depresión**
- **Distracción**
- **Ofensa**
- **Confusión**

He incluido un capítulo sobre cómo el enemigo puede usar la enfermedad contra el creyente, aunque la enfermedad está categorizada como un "ataque" en lugar de una "fortaleza." Además, comparto mi testimonio personal de cómo el Señor rompió el poder de la ansiedad en mi vida. Al sumergirnos profundamente en la Palabra de Dios, las capas de engaño serán expuestas y removidas.

Ten la seguridad de que Dios no te creó para vivir en ninguna forma de derrota espiritual. No tienes que conformarte con nada menos que la victoria espiritual absoluta para todos los días de tu vida aquí en la tierra. Es hora de romper finalmente el ciclo de tormento, miedo, pecado habitual, pesadez y confusión. Tú puedes ser libre, de una vez por todas, y la Palabra de Dios tiene las respuestas. Vas a vencer. Vas a tener paz y alegría. Una vida de victoria espiritual te espera al otro lado de la verdad. Que se eleven tus esperanzas. Deja que tu fe se eleve. El Espíritu Santo es tu Rompedor de Ataduras.

Así que, si el Hijo los hace libres, ustedes son verdaderamente libres (Juan 8:36 NTV).

1

Ya basta

Mi esposa, Jess, y yo nos sentamos para el almuerzo del domingo. Celebrábamos nuestro aniversario, y nuestro plan era salir a hacer una caminata después de terminar la comida. Jess y yo estábamos deseando que llegara ese día. Estábamos en una época de la vida muy ajetreada, así que hacía semanas que no habíamos tenido la oportunidad de hacer algo así. Si no fuera por nuestro aniversario, no estoy seguro de que hubiéramos sido tan intencionados con nuestra excursión ese día. Recuerdo la expresión de Jessica. Estaba sentada frente a mí y sonreía satisfecha. Por fin teníamos tiempo para nosotros solos y estábamos de muy buen humor.

Solo unos minutos después de recibir nuestros alimentos, sentí una sensación familiar pero desagradable. En mi mente, me suplicaba a mí mismo: "Por favor, ahora no, ahora no, ahora no". Nunca es buen momento para lo que me estaba pasando, pero tampoco se me ocurre un momento peor que una fecha de aniversario. Hice todo lo posible por ignorarlo, por reprimirlo, pero sabía que acabaría perdiendo el control... otra vez.

Tratando de distraerme de la batalla interna, me quedé mirando a Jess ella mientras hablaba de algo. No pude concentrarme lo suficiente como para entender lo que decía.

Entonces empeoró. Sentí un zumbido en los oídos. Sentí que la sangre me subía a la cara. Mi corazón empezó a latir tan fuerte que podía sentir mi pulso en el cuello. Se me nubló la vista y se me entumeció la cara. Estaba sufriendo un ataque de pánico total, en público, delante de mi esposa, en medio de nuestro almuerzo de aniversario.

En momentos de pánico, rara vez prevalece la razón. Sabía que era "solo otro ataque de pánico". Sin embargo, la ansiedad siempre insiste en preguntar: "¿Pero y si es más?". No lograba ser lógico. Como hacía durante casi todos los demás episodios de pánico, imaginé el peor escenario posible: que me estaba muriendo. La lógica me decía: "Es solo ansiedad. Tranquilízate. Se te pasará". El miedo gritaba: "¡Te estás muriendo! Ve a un hospital ya".

Sin tener en cuenta a nadie más que a mí mismo, tomé la cartera, corrí hacia la camarera y pagué la cuenta. Buscaba las palabras a tientas mientras me agobiaba: "Tengo que salir de aquí ahora mismo. Tengo que pagar la cuenta. Tenga el dinero. Quédate con el cambio". De forma casi maternal, la camarera me miró y aseguró: "Tu color está bien. Hablas normal. Cariño, solo estás teniendo un ataque de pánico". Nunca había conocido a aquella mujer. Solo puedo suponer que su audacia fue impulsada por el Espíritu Santo. En aquel momento, yo estaba demasiado asustado para escuchar Su voz. Mirando hacia atrás, puedo ver que Él estaba tratando de hablarme a través de ella. Sé que me estaba diciendo: "No dejes que gane el miedo. No permitas que el miedo te robe este momento. No permitas que el miedo le robe este momento a Jess".

Si hubiera sido razonable, me habría detenido y me habría dado cuenta de lo que estaba pasando. Habría recordado las innumerables veces anteriores en las que había sobrevivido a un ataque de pánico. Habría respirado lentamente durante unos minutos, habría orado y habría seguido adelante con mi día. Por desgracia, ese día elegí el miedo.

Como tantas otras veces, me encontré esperando a que me vieran en la clínica de urgencias. Jess me había llevado en nuestro vehículo, y se sentó a mi lado en la sala de espera, consolándome. Recuerdo estar sentado en una silla de la sala de espera, desplomado y con las manos en la cara. Me tapaba la cara para tranquilizarme, pero también me sentía avergonzado por la escena que había causado. Mi cuerpo temblaba. Jess puso Su mano en mi espalda y se permaneció sentada a mi lado. Realmente no había nada que decir.

Mientras esperábamos a que el personal de urgencias dijera mi nombre, el pánico empezó a remitir. Después de unos cuarenta y cinco minutos de espera, volví a estar tranquilo. Sentí al pánico dejar mi cuerpo. Jess y yo salimos del hospital sin que me examinara un médico. No necesitaba que me examinaran. Sabía exactamente lo que me había pasado, porque me había pasado muchas veces antes.

Mientras Jess y yo volvíamos a casa, lo único que podía hacer era pedirle disculpas una y otra vez. Ella se mostró tan dulce y comprensiva, insistiendo en que no era necesario disculparme. Sin embargo, me sentía tan enfadado conmigo mismo por haber permitido que otro ataque de pánico arruinara otro hermoso momento. No dejaba de pensar en la sonrisa de Jess justo antes de que mi ansiedad se apoderara de mí.

Entonces, por supuesto, el enemigo comenzó a burlarse implacablemente: "¿No eres un hombre de Dios? Eres tan débil. Eres un farsante". Me sentí tan impotente y avergonzado. También estaba confundido. Me hice preguntas serias: *¿No me he liberado ya de esto? ¿Cuántas veces más voy a tener que vencer esta oscuridad? ¿Cómo puede seguir sucediendo esto cuando estoy caminando con el Espíritu Santo? ¿Cómo es esto posible en la vida de un creyente lleno de fe?* "Señor, te he visto hacer milagros para tantos otros. ¿Por qué no haces este milagro para mí?".

Absolutamente agotado, yo estaba cansado de mi batalla contra la ansiedad. En realidad, no solo luchaba contra la ansiedad. Luchaba contra el devastador dúo que forman la ansiedad y la depresión. De verdad, estaba cansado. Estaba cansado de la pesadez que pesaba sobre mí. Me avergonzaba mi lucha. Me sentía sin fe y falso.

Había leído sobre los grandes avivadores y evangelistas de tiempos pasados. Algunos de ellos habían perdido la razón debido a las presiones del ministerio y la pesadez de las batallas mentales y emocionales. Me preguntaba, *¿Voy a repetir sus errores? ¿Seré recordado como un evangelista que perdió la razón?*

¿Cómo podía un ministro del evangelio sufrir ansiedad y depresión? ¿Cómo era posible que semejante esclavitud tuviera cabida en mi vida? ¿Me estaban atacando? ¿Estaba bajo hechicería? ¿Una maldición? ¿Era posesión demoníaca, opresión o simplemente un problema emocional? ¿Era una "puerta abierta"? ¿Qué estaba pasando exactamente?

Fuera lo que fuera, decidí: "Ya basta".

2

¿Qué es una fortaleza?

Porque las armas de nuestra milicia no son carnales,
sino poderosas en Dios para la destrucción de
fortalezas, derribando argumentos y toda altivez
que se levanta contra el conocimiento de Dios, y
llevando cautivo todo pensamiento a la obediencia
a Cristo (2 Corintios 10:4-5 RVR1960).

El contexto de esa porción de la Escritura es la defensa que hace Pablo de su autoridad apostólica. Algunas personas divisivas habían comenzado a desafiar el llamado divino de Pablo al socavarlo ante los miembros de la iglesia de Corinto. Esos aspirantes a apóstoles estaban celosos de la influencia divina de Pablo. Pablo se refirió a su derribo de los engaños calumniosos como la "*destrucción de fortalezas*". Teniendo en cuenta el contexto, he aquí un principio que tener en cuenta: el engaño es como una fortaleza.

En lo natural, una fortaleza es un fuerte o un lugar fortificado. Puede ser un castillo, una torre o una fortaleza bien defendida de cualquier tipo. En el reino espiritual, una fortaleza es una mentalidad basada en el engaño. Una fortaleza es una imaginación impía, un argumento en contra de la verdad, o una manera engañosa de razonar. Las fortalezas son patrones de pensamiento engañosos. Estos patrones de pensamiento engañosos pueden convertirse en refugios seguros para las obras de la carne, así como para la influencia demoníaca. Una vez establecidos, estos patrones de pensamiento impíos se convierten en patrones de comportamiento impíos, y esos patrones de comportamiento impíos son a lo que nos referimos como "esclavitud espiritual".

Si quieres ser libre permanentemente de la esclavitud espiritual, tienes que llegar a la raíz del problema. Tienes que tratar el problema más allá de los síntomas de tus acciones y sentimientos; tienes que llegar a la fuente del engaño. Para el creyente, la raíz de todo tipo de esclavitud espiritual es una fortaleza de engaño. El engaño es la raíz de toda derrota. El diablo es el padre de todo engaño. La guerra espiritual es la lucha para creer la verdad de Dios por encima de las mentiras del enemigo. Lo que creemos puede dar poder o quitarle poder al diablo y a la naturaleza pecaminosa. Afortunadamente, se nos dice cómo tratar con las fortalezas de engaño.

Pablo escribe: *"Porque las armas de nuestra milicia no son carnales"*. Esto, por supuesto, habla de la naturaleza espiritual de cómo el creyente se involucra en la batalla. Aunque lo espiritual a menudo puede afectar a lo material y viceversa, tú y yo no luchamos contra nuestro enemigo a través de medios carnales. Los demonios y los engaños no responden a las demostraciones de fuerza física. No se dejan impresionar por el intelecto, por lo que creemos saber sobre ellos o sobre el reino espiritual. Tampoco la emoción funciona contra el enemigo. Ni los engaños ni los demonios sienten compasión por nosotros, por lo que nuestras frustraciones o penas no pueden persuadirles para que muestren misericordia. Los gritos no los intimidan. El esfuerzo humano no puede eliminarlos ni silenciarlos. Además, no podemos ser más inteligentes que ellos. Así que usamos las armas de Dios, que son los poderosos efectos de la verdad y la autoridad divina.

La frase *"poderosas en Dios"*, nos habla de la eficacia de nuestras armas y de cómo nuestras armas espirituales cumplen por el bien de la causa de Dios.

"Para la destrucción de fortalezas" es especialmente poderoso. Lo que se describe es la destrucción absoluta y la eliminación completa del obstáculo espiritual. Para visualizar esta idea, imagina un muro de ladrillos. Si el muro fuera derribado de la manera descrita en este versículo, no quedaría un ladrillo sobre otro. Esto es más que el derribo de una estructura; es la desaparición de la misma. La Escritura no está describiendo una fortaleza dañada o una barrera parcialmente removida. Ni siquiera está describiendo un montón de escombros. La Biblia nos habla de un camino completamente despejado. Ni siquiera un indicio de la fortaleza puede permanecer. Al entrar en la victoria, ni siquiera tendrías que preocuparte por tener una piedra en el zapato. Eso es lo que Dios promete: la victoria total.

> *Así que, si el Hijo los hace libres, ustedes son verdaderamente libres* (Juan 8:36 NTV).

Cuando Pablo escribe: *"derribando argumentos"*, está hablando de razonamientos, mentalidades o engaños. Estos *"argumentos"* son las cosas que nos decimos a nosotros mismos que no concuerdan con la verdad divina. También son las mentiras que los demonios nos dicen repetidamente. Así que derribar *"argumentos"* es una referencia a la disipación del engaño.

Se nos dice que *"toda altivez que se levanta contra el conocimiento de Dios"* será derribada. Esto puede referirse tanto a toda mentalidad o engaño que nos impide conocer a Dios como a toda mentalidad o engaño que nos impide conocer la verdad acerca de Dios. Lo primero tiene que ver con nuestra relación personal con Dios; lo segundo tiene que ver con nuestra revelación personal acerca de Dios.

Finalmente, la Escritura nos habla de *"llevar cautivo todo pensamiento a la obediencia de Cristo"*. Me encanta que la Escritura describa el acto de combatir el engaño como llevar cautivos. Así como el botín de guerra se toma solo después de que una ciudad cae, no puedes llevar cautivos tus pensamientos hasta que hayas desmantelado la fortaleza, el patrón de pensamiento, en el que encuentran refugio. La influencia demoníaca y carnal se esconde en las fortalezas que están construidas sobre las mentiras que creemos. Cuando una fortaleza es derribada, solo entonces somos capaces de tomar nuestros pensamientos como cautivos y traerlos bajo sujeción.

Entonces, ¿cómo se destruyen las fortalezas? Para destruir fortalezas y llevar cautivos tus pensamientos, debes entender la naturaleza del engaño.

La naturaleza del engaño

El engaño no es exactamente lo mismo que la mentira. Una mentira es una contradicción de la verdad, pero el engaño es lo que ocurre cuando alguien se cree la mentira. Si alguien te dice algo que contradice la verdad, te han mentido. Si crees lo que te dicen, te han engañado. Una mentira no se convierte en engaño hasta que es creída. Por eso el enemigo trabaja para que sus mentiras sean creíbles, sutiles e incluso mezcladas con la verdad. Si una mentira es astuta, es más probable que sea aceptada.

Así es como funcionan las fortalezas: El enemigo te miente a través de sus demonios, la cultura secular, otras personas, los medios de comunicación, e incluso por ti mismo. Cada día, eres bombardeado por mentiras. De vez en cuando, una mentira se te escapa de las manos. La mentira, una vez creída, se convierte en engaño. Ese engaño se convierte en un patrón de pensamiento. Ese patrón de pensamiento se convierte en un comportamiento. Ese comportamiento se convierte en un hábito. Ese hábito se convierte en un ciclo a largo plazo. Ese ciclo es lo que llamamos esclavitud espiritual.

La mayoría de los creyentes pasan años intentando tratar la superficie de una fortaleza, que son los malos hábitos o los sentimientos negativos. Van tras los síntomas en vez de la enfermedad, el fruto en vez de la raíz, la consecuencia en vez de la causa. Van tras la esclavitud en lugar de la fortaleza que está causando la esclavitud. Esto sería como podar un árbol en lugar de arrancarlo de raíz. Puedes podar un árbol para que se vea despejado por una temporada, pero sus hojas crecerán de nuevo si no se corta en la raíz. Esto explica por qué algunos pueden experimentar una forma de libertad o liberación durante días, semanas o incluso meses, solo para encontrarse de nuevo donde empezaron. Siguen ocupándose del resultado mientras ignoran el origen.

Incluso si puedes elevar tu estado de ánimo y abandonar temporalmente los malos hábitos a través de una experiencia positiva o incluso un encuentro espiritual, si no abordas la mentira de raíz, finalmente volverás a caer en tus viejos patrones. Aunque utilices la disciplina y la fuerza de voluntad para resistirte a un hábito durante un largo periodo de tiempo, si no abordas el engaño desde su raíz, acabarás volviendo al hábito de nuevo. Y cuando vuelvas a caer en tus viejos hábitos, el desánimo de haberlo intentado y haber fracasado solo agravará el problema.

La mentira se convierte en engaño. El engaño se convierte en un patrón de pensamiento o en una forma de sentirse. Esos pensamientos y sentimientos se convierten en acciones. Esas acciones se convierten en hábitos. Esos hábitos se convierten en ciclos. Eso es esclavitud.

**Mentiras = Engaño =
Patrones de Pensamiento/Sentimiento = Acciones =
Hábitos = Ciclos = Esclavitud**

La esclavitud que resulta de una fortaleza puede ser terriblemente destructiva. Puede producir tormento, depresión, ansiedad, adicción, paranoia, antojos pecaminosos, confusión e incluso problemas tan graves como inestabilidad mental, terrores nocturnos, ideas suicidas, alucinaciones y oír voces. Las fortalezas son así de destructivas. Así de eficaz puede ser el engaño. No importa el síntoma, la fuente es una fortaleza de engaño y, por lo tanto, la solución es la verdad. Vivir en esa verdad es la esencia de la batalla espiritual. Afortunadamente, Dios nos ha equipado para tener la victoria.

La Armadura de Dios

Tu mente es el campo de batalla. Cuando eliges creer la verdad, la paz avanza. Cuando eliges creer las mentiras del enemigo, la oscuridad avanza. Las fortalezas se construyen, ladrillo a ladrillo, con mentiras. Las fortalezas se desmantelan, ladrillo a ladrillo, con verdades. Es por eso que debemos hacer una práctica de *"llevar cautivo todo pensamiento a la obediencia de Cristo"*. Hacemos esto haciendo uso del equipo espiritual que Dios ha provisto.

> *Una palabra final: sean fuertes en el Señor y en su gran poder. Pónganse toda la armadura de Dios para poder mantenerse firmes contra todas las estrategias del diablo. Pues no luchamos contra enemigos de carne y hueso, sino contra gobernadores malignos y autoridades del mundo invisible, contra fuerzas poderosas de este mundo tenebroso y contra espíritus malignos de los lugares celestiales. Por lo tanto, pónganse todas las piezas de la armadura de Dios para poder resistir al enemigo en el tiempo del mal. Así, después de la batalla, todavía seguirán de pie, firmes. Defiendan su posición, poniéndose el cinturón de la verdad y la coraza de la justicia de Dios. Pónganse como calzado la paz que proviene de la Buena Noticia a fin de estar completamente preparados. Además de todo eso, levanten el escudo de la fe*

para detener las flechas encendidas del diablo. Pónganse la salvación como casco y tomen la espada del Espíritu, la cual es la palabra de Dios. Oren en el Espíritu en todo momento y en toda ocasión. Manténganse alerta y sean persistentes en sus oraciones por todos los creyentes en todas partes (Efesios 6:10-18 NTV).

La palabra *"estrategias"* en el versículo 11 se traduce de la palabra griega *methodeia*, que significa *"engaño, artes astutas, artimañas"*. Así que las estrategias del enemigo tienen que ver principalmente con el engaño. En el versículo 11, también vemos la frase *"para poder mantenerse firmes contra todas las estrategias del diablo"*. Esto es clave. Observa que la Biblia no dice que la armadura de Dios te ayudará a mantenerte firme contra solo algunas de las estrategias del enemigo. *Dice, "todas las estrategias del diablo".* Esto significa que la armadura de Dios es todo lo que necesitamos para resistir contra todo lo que el enemigo pueda hacer.

Por supuesto, las Escrituras ciertamente nos dan muchas otras revelaciones acerca de la guerra espiritual. Así que no estoy diciendo que otras revelaciones bíblicas sobre la guerra espiritual no sean necesarias. Solo quiero decir que la armadura de Dios puede derrotar toda estrategia concebible que el enemigo pueda usar contra el creyente.

Al examinar las diversas piezas de la armadura, vemos un tema constante: la lucha contra el engaño.

Pablo escribe que debemos "ponernos" la armadura de Dios. Esto es una instrucción. Así que tenemos al menos alguna responsabilidad en la aplicación de la armadura de Dios.

La primera pieza de la armadura es el cinturón de la verdad. Si vamos a tener éxito en la aplicación del resto de la armadura de Dios, debemos estar comprometidos con la verdad.

La segunda pieza de la armadura es la coraza de justicia. Pablo se estaría refiriendo a la armadura romana o israelita. Así que la coraza, que protegía los órganos vitales contra el ataque enemigo, necesitaría estar bien sujeta por el cinturón. Así, deducimos que la coraza de justicia debe estar sujeta por el cinturón de la verdad. La verdad te sujeta la justicia. No puedes vivir justamente si no vives en la verdad.

La coraza de justicia representa la justicia de Dios dada a Sus hijos. Somos hechos justos cuando ponemos nuestra fe en el Señor Jesús (Romanos 4:3). Esta es una justicia que no se puede ganar, sino que Dios, en toda Su gracia, la otorga a los que creen. La justicia viene por la fe, pero para experimentar aquí en la tierra todos los beneficios de la justicia que se nos ha dado, debemos conocer la verdad y vivir de acuerdo con ella.

El calzado de la paz representa nuestra disposición a difundir el Evangelio. La versión Reina Valera lo expresa de esta manera: "*y calzados los pies con el apresto del evangelio de la paz*". Dos cosas a notar aquí: Primero, en el Reino de Dios, no tomamos territorio a la manera de los conquistadores mundanos. Tomamos territorio con la difusión del mensaje del evangelio. Pisamos y reclamamos territorio enemigo ganando almas. Segundo, el evangelio es verdad. De nuevo vemos un tema: la verdad contra el engaño.

Luego tenemos el escudo de la fe. El escudo que se describe en este texto es un escudo grande que cubriría todo el cuerpo de la persona que la trae puesta. Cuando colocamos nuestra fe en el sacrificio de Cristo, en el poder del Espíritu Santo, y en las promesas del Padre, estamos usando el escudo de la fe. Es nuestra fe en Dios y Su Palabra que funciona como un escudo para protegernos de las flechas encendidas del enemigo. Las flechas encendidas representan las mentiras y los engaños del diablo. El engaño, como el fuego, se extiende si no se apaga. ¿Cómo nos escudamos de las flechas? Usamos el escudo de la fe por medio de poner nuestra confianza en lo que Dios dice. Esta creencia, esta profunda convicción, apaga las flechas encendidas, las mentiras del enemigo. Al examinar el escudo de la fe, vemos nuevamente que la guerra espiritual es la verdad versus el engaño.

Luego, tenemos el casco de la salvación. Una manera efectiva de descubrir el significado de una Escritura es comparar esa Escritura con otra Escritura. Afortunadamente, también se menciona el casco de la salvación en 1 Tesalonicenses. Esto nos da más entendimiento sobre el significado del casco, o yelmo, de la salvación.

> *Pero nosotros, que somos del día, seamos sobrios, habiéndonos vestido con la coraza de fe y de amor, y con la esperanza de salvación como yelmo* (1 Tesalonicenses 5:8 RVR1960).

El yelmo (o casco) de la salvación es la esperanza de la salvación. Este "saber" que tenemos respecto a nuestra salvación está arraigado en última instancia en la verdad.

Finalmente, tenemos la espada del Espíritu. Ahora bien, la espada, a diferencia de las otras piezas de la armadura, es ofensiva, no defensiva. De acuerdo, podríamos decir que el calzado de la paz también es ofensivo, en el sentido de que es el medio por el cual le quitamos terreno al enemigo. Sin embargo, la espada es nuestra principal arma ofensiva. La espada del Espíritu es la Palabra inspirada de Dios. Con las otras piezas de la armadura, nos defendemos contra la mentira y el engaño. Con la espada, destruimos la fuente de esas mentiras. Una vez más, vemos el tema: la verdad contra el engaño.

Así que si cada pieza de la armadura de Dios está destinada contra el engaño y la armadura de Dios es todo lo que necesitamos para resistir todos los ataques del enemigo, podemos concluir que, fundamentalmente hablando, todos los métodos del enemigo se basan en el engaño. Ahí lo tienen: la guerra espiritual es la lucha por creer la verdad de Dios por encima de las mentiras del enemigo.

Aunque la Biblia aborda otros aspectos acerca de la guerra espiritual y la naturaleza del enemigo, podemos concluir que el engaño está en el corazón de toda estrategia enemiga y que siempre podemos ganar contra él conociendo y viviendo en la verdad.

Gracias a Dios que se nos ha dado lo que necesitamos para enfrentarnos a *"todas las estrategias"* del diablo. Dios ha expuesto completamente al enemigo a través de la Palabra. Él no nos deja con dudas o carencias. Dios no esconde nuestra libertad detrás de misterios demoníacos o secretos antiguos. La Biblia es clara en que la verdad es la llave de la victoria. Por lo tanto, sabemos que el único poder que el enemigo tiene sobre nosotros es el que puede engañarnos para que se lo demos. Sé que no siempre se siente o parece así. A veces, puede parecer que el enemigo tiene más poder sobre nosotros que solo el engaño.

Sin embargo, sigue siendo absolutamente cierto que el único poder del enemigo sobre ti es el engaño. Algunos cristianos no quieren aceptar esa simple verdad, porque basan su identidad alrededor de sus tácticas de guerra espiritual hechas por el hombre. Tal simplicidad haría sus "tácticas" innecesarias. Otros cristianos rechazan esa simple verdad por paranoia. Ellos escuchan tanta predicación acerca de cómo la ignorancia de las tácticas del diablo puede resultar en debilidad espiritual. Así que confunden la confianza en la verdad con "bajar la guardia". Piensan que las soluciones de Dios son demasiado simples, y no confían en que la simple verdad será lo suficientemente efectiva para hacerlos y mantenerlos libres.

Es cierto que debemos conocer las tácticas del enemigo. Sin embargo, lo que sabemos del reino espiritual debe basarse en la Palabra, y tenemos que confiar en que la Palabra nos da todo lo que necesitamos para ser victoriosos.

Al punto, la Palabra revela claramente que el enemigo es impotente contra los creyentes llenos del Espíritu si no puede engañarlos. Fortalezas, esclavitud espiritual, ataque demoníaco…todo se basa en el engaño.

La libertad, la armadura de Dios, la victoria espiritual…todo se basa en la verdad.

3

Regresa la oscuridad

Mi lucha contra la ansiedad y la depresión empezó cuando era niño, y no era solo un problema psicológico, sino espiritual. Ya a los siete años era muy consciente del reino sobrenatural. Podía sentir la guerra por mi alma, el conflicto entre la luz y la oscuridad. Como no creo que sea sano hacer hincapié en los demonios o en el poder demoníaco, no suelo hablar de este aspecto de mi testimonio. Sin embargo, creo que es importante compartir contigo lo que pasé, para que puedas ser alentado al saber que es posible superar incluso las más severas batallas espirituales y fortalezas.

El ataque a mi vida resultó ser generacional. Mi tatarabuelo era un poderoso hechicero que ejercía en Zacatecas, México. Personas de toda la región acudían a curarse e incluso le pagaban para que hechizara a sus enemigos. La fuente de su poder era demoníaca, y las acciones de mi tatarabuelo tuvieron consecuencias. La influencia demoníaca que estableció se había vuelto familiar para mi familia. Esa familiaridad duró generaciones.

De niñas, mi abuela y su hermana jugaban a un juego que implicaba un poder demoníaco. Se sentaban y movían objetos simplemente queriendo que se movieran. Una de sus cosas favoritas era abrir y cerrar cajones y armarios simplemente concentrando su "energía" en los objetos. Mi abuela me explicó: "Pensábamos que era algo normal que todos los niños podían hacer. Para nosotros era un juego. Entonces no sabíamos que era maligno". Afortunadamente, después de que sus padres se convirtieran en creyentes renacidos, esas demostraciones demoníacas de poder ya no eran posibles. Sin embargo, eso no significaba que los ataques demoníacos contra mi familia cesaran. Mientras crecíamos, mis primos y yo experimentábamos extraños fenómenos demoníacos. Honestamente, pensábamos que era normal.

En muchos otros casos, cuando tenía amigos en casa, mis amigos se inquietaban e informaban que sentían "algo" más en la casa con nosotros. Cuando yo era muy pequeño, a menudo veía y mantenía conversaciones con entidades demoníacas. No estoy orgulloso de esto. Es importante que sepas lo profunda que era la oscuridad. Para decirlo sin rodeos, era atormentador. Así que estoy seguro de que puedes entender por qué estaba tan atormentado. Debido a que mi familia eventualmente se había llenado del Espíritu y había nacido de nuevo, había límites a lo que los poderes demoníacos podían hacerme personalmente, pero las entidades demoníacas ciertamente hicieron lo que pudieron.

Recuerdo ver caras en las paredes de mi habitación, oír voces susurrantes y ver físicamente a seres oscuros acercarse a mí. No fue hasta que volví a nacer, a los once años, que tuve mi primera victoria. En el momento en que recibí a Cristo, el tormento cesó. La depresión desapareció. La ansiedad desapareció. La actividad demoníaca se detuvo, y me refiero a segundos después de nacer de nuevo. Dediqué los dos primeros años de mi salvación a orar diariamente de cuatro a ocho horas y a leer diariamente docenas de capítulos de la Biblia. Me convertí en un seguidor comprometido de Cristo, y eso cambió mi vida.

Dos años después de nacer de nuevo, a la edad de trece años, comencé a predicar en conferencias juveniles. Durante años, caminé en victoria total sobre la ansiedad y la depresión. En cierto punto, esas luchas previas ya ni siquiera eran pensamientos en mi mente. Literalmente me olvidé de mis años anteriores de tormento. Mi nueva vida había comenzado, y no miré hacia atrás.

Durante esos años de total libertad de la depresión y la ansiedad, incluso empecé a aprender más sobre el Espíritu Santo, la oración, la guerra espiritual y esas verdades. Estaba teniendo un avivamiento real y personal. Mi fe se fortalecía, mi gozo aumentaba y mi paz era constante. Mi amistad con el Espíritu Santo comenzó a florecer y, junto con esa amistad, eventualmente vino un ministerio evangelístico.

Aquí es donde las cosas cambiaron. Estaba cada vez más ocupado con el ministerio y tenía cada vez menos tiempo para pasar en el lugar secreto de la oración. A medida que el ministerio empezó a crecer, también lo hizo mi reputación como hombre de "fe y poder". Años después de las etapas iniciales de lo que algunos podrían llamar éxito, llegué a tener tanta confianza en lo que hacía para el Señor, que, por una temporada, llegué a depender de mi propia fuerza. Todavía amaba al Señor. Aún caminaba con el Espíritu Santo y lo conocía. Seguía viviendo limpio. Oraba por los enfermos, echaba fuera demonios, profetizaba, ganaba almas y predicaba. Mi agenda de viajes ministeriales comenzó a acelerarse. Todo parecía ir bien, pero esa pizca de autosuficiencia era más un problema de lo que yo creía.

Poco a poco, mi depresión y mi ansiedad empezaron a resurgir. No recuerdo ningún momento que me hiciera decir: "¡Ahí! Ahí es cuando volvió". Fue apareciendo poco a poco. Cuanto más ocupado estaba, cuanto más me conocían, cuantas más presiones se acumulaban, más se abría paso de nuevo en mi vida. Cuando cumplí diecinueve años, la depresión y la ansiedad habían vuelto a ser un problema para mí. Así que allí estaba yo, un ministro que oraba por los enfermos y que podía echar fuera demonios, pero que necesitaba una victoria espiritual.

Querido lector, quizás tú también te hayas encontrado en una circunstancia similar. Tal vez exista una esclavitud de la que deseas liberarte definitiva y permanentemente. Tal vez hay una fortaleza que ha resurgido o resurge a menudo. Quizá te preguntes por qué el ciclo se repite una y otra vez.

Cada vez que el ciclo se repite, el desánimo empeora un poco más. Cada vez que el ciclo se repite, la esperanza se debilita mucho más. Cada vez que el ciclo se repite, te quedas preguntándote si alguna vez vas a ser libre, si alguna vez te librarás permanentemente de la esclavitud. Lo admito. Eso es lo que me pasó a mí. Había sido libre durante tanto tiempo, que me desanimaba la idea de que mi lucha pudiera volver. Era como si su regreso demostrara que, por mucho tiempo que estuviera libre, la oscuridad siempre volvería. Dudaba: *¿alguna vez seré verdaderamente libre? ¿Era cuestión de tiempo que volviera el problema? ¿Siempre estaré inevitablemente atado, pase lo que pase?*

Queriendo entender por qué estaba luchando de la manera en que estaba luchando de nuevo, frustrado por mis muchos intentos aparentemente infructuosos de ser libre, decidí encontrar la liberación de una vez por todas. Lo intenté todo. Cuando digo que lo intenté todo, lo digo en serio. Fui a conferencias, noches de adoración, reuniones de avivamiento y servicios religiosos. Oraron por mí profetas, evangelistas, apóstoles y "especialistas" en liberación. Los maestros trataron de liberarme por medio de la enseñanza. Los pastores trataron de liberarme por medio del pastorado. Los consejeros trataron de liberarme por medio de la consejería.

Durante un tiempo, incluso seguí el camino de la medicación y la terapia. Recibí palabras proféticas, oraron por mí con aceite e incluso me soplaron shofares. Leí los libros y vi los seminarios. Renuncié verbalmente a toda posible influencia demoníaca de toda posible fuente de toda generación anterior. Oré las oraciones rompedoras de maldiciones e hice confesiones llenas de fe. Algunas de esas cosas funcionaban por una temporada. Sin embargo, no importaba lo que hiciera, la ansiedad y la depresión siempre parecían volver a mí.

Ciertamente, creo en la oración, la liberación y la capacidad de Dios para liberar a las personas. Innumerables veces, lo he visto obrar a través de algunas de estas formas que he enumerado. Solo estoy siendo honesto contigo al decirte que, durante un cierto período de mi vida, absolutamente nada parecía estar funcionando para mí, y yo no sabía por qué. Otros creyentes me acusaron de ser espiritualmente débil. Aunque me cueste admitirlo, había algo de verdad en lo que me decían. Aun así, todo era muy desalentador.

Quería ser libre y sin ni siquiera el menor indicio de depresión o ansiedad. La lucha no siempre era debilitante. Vivía el día a día sabiendo que en cualquier momento podía caer en la depresión o disparar hacia la ansiedad. No siempre hervía, pero todos los días estaba a fuego lento. Había una sutil sensación de pesadez. Algunos días era realmente malo, pero la mayoría era simplemente incómodo. Ansiaba ser libre "de verdad". Así que esta lucha que iba y venía, esta búsqueda durante años de una victoria permanente, duró muchas fases de mi vida, e incluso hasta aquel día en que permití que un ataque de pánico arruinara una cita de aniversario con mi Jessica.

Estaba listo para la solución. Había estado en una profunda oscuridad, y buscaba esa maravillosa luz de la libertad. Me dirigí a mi querido amigo, el precioso Espíritu Santo. Le pedí que me enseñara. Le dije: "No me importa cuál sea la respuesta. Incluso si eso significa que tengo que corregir mi teología y mis creencias más arraigadas, solo quiero conocer la verdad que me hará libre. Ayúdame, Espíritu Santo".

4

El Espíritu de la Verdad

Y conoceréis la verdad, y la verdad os
hará libres (Juan 8:32 NTV).

El engaño trae la derrota

Si aún estás atado, es que aún crees en una mentira. Si estás viviendo en esclavitud, estás viviendo en una mentira. Si estas espiritualmente derrotado, estas engañado. Donde hay derrota espiritual, siempre hay engaño espiritual. Si no estás caminando en victoria espiritual, entonces en algún lugar, escondida entre tus muchos pensamientos y creencias, hay una mentira que sin saberlo o sin querer abrazas. Ningún poder demoníaco puede igualar el poder del Espíritu Santo en ti. Así que la única esperanza de victoria por parte del enemigo es engañarte para que caigas derrotado. El engaño es el único poder que el enemigo tiene sobre el creyente.

Existe una vieja analogía que se usa a menudo para demostrar el efecto negativo de las creencias limitantes. Va más o menos así: Un hombre observó una vez a un grupo de elefantes adultos cautivos con cuerdas finas enrolladas alrededor de sus patas y atadas a estacas de madera relativamente pequeñas en el suelo. Al darse cuenta de que los elefantes podían romper las cuerdas incluso con un uso fraccionario de su fuerza, se preguntó por qué permanecían atados cuando podían liberarse en cualquier momento. El hombre pidió explicaciones a un entrenador de animales que trabajaba cerca. El entrenador explicó: "Desde que estos elefantes eran jóvenes, hemos utilizado cuerdas de este tamaño para atarlos. Cuando eran más jóvenes, pequeños y débiles, estas cuerdas bastaban para mantenerlos atados. Se les ha condicionado para que crean que no pueden liberarse de esas cuerdas. Así que, aunque son lo bastante fuertes para liberarse, simplemente eligen no intentarlo, por la simple creencia de que no pueden".

Lo mismo vale para el creyente. No quiero decir que el pensamiento positivo por sí solo puede traer la libertad, y nunca despreciaría la lucha de nadie. Entiendo que la esclavitud espiritual no es algo de lo que se pueda "salir de golpe". La gente bienintencionada te dirá que "simplemente creas", como si esa sugerencia por sí sola tuviera poder para darte un avance victorioso. Así que ciertamente no estoy tratando de comunicar que vencer las fortalezas es tan simple como un pensamiento feliz. Sin embargo, es cierto que si estás en esclavitud espiritual, no estás haciendo pleno uso del poder que Dios puso dentro de ti. Entonces, ¿cómo podemos hacer uso de este poder?

El Espíritu de Verdad

Conocer la verdad es mucho más profundo que simplemente tener un pensamiento feliz o positivo. Este conocimiento es un conocimiento espiritual. Por lo tanto, como con todas las cosas espirituales, necesitamos la ayuda del precioso Espíritu Santo. Su papel en tu libertad es crucial. Él es quien nos guía en la verdad.

> *Cuando venga el Espíritu de verdad, él los guiará a toda la verdad. Él no hablará por su propia cuenta, sino que les dirá lo que ha oído y les contará lo que sucederá en el futuro* (Juan 16:13 NTV).

Si es la verdad la que nos hace libres y es el Espíritu Santo quien nos guía en la verdad, entonces el Espíritu Santo es verdaderamente el Rompedor de Ataduras. Sin la guía del Espíritu Santo, no podemos conocer la verdad. Sin la verdad, no podemos ser libres.

Todos tenemos puntos ciegos. Todos nos equivocamos en algún momento. Todos necesitamos que nos recuerden las verdades que olvidamos. Las mentiras vienen contra nosotros en todas las formas. Los demonios engañan. Tus propios pensamientos pueden engañarte. Incluso tus emociones pueden jugar un papel en convencerte de creer algo que contradice las Escrituras. Tenemos preferencias e inclinaciones. Vemos a través de lentes nublados. Evaluamos a través de percepciones defectuosas. Estamos influenciados por la educación, la cultura, las opiniones e incluso por lo que esperamos que sea verdad. Precisamente por eso necesitamos al Espíritu Santo. Él no tiene puntos ciegos, y puede ayudarte a ver los tuyos.

Puedes llegar a conocer un hecho recibiendo información, pero solo puedes conocer la verdad recibiendo revelación. Solo la revelación trae una transformación verdadera y duradera. La revelación viene solo por el Espíritu Santo. Él es el Maestro.

Entonces, ¿cómo se crea una conexión con el Espíritu Santo? Esa es la parte asombrosa. Si eres un creyente nacido de nuevo, ya estás conectado con Él.

Ya es uno

Tu cuerpo es una cáscara. Tu alma es tu mente, voluntad y emociones. Tu espíritu es tu conexión profunda y directa con Dios. Tu espíritu es lo que cobró vida cuando naciste de nuevo (Juan 3:3-8). La parte más íntima de ti, lo que realmente eres, es tu espíritu. Tu espíritu está ahora y para siempre conectado directamente con el Espíritu Santo. Como un creyente nacido de nuevo, no tienes que trabajar para conectarte con el Espíritu Santo. Eso ya está hecho. Claro, tu cuerpo está pereciendo. Sí, tu alma está siendo santificada. Pero tu espíritu ya está completo. Tu espíritu es uno con el Espíritu Santo, justo en este momento.

Pero la persona que se une al Señor es un solo espíritu con él (1 Corintios 6:17 NTV).

La unidad con el Espíritu Santo no es algo que se ha de experimentar entonces y allá, sino aquí y ahora. La unidad no es solo para el Cielo después. Tú estás viviendo en esa unidad incluso mientras existes aquí en la tierra. Como creyentes nacidos de nuevo, no estamos luchando por conectarnos con Dios. Ya estamos conectados. Esto puede ser difícil de creer, especialmente si estás luchando para ser libre de una fortaleza. Puedes sentir la lucha en tus emociones y luchar contra los pensamientos negativos en tu mente. Incluso puedes sentir pesadez en tu cuerpo como resultado de tu lucha interior. Sin embargo, a pesar de lo que sientas en el exterior de tu ser, debes ser consciente de la realidad de que tu espíritu es libre y está conectado con Dios. La esclavitud espiritual solo puede llegar hasta cierto punto, porque la conexión espiritual con Dios está en el núcleo de lo que realmente eres.

Muchos creyentes pasan toda su vida sin darse cuenta de esta conexión. Puede que incluso veas tu camino con Dios como subir una escalera. Los días que lo haces bien, subes la escalera. En los días que fracasas o cometes un error, bajas algunos peldaños. Tal visión de tu caminar con Dios es lo que contribuye a la derrota. Nuestra relación con Dios no es un sistema rígido basado en puntos. Así es cómo la Biblia describe tu relación con el Señor:

Pero fue a nosotros a quienes Dios reveló esas cosas por medio de su Espíritu. Pues su Espíritu investiga todo a fondo y nos muestra los secretos profundos de Dios. Nadie puede conocer los pensamientos de una persona excepto el propio espíritu de esa persona y nadie puede conocer los pensamientos de Dios excepto el propio Espíritu de Dios. Y nosotros hemos recibido el Espíritu de Dios (no el espíritu del mundo), de manera que podemos conocer las cosas maravillosas que Dios nos ha regalado. Les decimos estas cosas sin emplear palabras que provienen de la sabiduría humana. En cambio, hablamos con palabras que el Espíritu nos da, usando las palabras del Espíritu para explicar las verdades espirituales; pero los que no son espirituales no pueden recibir esas verdades de parte del Espíritu de Dios. Todo les suena ridículo y no pueden entenderlo, porque solo los que son espirituales pueden entender lo que el Espíritu quiere decir (1 Corintios 2:10-14 NTV).

El Espíritu Santo de Dios está en comunión con tu espíritu. Lo más profundo de Dios conoce lo más profundo de ti. Esta realidad es ahora. Todo el día, todos los días estás en comunión con Dios por el Espíritu Santo. Lo profundo llama a lo profundo.

Un abismo llama a otro a la voz de tus cascadas; todas tus ondas y tus olas han pasado sobre mí (Salmo 42:7 RVR1960).

Se está trabajando sobre tu exterior: tu cuerpo y tu alma. Tu espíritu ya experimenta el gozo, el amor, la paz, el poder y la santidad de Dios. En el espíritu, conoces a Dios. En el espíritu, estas completo, siempre conectado con Dios. En el espíritu, eres libre.

Por eso tengo un pequeño problema con la frase "crecimiento espiritual". Por supuesto, como cualquier otra persona, uso esa frase, pero en realidad, tu espíritu no crece. Tu espíritu ya está completamente maduro, porque tu espíritu ya es uno con Dios. El crecimiento espiritual no es que tu espíritu crezca en absoluto, es que el resto de ti se pone al día con lo que ya eres en el espíritu. El crecimiento espiritual no es el fortalecimiento real de tu espíritu, porque tu espíritu ya es tan fuerte como puede ser. El crecimiento espiritual es cuando tu espíritu comienza a influenciar y afectar tus envolturas externas, tu cuerpo y tu alma.

Entonces, si ya estamos conectados con el Espíritu Santo, ¿por qué a veces experimentamos esclavitud espiritual?

Revelación por el Espíritu

La mayoría de los cristianos nunca llegan a darse cuenta de la plenitud de su conexión con Dios. Debido a que carecen de la revelación de quiénes son en Cristo, simplemente dejan sin usar el poder dado por Dios. Viven bajo engaño, pensando en sí mismos como víctimas de satanás, en lugar de como hijos de Dios. Viven como si fueran seres meramente físicos que luchan contra los poderes de las tinieblas. Debido a esto, aceptan su esclavitud espiritual como una parte normal de la vida cristiana. Debido a esto, nunca se dan cuenta de que son seres espirituales que tienen el poder de ser victoriosos. Todos los que están bajo esclavitud espiritual necesitan una revelación mayor de quiénes son en Cristo.

Revelación es cuando lo que ya sabes en tu espíritu es revelado a tu mente natural por el Espíritu Santo. La fuente de la revelación es siempre el Espíritu. Esa es la diferencia entre simplemente reconocer una verdad y llegar a conocer realmente la verdad. La revelación toma las realidades internas de quien ya eres en el espíritu y hace que afecten los aspectos externos de tu ser.

Este conocimiento interior más profundo es el testimonio del Espíritu Santo. El testimonio del Espíritu Santo es el punto de partida de la libertad perfecta. Algunos creyentes buscan su libertad por otros medios. Buscan un encuentro o experiencia que los convenza de lo que ya deben saber por fe. Esperan hasta que sus emociones confirmen su libertad. Esperan hasta que sus pensamientos dejen de correr. Esperan a que su cuerpo deje de sentir la angustia del ataque espiritual. Esperan a que las realidades exteriores confirmen lo que el Espíritu Santo ha estado diciendo todo el tiempo, en su interior.

El precioso Espíritu Santo nos lo recuerda fielmente.

Sin embargo, cuando el Padre envíe al Abogado Defensor como mi representante—es decir, al Espíritu Santo—, él les enseñará todo y les recordará cada cosa que les he dicho (Juan 14:26 NTV).

La ruptura de fortalezas comienza aquí: la verdad hablada por el Espíritu Santo. El Espíritu Santo habla la verdad acerca de tu identidad, acerca de tu herencia divina de libertad, acerca de la autoridad y el poder que tienes, acerca del propósito que tienes, y otras verdades fundamentales.

Además, el Espíritu Santo contradice toda mentira que pueda convertirse en una fortaleza.

La esclavitud se parece a esto:

Mentira = Engaño =
Patrón de pensamiento/sentimiento =
Comportamiento = Hábito = Esclavitud

La libertad tiene este aspecto:

Verdad = Revelación =
Patrón de pensamiento/sentimiento =

Comportamiento = Fidelidad = Libertad

Así que el Espíritu Santo habla de las verdades básicas y fundamentales. También habla verdades específicas que nos impiden caer en las mentiras diarias del enemigo. Cuando los demonios del infierno gritan mentiras, el Espíritu Santo habla verdad. Cuando el enemigo te tienta a enfocarte en el engaño, el Espíritu Santo dirige tu atención a Jesús.

[El Espíritu Santo] me glorificará porque les contará todo lo que reciba de mí (Juan 16:14 NTV).

El primer paso para recibir libertad es conocer la verdad, y el Espíritu Santo te enseñará la verdad y luego continuará recordándote cualquier verdad que necesites recordar. La verdad te libera, expone las estrategias del enemigo, te fundamenta en tu identidad, y contradice las mentiras de satanás. Este es el punto de partida. Para mantenernos libres de las mentiras, todos necesitamos la ayuda del Espíritu Santo.

Entonces, si el Espíritu Santo es quien te ayuda a desenmascarar y eliminar el engaño, ¿qué puede causar que caigas bajo el poder del engaño?

5

Puertas abiertas

Lo que quiero decir

Al estudiar los temas de guerra espiritual, liberación y fortalezas, a menudo escucharás el término "puertas abiertas". Este término es usado en una variedad de maneras: "¡No veas esa película! Es una puerta abierta para el diablo". "¡No escuches esa canción! Es una puerta abierta para el enemigo". "No juegues con el ocultismo; es una gran puerta abierta para la influencia demoníaca".

¿Qué queremos decir con «puerta abierta»? Aunque el término en sí no se encuentra en las Escrituras, el principio bíblico ciertamente sí. En pocas palabras, una puerta abierta es cualquier cosa que le daría al enemigo la ventaja en tu vida o que te haría bajar la guardia contra las mentiras de satanás. Una puerta abierta es cualquier cosa en tu vida que te hace más susceptible al engaño. Otra manera de decirlo: una puerta abierta es cualquier cosa que hagas, digas, sientas o pienses que te hace más receptivo a las mentiras demoníacas. Las puertas abiertas son puntos débiles espirituales que el enemigo puede explotar para ponerte bajo el poder del engaño. Incluso después de nacer de nuevo y aunque ya hayas sido liberado de cierta esclavitud, debes mantener una sana vigilancia, porque los seres demoníacos son bastante persistentes.

Vuelven los demonios

Algo bastante sorprendente se revela en la siguiente porción de la Escritura:

> "*Cuando un espíritu maligno sale de una persona, va al desierto en busca de descanso, pero no lo encuentra. Entonces dice: "Volveré a la persona de la cual salí". De modo que regresa y encuentra su antigua casa vacía, barrida y en orden. Entonces el espíritu busca a otros siete espíritus más malignos que él, y todos entran en la persona y viven allí. Y entonces esa persona queda peor que antes. Eso es lo que le ocurrirá a esta generación maligna*" (Mateo 12:43-45 NTV).

Cuidado, los demonios regresan para investigar si hay puntos débiles. Regresan para investigar cómo estás. Cuando un espíritu maligno pierde un lugar de influencia, regresa en un intento de reclamar lo que pueda. En el caso del incrédulo, un ser demoníaco puede regresar para ganar influencia completa, incluyendo tomar verdadera posesión. En el caso del creyente nacido de nuevo, que no está "vacío" como se menciona en el pasaje de Mateo 12, el demonio aún puede regresar pero está limitado en lo que puede hacer. Cuando un ser demoníaco regresa para encontrar influencia en la vida del creyente, puede regresar para atacar y engañar; pero nunca más para poseer completamente, entrar, o adherirse al ser del creyente de manera alguna. El demonio tiene que conformarse con atacar al creyente desde fuera.

Aun así, tomará lo que pueda conseguir, así que eso no significa que puedas bajar la guardia espiritual o vivir en transigencia. Los demonios no necesitan poseer completamente a los cristianos para engañarlos. Por el bien de la vigilancia espiritual, debemos considerar esta importante pregunta: ¿por qué necesitaría un demonio poseer a un creyente que elige vivir según sus mentiras? Un demonio no necesita poder controlar tu cuerpo si puede influir en tus pensamientos a través del engaño. Así que aunque el demonio no pueda literalmente volver a entrar en el ser del creyente, seguirá volviendo para engañar. Para el creyente, las puertas abiertas nunca pueden llevar a la posesión, pero pueden llevar a un profundo engaño. Esa es razón suficiente para vivir con vigilancia espiritual y estar atento a estas "puertas abiertas".

Entonces, ¿cuáles son exactamente las "puertas abiertas" que pueden hacernos más susceptibles al engaño? Y lo que es más importante, ¿cómo nos ayuda el Espíritu Santo a mantener esas puertas cerradas?

Puerta abierta # 1: Conexiones

Tus relaciones y conexiones con gente impía pueden ser puertas abiertas para el engaño.

> No se dejen engañar por los que dicen semejantes cosas, porque "las malas compañías corrompen el buen carácter" (1 Corintios 15:33 NTV).

No pretendo que desconfíes de todo el mundo. Incluso Jesús pasó tiempo con los que se consideraban malvados (Marcos 2:17). No debes aislarte y romper todas las conexiones con los no creyentes. ¿Cómo recibirían entonces el evangelio? ¿Cómo podrían ser testigos de tu testimonio? El pensamiento supersticioso podría llevarte a creer que el espíritu demoníaco de alguien podría adherirse a ti simplemente porque te dio la mano o te permitió sentarte a su lado. Si alguna vez te saluda alguien que tiene un demonio adherido a él, ¿quién crees que tendrá mayor influencia: el demonio en él o el Espíritu Santo en ti?

> Pero ustedes, mis queridos hijos, pertenecen a Dios. Ya lograron la victoria sobre esas personas, porque el Espíritu que

vive en ustedes es más poderoso que el espíritu que vive en el
mundo (1 Juan 4:4 NTV).

Protege tus conexiones, pero no vivas en un aislamiento paranoico.
Hay que encontrar el equilibrio.

No tenemos que vivir aislados por miedo a ser infectados espiritualmente por gente impía. Por otro lado, tampoco debemos participar en
los hábitos pecaminosos o compromisos de los incrédulos. Ese tipo de
compromiso te hace vulnerable al engaño de sus demonios. Aunque
que el espíritu demoníaco en un incrédulo no pueda poseerte o ser tu
dueño, puede imprimir un nuevo patrón de pensamiento engañoso en
tu mente si le das a ese individuo demasiada influencia en tu vida. Deja
que un ladrón tenga influencia sobre ti, y empezarás a pensar como
un ladrón. Si sigues los caminos de alguien adicto a la pornografía, si
escuchas su charla perversa, te resultará mucho más difícil resistir la
tentación sexual. Permite que una persona religiosa use palabras con-
vincentes para deshonrar el poder del Espíritu Santo, y observa cómo
la duda comienza a formar una fortaleza en tu mente. Cuando les das
a las personas influencia sobre ti, cuando tienen el poder de hacerte
transigir, es entonces que las fortalezas que gobiernan sus pensamientos
comienzan a ganar poder en los tuyos.

El Espíritu Santo nos ayuda a mantener esta puerta cerrada, dándonos el discernimiento adecuado. El discernimiento adecuado no es
paranoia, crítica o sospecha. Especialmente si hemos sido heridos o
traicionados en el pasado, podemos tener la tendencia a ser general-
mente desconfiados con la gente. Por eso, al confiar en el Espíritu Santo,
podemos evitar los extremos malsanos tanto de la sospecha antisocial
que nos mantiene cerrados a la conexión, como de la apatía insensata
que permite que personas impías o malintencionadas accedan a nuestras vidas.

Para algunos, la preocupación es que puedan hacerles daño o aprovecharse de ellos. A otros les preocupa sentirse solos o aislados. Todos queremos una conexión verdadera, y ninguno de nosotros quiere ser traicionado o herido. Por eso, el Espíritu Santo nos ofrece una guía clara, sensata y protectora para nuestras vidas.

Mientras era perseguido por el rey Saúl, David, quien había sido puesto por la mano de Dios para sustituir a Saúl, se escondió. Por honor a Saúl, David se negó a tomar represalias. Así que David simplemente esperó escondido, con la esperanza de no ser descubierto por el rey Saúl, quien estaba furioso, celoso y llevado a la locura por un ser demoníaco. Varios de los hombres que se habían escondido con David eran desertores de las filas de Saúl. Entre los hombres leales a David había hábiles arqueros.

Todos ellos eran expertos arqueros y podían disparar flechas o lanzar piedras con la mano izquierda al igual que con la derecha. Todos eran parientes de Saúl, de la tribu de Benjamín (1 Crónicas 12:2 NTV).

David también estaba protegido por hombres con espadas y escudos.

Algunos guerreros valientes y experimentados de la tribu de Gad también desertaron y se unieron a David cuando este estaba en la fortaleza en el desierto. Eran expertos tanto con el escudo como con la lanza, tan fieros como leones y veloces como ciervos en las montañas (1 Crónicas 12:8 NTV).

Los leales a David habían creado un muro de protección a su alrededor. Los arqueros se encargaban de los enemigos que vinieran de lejos, y los espadachines de los que pudieran atravesar esa primera línea de defensa. Ningún enemigo podía acercarse a David sin ser interceptado.

De repente, hombres de las tribus de Benjamín y Judá se acercaron al campamento de David. ¿Cómo iba a saber David si los hombres que se acercaban eran o no espías enviados por Saúl? ¿Cómo iba a conocer sus intenciones? Por el Espíritu Santo.

> *David salió a su encuentro y dijo: "Si vienen en son de paz para ayudarme, somos amigos; pero si vienen a traicionarme y a entregarme a mis enemigos a pesar de que soy inocente, entonces que el Dios de nuestros antepasados lo vea y los castigue". Así que el Espíritu descendió sobre Amasai, jefe de los Treinta, y dijo: "¡Somos tuyos, David! Estamos de tu lado, hijo de Isaí. Que la paz y la prosperidad sean contigo, y el éxito con todos los que te brindan ayuda, pues tu Dios es el que te ayuda"* (1 Crónicas 12:17-18 NTV).

Fue la presencia del Espíritu Santo sobre los hombres que se acercaban lo que hizo que David supiera que debía permitirles acercarse.

De la misma manera, el Espíritu Santo guarda la puerta de tus relaciones, vigilándote cuidadosamente. No puedes ver los motivos de los demás, pero el Espíritu Santo sí. No siempre puedes ver el espíritu con el que vienen los demás, pero el Espíritu Santo sí.

Tal vez ya hayas sentido Su guía para cerrar ciertas puertas. Tal vez Él ya te ha instado a que te alejes, bajes el tono o incluso rompas por completo ciertas conexiones. Él ve el daño que algunas relaciones te están haciendo. Él escucha las conversaciones que tienen lugar a tus espaldas, y aún mejor, Él ve dentro de los corazones. Él te vigila cuidadosamente, alejándote de cualquiera que pueda causar que te distancies de Él.

Por eso a veces no te sientes cómodo yendo a ciertos lugares, haciendo ciertas cosas o estando cerca de ciertas personas. Hay algo en ti que te irrita, que te incomoda. Por eso decides mantener a tus hijos alejados de ciertas personas, por eso dudas en confiar en ciertas personas e incluso por eso las cosas simplemente no "encajan" con ciertas conexiones.

No debemos convertirnos en ermitaños paranoicos que se aíslan y sospechan que todos traen influencias negativas. No me refiero a la paranoia y la sospecha. Quiero decir que el precioso Espíritu Santo nos ayuda a protegernos de los reveses espirituales que se producen cuando nos relacionamos estrechamente con aquellos cuyas conversaciones, influencia y amistades nos hacen más susceptibles al engaño. Creo mucho en las conexiones divinas, pero las desconexiones divinas son igual de importantes.

Puerta abierta # 2: Ojos y oídos

Lo que ves y oyes puede hacerte más susceptible al engaño.

Pocas cosas pueden afectar tanto a la mente como las imágenes. Las imágenes tienen un enorme poder de permanecer... Las experiencias visuales que almacenamos en la mente pueden contribuir al poder de problemas como el trauma, la lujuria y el tormento mental (entre otros problemas). Por eso el salmista se negaba a mirar nada vulgar o vil.

> Me negaré a mirar cualquier cosa vil o vulgar. Detesto a los que actúan de manera deshonesta; no tendré nada que ver con ellos (Salmo 101:3 NTV).

Esta es también la razón por la que Job hizo un pacto (acuerdo, promesa) con sus propios ojos. Se comprometió consigo mismo a no mirar a una mujer con lujuria en su corazón.

> Hice un pacto con mis ojos, de no mirar con codicia sexual a ninguna joven (Job 31:1 NTV).

Las imágenes que permites delante de tus ojos pueden quedar graba-
das en tu mente. La visualización es una de las formas más poderosas de
pensamiento. El enemigo busca usar estos poderosos pensamientos en
nuestra contra. Él los usa para ayudar en su esfuerzo de cubrir nuestras
mentes bajo la oscuridad de sus mentiras engañosas.

El enemigo toma imágenes perturbadoras, pecaminosas o distrac-
toras y las trae a la memoria cuando estás en un punto débil. Él puede
traerte un recuerdo atormentador mientras estás medio dormido o
incluso recordarte una imagen sexual cuando estás tratando de orar
o leer la Palabra. Por eso es tan crucial que seamos conscientes de lo
que permitimos pasar a la mente a través de los ojos. Las imágenes y
experiencias visuales que recogemos pueden ser usadas más tarde como
munición en las armas del enemigo. Él puede traer a la memoria un
visual o incluso crear un nuevo visual, un compuesto de todas las cosas
impías que hemos presenciado, para producir efectos negativos.

Espiritualmente hablando, los oídos funcionan de manera similar a
los ojos. Las ideas y palabras que escuchamos pueden debilitarnos en
nuestra lucha contra el engaño.

Por ejemplo, la música que escuchas puede ser aprovechada por el
enemigo para obtener una ventaja táctica. Sin duda, la Biblia deja claro
que hay un elemento espiritual en la música. El arpa de David hacía
huir a los demonios.

> *Y cada vez que el espíritu atormentador de parte de Dios*
> *afligía a Saúl, David tocaba el arpa. Entonces Saúl se sentía*
> *mejor, y el espíritu atormentador se iba* (1 Samuel 16:23
> NTV).

El profeta Eliseo pidió que la música le acompañara mientras profetizaba. Algo en la música le ayudaba a despertar el poder espiritual con
el que operaba.

"Ahora, tráiganme a alguien que sepa tocar el arpa". Mientras tocaban el arpa, el poder del Señor vino sobre Eliseo (2 Reyes 3:15 NTV).

La música ungida de David expulsó la influencia demoníaca, y el arpa ayudó a despertar el poder profético en Eliseo. La música es espiritual. El enemigo también puede utilizar la música. El diablo pervierte el poder y el efecto de la música para aumentar la eficacia de su engaño contra nosotros.

Hay algo en la música que hace que el alma sea más receptiva a las ideas. Por eso es especialmente importante que estemos al tanto de las letras que acompañan a la música que nos gusta. Dado que la música nos hace más receptivos mental y emocionalmente, las palabras que vienen con la música son capaces de plantarse con más profundidad. Así que cuando escuchas música que te hace sentir enojado, deprimido, dudoso, cínico, orgulloso o desconectado de la realidad, te estás haciendo más vulnerable a creer las ideas que el enemigo quiere plantar en tu mente. Esta es la razón por la que me asombran los creyentes que dicen estar desesperados por la libertad mientras también oran inconsistentemente, leen la Palabra de Dios raramente y escuchan música impía diariamente. Se supone que la vida del creyente debe ser de victoria, pero no se puede llenar constantemente la mente con música mundana y luego esperar asirse de esa victoria. La recepción de música impía es solo un ejemplo de cómo los oídos pueden servir como puertas abiertas al engaño.

En general, debes tener cuidado con lo que escuchas, porque las palabras son programadoras de la mente. Ten cuidado con los consejos impíos, las conversaciones profanas, los chismes deshonrosos y las quejas egoístas. Con el tiempo, estas comunicaciones pueden comenzar a entrenar tu mente para seguir los patrones del engaño en lugar de los patrones de la verdad.

La muerte y la vida están en poder de la lengua, y el que la ama comerá de sus frutos (Proverbios 18:21 RVR1960).

Se puede oír la verdad o el engaño, el aliento o la duda. Las palabras que oímos pueden producir patrones de pensamiento que dan vida o patrones de pensamiento espiritualmente malsanos.

No te estoy diciendo que vivas con miedo, que te escondas en casa o que andes por todas partes con tapones en los oídos y anteojeras. Existimos y vivimos en este mundo. Oirás cosas de pasada sin querer, verás imágenes que preferirías evitar y hablarás con personas que no vigilan cuidadosamente lo que dicen. Toda tu vida espiritual no se va a venir abajo porque algo haya aparecido en tu pantalla o se haya reproducido en un lugar público. Además, cuando oyes un sonido inoportuno o ves inesperadamente una imagen desagradable, eso no significa que los demonios puedan aprovechar el momento y pegarse a ti.

Conozco a algunos cristianos que están tan atados al legalismo que se paran a hacer un ritual de renuncia cada vez que visitan un lugar público. Incluso he escuchado enseñanzas que le dicen a la gente que necesitan un exorcismo si accidentalmente ven una imagen impía aparecer por unos segundos en la pantalla de su teléfono o escuchan sin querer una canción secular en la radio del mercado. Llevándolo aún más lejos, algunos te dirán que una simple conversación con una persona no salva o incluso ver el logo de una compañía secular en un producto en la tienda es causa de gran preocupación. No es así como funciona en absoluto. Así no es cómo funciona nada de esto. No estoy siendo gracioso, ni estoy tratando de burlarme de nadie. Sin embargo, esto no es más que una esclavitud impotente, legalista y espiritualmente pretenciosa, que se hace pasar por verdadera espiritualidad. En realidad causa miseria y pesadez espiritual. Lamentablemente, las personas que creen en esos mitos religiosos derrotados viven en su propia y complicada forma de esclavitud. Los que piensan así no han puesto su fe en la capacidad del Espíritu Santo para guiar y proteger.

Por otro lado, algunos creyentes ponen a todo volumen música secular vulgar en su carro con sus hijos presentes. Regularmente ven películas demoníacas o sexualmente graficas. Su hogar es un refugio seguro para la cultura mundana, conversaciones mundanas, y entretenimiento mundano. Rara vez hablan o incluso piensan en asuntos espirituales, este tipo de creyentes pueden vivir como cristianos el domingo e incluso evitar lo que etiquetaríamos como los "grandes pecados" a lo largo de la semana. Pero carecen de tal profundidad o conciencia espiritual que uno no podría diferenciarlos de los ateos morales. Su cristianismo es más un bonito adorno que se ponen, o un bonito código ético con el que educan a sus hijos, que una muerte real al yo o un compromiso con Cristo. Puede que hagan estas cosas por ignorancia o por no entender su *libertad en Cristo*. Los que viven de esta manera rara vez piensan en la guerra espiritual, y se burlan amablemente de los que hablan de ella.

Cuando cuidamos nuestros ojos y oídos, debemos ejercitar una conciencia saludable, mientras evitamos los extremos inmaduros del miedo supersticioso y la transigencia secular. Si llevas a cabo una práctica voluntaria y consistente de permitir que cosas impías entren en tu mente a través de imágenes y sonidos, entonces ciertamente te volverás más vulnerable al poder del engaño. Al ver y escuchar lo que es impío de manera habitual, gradualmente te entrenas a pensar de acuerdo con los patrones del engaño. Esa forma de pensar te hace vulnerable a cualquier mentira que el enemigo quiera imponerte, y el engaño resultante es lo que en última instancia conduce a la esclavitud. Cierra la puerta. Cierra la puerta. Confía en el Espíritu Santo para que guarde la puerta.

Entonces, al vigilar tus ojos y tus oídos, ¿cómo evitas exactamente los extremos de la paranoia y la ignorancia? Sinceramente, no creo que ningún verdadero creyente quiera ser legalista o apático, aunque muchos lo sean sin darse cuenta. ¿Cómo se puede mantener el delicado equilibrio?

Queremos ser santos, pero no religiosos ni santurrones ni orgullosos ni paranoicos. Queremos ser sobrios y tener los pies en la tierra, pero nunca mundanos ni transigentes ni pasivos ante la batalla espiritual.

Para que no levantes las manos en señal de consternación, pensando que es imposible o, en el mejor de los casos, muy difícil, proteger adecuadamente tus ojos y oídos y, al mismo tiempo, mantener un sano equilibrio, debo recordarte que el Espíritu Santo no te ha dejado solo en la lucha contra el engaño. Para evitar los dos extremos malsanos de la paranoia y la apatía, solo necesitamos ajustar nuestra perspectiva. Si te enfocas en los demonios y su poder, dándoles constantemente el crédito por todo e imaginando que incluso un error puede darles un "derecho legal" para tener completo dominio en tu vida, entonces seguramente caerás en la trampa de la paranoia.

Por el contrario, si te centras únicamente en los placeres de este mundo, creyendo que tu libertad en Cristo significa que puedes participar en cualquier cosa y en todo sin ninguna consecuencia, entonces eres un blanco principal para el engaño y, en última instancia, la esclavitud espiritual que posiblemente ni reconozcas como esclavitud.

¿Cuál es la solución? Considerar al Espíritu Santo. Es así de sencillo. No te dejes vencer por el miedo a los demonios, ni por la apatía hacia el reino espiritual. Al contrario, déjate vencer por el amor al Espíritu Santo. Aquellos que aman al Espíritu Santo solo temen una cosa: afligirlo.

> *No entristezcan al Espíritu Santo de Dios con la forma en que viven. Recuerden que él los identificó como suyos, y así les ha garantizado que serán salvos el día de la redención* (Efesios 4:30 NTV).

Tu cuerpo es el templo del Espíritu Santo. Él habita en ti, contigo y a tu alrededor. Tus ojos son Sus ojos; tus oídos, Sus oídos. Así que el

Espíritu Santo dentro de ti te ayudará tanto a reconocer como a rechazar vistas y sonidos impíos. En el creyente, hay una incomodidad divina que se siente cada vez que ve o escucha una contradicción real a la naturaleza de Dios. En realidad podemos sentir Su dolor por las imágenes y mensajes impíos.

Cuanto más conscientes seamos de los sentimientos del Espíritu Santo, más reactivos nos volveremos a las experiencias auditivas y visuales impías. Cuanto más considerados seamos con la presencia del Espíritu Santo, más natural nos resultará apartar la vista de las imágenes impías o mantener nuestros oídos alejados de los sonidos impíos. Rechazar las vistas y los sonidos pecaminosos se volverá cada vez más instintivo. Al rendirnos al Espíritu Santo a través de la obediencia y una conciencia intencional de Su cercanía, entrenamos al cuerpo a vivir limpio.

Así pues, la clave de la libertad no está en elaborar una lista exhaustiva de "puertas abiertas" y luego vivir el resto de la vida con esa lista en la mano. Esa lista podría tardar años en compilarse y seguir estando incompleta. No se puede sistematizar el discernimiento. Es del Espíritu Santo. El verdadero poder se encuentra en simplemente caminar en el Espíritu.

> *Por eso les digo: dejen que el Espíritu Santo los guíe en la vida. Entonces no se dejarán llevar por los impulsos de la naturaleza pecaminosa* (Gálatas 5:16 NTV).

Tus ojos son Sus ojos. ¿Qué miras con los ojos del Espíritu Santo? Tus oídos son Sus oídos. ¿Qué escuchas con los oídos del Espíritu Santo? Vive consciente de la presencia del Espíritu Santo. Piensa en Él. Considéralo. Corrige tu comportamiento cuando sientas que Él se aflige por tus acciones. Responde apropiadamente cuando sientas Su incomodidad. Simplemente ama y honra Su presencia en tu vida. Eso te ayudará a evitar que tus ojos y oídos se conviertan en puertas abiertas al engaño demoníaco. Eso es mucho mejor, más fructífero que las alternativas de obsesionarte con lo que podría dañarte o simplemente ignorar por completo las puertas abiertas.

Puerta abierta # 3: Estados del ser

Hay pecados de comisión: las cosas que sabemos que no debemos hacer pero que hacemos de todos modos (1 Corintios 6:9-11). Hay pecados de omisión: las cosas que sabemos que deberíamos hacer pero que no hacemos (Santiago 4:17). Luego están los estados de ánimo que nos hacen más propensos a pecar o a ser engañados. Ciertos estados de ánimo plantean enormes riesgos para la influencia del enemigo. Estos estados de ánimo incluyen, pero no se limitan a, el orgullo, la ira, la apatía, el agotamiento y la duda.

Algunos estados de ánimo no son necesariamente malos o pecaminosos en sí mismos, como la ira o el agotamiento. Sin embargo, como cualquier otra puerta abierta, pueden ponerte en peligro espiritual y hacerte más propenso a caer bajo el engaño demoníaco.

Por ejemplo, la ira puede causar muchos problemas a una persona sensata. Personas que han formado vidas estables y exitosas pueden destruir todo por lo que han trabajado en un solo momento con una sola decisión tomada con ira.

> *Airaos, pero no pequéis; no se ponga el sol sobre vuestro enojo* (Efesios 4:26 RVR1960).

Evidentemente, puesto que es posible enfadarse sin pecar, la ira no es pecaminosa en sí misma. Sin embargo, cuando te dejas controlar por la ira, sin control ni disciplina, te vuelves vulnerable al potencial dañino de la ira. Al rendirte completamente a la ira, puedes actuar, pensar o hablar de una manera que le da un lugar de influencia al enemigo.

Ni deis lugar al diablo (Efesios 4:27 RVR1960).

Esto no es una referencia a la posesión demoníaca o al apego demoníaco a tu ser. La palabra "lugar" aquí no está describiendo una ubicación literal, física. Está hablando de influencia u "oportunidad". Cuando nos enojamos, es más probable que hagamos algo lamentable. Es más fácil decir cosas hirientes, volverse violento, chismear o criticar cuando uno está enojado. Por ira, muchos acusan y critican a sus hermanos y hermanas en Cristo, sacando a relucir pecados y errores del pasado. De esta manera, hacen el trabajo del enemigo por él. Así es cómo la ira puede *"dar lugar"* al diablo.

Cuando estás enfadado, también es más probable que creas las mentiras que mejor sirven a tu ego. Especialmente cuando nos sentimos avergonzados por la falta de autocontrol mostrada en un momento de ira, nos aferramos a cualquier cosa que nos haga sentir validados en nuestro desenfreno, aunque esto signifique aferrarnos a una mentira.

"No he hecho nada malo. Son ellos los que deberían disculparse". "Es culpa suya que reaccionara así". "Si no les gustó cómo respondí, no deberían haberme dicho eso".

El engaño de la ira no termina en los intentos de justificarse por lo que se hizo con ira. Este estado de ánimo nos hace vulnerables a todo tipo de engaños. Cuando estamos enfadados, creemos lo peor de los demás, de nosotros mismos y de la vida. "Las cosas nunca me salen bien. Ya no lo intento más". "No los soporto. Ya no los necesito". "Odio cómo soy".

En la ira, algunos incluso culpan a Dios y tienen sentimientos amargos contra Él. Aunque el enojo no sea en sí mismo un pecado, sí te hace muy débil contra las mentiras del enemigo. Habrás oído decir: "No hables cuando estés enojado". Yo añadiría: "Ten cuidado de no creer tus propios pensamientos cuando estés enojado".

Sin embargo, la ira es solo un ejemplo de un estado de ánimo que puede inclinarnos a creer las mentiras del enemigo. Piensa también en cómo podríamos actuar y pensar cuando estamos muy hambrientos, apáticos, dudosos, físicamente agotados, cínicos, orgullosos, etcétera. Sé consciente de cómo te sientes en cada momento, y luego sé aún más consciente de cómo y qué piensas.

Los estados de ánimo pueden ser puertas abiertas a la influencia del enemigo. Afortunadamente, en cualquier momento podemos retirarnos al lugar interior de comunión con el Espíritu Santo.

> *Pido en oración que, de sus gloriosos e inagotables recursos, los fortalezca con poder en el ser interior por medio de su Espíritu* (Efesios 3:16 NTV).

El Espíritu Santo es el que aporta estabilidad interior en los momentos de dificultad exterior. En los momentos en que nos sentimos débiles por estados negativos o inestables, podemos afianzarnos en la fuerza constante del Espíritu Santo. Solo necesitamos hacer una pausa y permitirnos un momento para encontrar nuestro equilibrio en Él. Cuando estés enfadado, haz una pausa y busca Su paciencia. Cuando estés cansado, haz una pausa y recuerda quién eres en Él. Cuando sientas la embriaguez del orgullo, haz una pausa y reflexiona sobre cuánto lo necesitas. Nuestros sentimientos, nuestros estados de ánimo, son tan impredecibles y volátiles. Cambian de arriba abajo, de un lado a otro, dependiendo de las circunstancias en las que nos encontremos. En cambio, la fuerza del Espíritu Santo, Su carácter y naturaleza, son constantes.

Cierra la puerta de los estados comprometidos del ser, aferrándote a la consistencia del carácter de Cristo por el Espíritu Santo. ¿Cómo? Lo haces haciendo una pausa antes de reaccionar o dejarte llevar por pensamientos impíos. Esa pausa te da un momento para retirarte al lugar interior y luego rendirte. Haz una pausa y ríndete. Retírate a tu interior, porque tu interior está estabilizado por el Espíritu. Al hacerlo, cierras la puerta de los estados del ser.

Puerta abierta #4: La boca

Por último, examinamos la puerta abierta que es la boca. Jesús dijo: "Lo que entra por la boca no es lo que los contamina; ustedes se contaminan por las palabras que salen de la boca" (Mateo 15:11). Aquí, Jesús se refería específicamente a las estrictas leyes dietéticas en las que insistían los líderes religiosos de la época. No quería decir que lo que consumiéramos o metiéramos en el cuerpo no podía hacernos daño. Simplemente estaba enfatizando la condición del corazón como más importante que los estrictos rituales religiosos. Teniendo esto en cuenta, debemos reconocer el hecho de que la Biblia, de hecho, habla con bastante claridad sobre la cuestión de lo que consume nuestra boca.

Por ejemplo, en el libro de Proverbios, podemos ver que participar en la glotonería y la embriaguez es imprudente.

> *Hijo mío, presta atención y sé sabio: mantén tu corazón en el camino recto. No andes de juerga con borracho ni festejes con glotones, porque van camino a la pobreza, y por dormir tanto, vestirán harapos* (Proverbios 23:19-21 NTV).

En el Nuevo Testamento, vemos que se condena la embriaguez.

> *¿No se dan cuenta de que los que hacen lo malo no heredarán el reino de Dios? No se engañen a sí mismos. Los que se entregan al pecado sexual o rinden culto a ídolos o cometen adulterio o son prostitutos o practican la homosexualidad o*

*son ladrones o avaros o borrachos o insultan o estafan a la
gente: ninguno de esos heredará el reino de Dios. Algunos de
ustedes antes eran así; pero fueron limpiados; fueron hechos
santos; fueron hechos justos ante Dios al invocar el nombre
del Señor Jesucristo y por el Espíritu de nuestro Dios* (1
Corintios 6:9-12 NTV).

Notemos que también se condena el abuso de drogas, ya que estar
drogado, al igual que estar borracho, te roba la sobriedad. Así que la
Biblia condena el comer en exceso, el abuso del alcohol y, por principio,
el abuso de las drogas.

¿Cómo pueden estos vicios debilitarnos frente a las tácticas engañosas del enemigo? Piensa en cómo el comer en exceso puede conducir a
problemas con tu salud física, y luego piensa en cómo los problemas de
salud pueden causar estados de ánimo como la depresión, ansiedad y
apatía. Luego piensa también en cómo el abuso del alcohol y las drogas
puede aumentar la ansiedad, la ira e incluso el orgullo. El estado de tu
cuerpo físico puede afectar en gran medida al estado de tus sentimientos y de tu vida mental.

El Espíritu Santo nos ayuda a cerrar la puerta abierta de la boca
dándonos el fruto del autocontrol.

*En cambio, la clase de fruto que el Espíritu Santo produce
en nuestra vida es: amor, alegría, paz, paciencia, gentileza,
bondad, fidelidad, humildad y control propio. ¡No existen
leyes contra esas cosas!* (Gálatas 5:22-23 NTV).

Observa que el fruto es el "autocontrol" no el "control del Espíritu
Santo". Dejando tu libre albedrío perfectamente intacto, el Espíritu
Santo te permite elegir el control. Él no te obliga a escoger el control.
Esto significa que el Espíritu Santo te ha dado lo que necesitas para

tomar la decisión correcta. El enemigo quiere que creas que no tienes poder para elegir, pero sí lo tienes. Esto no significa que mantener o recuperar el autocontrol es fácil, solo significa que es posible.

Cierra la puerta de la boca haciendo uso del autocontrol dado por el Espíritu Santo. Dios te ha dado el poder de decidir.

Nota: Abordaré la adicción más a fondo en el capítulo 11.

6

Identifica las fortalezas

Hasta ahora te he escrito sobre estas importantes verdades:

+ Las fortalezas son patrones de pensamiento impíos que se basan en el engaño.

+ Esos patrones de pensamiento se convierten en sentimientos y acciones, que se convierten en hábitos, que se convierten en una forma de vivir que llamamos "esclavitud espiritual".

+ El arma principal del enemigo contra ti es cualquier mentira que encuentres más convincente. Al hacer que creas la mentira, él puede hacer que vivas de acuerdo a esa mentira bajo el poder de una fortaleza.

+ Una "puerta abierta" es cualquier cosa que te haga más susceptible a creer las mentiras del enemigo.

+ El Espíritu Santo nos protege de las fortalezas diciéndonos la verdad y ayudándonos a cerrar las puertas abiertas.

Profundicemos ahora. ¿Qué debes hacer si ya estás viviendo en esclavitud? La mayor parte de lo que te he escrito hasta ahora ha sido sobre medidas espirituales preventivas. Ahora, quiero mostrarte cómo identificar fortalezas en tu vida para que puedas comenzar a derribarlas.

El padre de la mentira

En última instancia, todo engaño procede del padre de la mentira.

> *Pues ustedes son hijos de su padre, el diablo, y les encanta hacer las cosas malvadas que él hace. Él ha sido asesino desde el principio y siempre ha odiado la verdad, porque en él no hay verdad. Cuando miente, actúa de acuerdo con su naturaleza porque es mentiroso y el padre de la mentira* (Juan 8:44 NTV).

Los primeros en caer en las mentiras de satanás fueron las huestes angélicas que fueron persuadidas a unirse a su rebelión contra Dios.

> *Este gran dragón —la serpiente antigua llamada diablo o Satanás, el que engaña al mundo entero— fue lanzado a la tierra junto con todos sus ángeles* (Apocalipsis 12:9 NTV).

Luego, por supuesto, Adán y Eva caerían más tarde en la tentación como resultado directo del engaño.

> *—¡No morirán!—respondió la serpiente a la mujer. Dios sabe que, en cuanto coman del fruto, se les abrirán los ojos y serán como Dios, con el conocimiento del bien y del mal.*
> *La mujer quedó convencida. Vio que el árbol era hermoso y su fruto parecía delicioso, y quiso la sabiduría que le daría. Así que*

tomó del fruto y lo comió. Después le dio un poco a su esposo que estaba con ella, y él también comió (Génesis 3:4-6 NTV).

El engaño existe en nuestro mundo por obra de satanás. El diablo habló mentiras al principio, y sus demonios también son hábiles engañadores. Cada soldado del ejército de satanás esta armado con mentiras estratégicas y efectivas. Por eso las Escrituras nos dan una clara advertencia para mantener la vigilancia espiritual.

¡Estén alerta! Cuídense de su gran enemigo, el diablo, porque anda al acecho como un león rugiente, buscando a quién devorar (1 Pedro 5:8 NTV).

La forma más eficaz de identificar las mentiras del enemigo es conocer la verdad.

Identifica la fortaleza

Especialmente si una fortaleza ha estado en tu vida durante un largo periodo de tiempo, puede ser bastante difícil identificar las mentiras sobre las que se construyó. No nos damos cuenta de cuántas de las cosas que pensamos y creemos en realidad provienen de mentiras. Esa es la naturaleza del engaño. Tenemos puntos ciegos. Tenemos creencias profundamente arraigadas que provienen de la infancia, de experiencias en la vida, de la cultura familiar, etcétera. Simplemente no somos conscientes de las mentiras que creemos, y por eso funcionan.

Imagina que entras en una habitación oscura y quieres ver. ¿Qué harías? ¿Gritarías a la oscuridad? ¿Intentarías, mediante la fuerza física, eliminar la oscuridad? Por supuesto que no. Simplemente encenderías la luz. Al igual que la oscuridad es la ausencia de luz, el engaño es la ausencia de verdad. No puedes golpear la oscuridad. Tu única esperanza es encender la luz.

> *Jesús le dijo a la gente que creyó en él: —Ustedes son verdaderamente mis discípulos si se mantienen fieles a mis enseñanzas; y conocerán la verdad, y la verdad los hará libres* (Juan 8:31-32 NTV).

Las palabras de Cristo, sus enseñanzas, las Escrituras, eso es la verdad. Cuanto más te familiarices con la verdad, con más precisión serás capaz de detectar las mentiras. Las mentiras empiezan a sobresalir, conforme empieces a conocer la verdad.

La luz revela detalles. Cuanta más luz permitas que entre en tu vida, más mentiras empezarán a revelarse. Creencias que nunca supiste que eran engañosas serán expuestas por lo que realmente fueron todo el tiempo. Experimentarás momentos de claridad y victoria, a medida que comiences a agudizar tu visión espiritual. Capas y capas de engaño serán expuestas. Empezarás a aprender cosas sobre ti mismo y empezarás a ver cuántas de las cosas que pensabas y sentías estaban en realidad basadas en el engaño.

Cuanto más alineado estés con la verdad, más probable es que detectes lo que está fuera de lugar. Quienes se consumen por la verdad se vuelven sensibles incluso a las mentiras que parecen pequeñas. Vivir en la luz te dará un celo por la verdad y una hiperconciencia del engaño. Para exponer e identificar la fortaleza, deja entrar más luz. ¿Cómo permites que entre más luz en tu vida? ¿Cómo te entrenas en la verdad?

La Palabra de Dios

Empieza por la Palabra de Dios. La Palabra de Dios es la fuente de la luz y la verdad.

Tu palabra es una lámpara que guía mis pies y una luz para mi camino (Salmo 119:105 NTV).

No me digas que estás desesperado por la libertad pero no te dedicas a leer la Palabra de Dios. Si queremos experimentar la libertad, debemos estar comprometidos con la Palabra. La Palabra de Dios es un nivelador preciso. Por medio de ella, puedes ver hasta las inclinaciones más leves hacia el engaño. A medida que te comprometes a conocer la Escritura, te familiarizas más y más con la verdad. A medida que conoces la verdad, tu percepción espiritual se entrena para detectar y rechazar las mentiras. Las mentiras torcidas son obvias contra la verdad recta. El engaño se destaca cuando se mide contra la Palabra de Dios. La Palabra revelará todas las mentiras que crees acerca de Dios, ti mismo, el mundo a tu alrededor, lo correcto y lo incorrecto-todo. Comenzarás a darte cuenta de cuántas de tus suposiciones e ideas que has mantenido por mucho tiempo en realidad están basadas en mentiras.

La voz del Espíritu Santo

También necesitas escuchar la voz del Espíritu Santo. Todo creyente puede oír la voz del Espíritu Santo.

Mis ovejas escuchan mi voz; yo las conozco y ellas me siguen (Juan 10:27 NTV).

Él habla a través de Su Palabra.

Toda la Escritura es inspirada por Dios y es útil para enseñarnos lo que es verdad y para hacernos ver lo que está mal en nuestra vida. Nos corrige cuando estamos equivocados y nos enseña a hacer lo correcto (2 Timoteo 3:16 NTV).

La Palabra de Dios es la forma más clara en que el Espíritu Santo nos habla. La Palabra es también el medio por el cual medimos toda verdad. Si quieres asegurarte de que estás oyendo al Espíritu Santo, compara lo que oyes con lo que la Escritura enseña claramente.

El Espíritu Santo habla a través de la sabiduría.

> *Si necesitan sabiduría, pídansela a nuestro generoso Dios, y él se la dará; no los reprenderá por pedirla (Santiago 1:5 NTV).*

La sabiduría es el segundo medio más acertado para escuchar al Espíritu Santo. Cuanto más te familiarizas con la Palabra, más crece tu sabiduría. La sabiduría, aunque no siempre venga en forma de instrucciones específicas, es el razonamiento divino de Dios en tu espíritu que te permite navegar por la vida. La sabiduría es la atracción intencionada que Dios ejerce sobre ti.

El Espíritu Santo habla a través de Su susurro. ¿Qué es el susurro del Espíritu Santo? Es cuando el Espíritu Santo te habla mensajes específicos y personales directamente a ti. Por ejemplo, en momentos de persecución y presión, el Espíritu Santo te dará las palabras para hablar.

> *Cuando los arresten y los sometan a juicio, no se preocupen de antemano por lo que van a decir. Solo hablen lo que Dios les diga en ese momento, porque no serán ustedes los que hablen, sino el Espíritu Santo (Marcos 13:11 NTV).*

El susurro no es tan fiable como la Palabra y la Sabiduría, no porque el Espíritu Santo no hable con claridad, sino porque el susurro se ve a menudo amortiguado por la interferencia de nuestras emociones y opiniones personales. Sin embargo, esta es una de las formas en que habla el Espíritu. Muchos creyentes tratan de vivir sus vidas según el susurro, cuando deberían vivir según la Palabra y la Sabiduría. La Palabra de Dios y la Sabiduría del Espíritu son las referencias que nos guían para escucharle claramente. Da prioridad a la Palabra y a la Sabiduría, y oirás Su susurro con más claridad y frecuencia.

Por último, el Espíritu Santo habla a través de maravillas. Esto incluye milagros y señales. Un ejemplo de esto es el ministerio profético.

> *No se burlen de las profecías, sino pongan a prueba todo lo que se dice. Retengan lo que es bueno* (1 Tesalonicenses 5:20-21 NTV).

Los prodigios son la forma menos confiable de escuchar al Espíritu Santo, porque el enemigo puede realizar señales falsas. Esto no significa que debamos rechazar las maravillas, señales y milagros de Dios. Esto solo significa que las señales y maravillas no pueden ser el medio principal que usemos para escuchar al Espíritu Santo.

En orden de fiabilidad, es la Palabra, la sabiduría, el susurro y luego las maravillas. Apóyate en la Palabra. Te dará sabiduría. La sabiduría te hará madurar como alguien que puede escuchar acertadamente los susurros del Espíritu. Una vez que conozcas al Espíritu Santo por ti mismo, podrás discernir mejor las maravillas.

Crecer en tu capacidad de escuchar al Espíritu Santo es tan simple como conocer la Palabra, obedecer la Palabra y eliminar las distracciones del mundo.

Puesto que ya eres un creyente lleno del Espíritu, puedes oír al Espíritu Santo. Así como naciste con los sentidos del oído y la vista, también naciste de nuevo con la vista y el oído espirituales. Escuchar al Espíritu Santo no es una habilidad que se tenga que aprender sino un sentido que se debe agudizar. Tú ya tienes esta habilidad.

Conoce la Palabra, y conocerás la voz y la naturaleza de Dios.

Procura con diligencia presentarte a Dios aprobado, como obrero que no tiene de qué avergonzarse, que usa bien la palabra de verdad (2 Timoteo 2:15 RVR1960).

Obedece la Palabra. Aunque no conozcas el plan específico de Dios para cada momento, puedes obedecer las enseñanzas generales de las Escrituras. Vivir piadosamente invita la dirección de Dios.

El Señor dirige los pasos de los justos; se deleita en cada detalle de su vida (Salmo 37:23 NTV).

Por último, elimina las distracciones del pecado, del yo y de satanás.

Pero tú, cuando ores, apártate a solas, cierra la puerta detrás de ti y ora a tu Padre en privado. Entonces, tu Padre, quien todo lo ve, te recompensará (Mateo 6:6 NTV).

Puedes eliminar las distracciones externas por medios prácticos tales como reservar tiempo para orar en privado, programar tu día para incluir tiempo dedicado solo a la oración, apagar el teléfono mientras oras e incluso informar a tus seres queridos de tu tiempo de oración para que no te interrumpan.

También puedes eliminar las distracciones mentales y emocionales a través de medios como confiar en que Dios te escucha en lugar de rogarle que te escuche, elegir enfocarte en pensamientos que son verdaderos, adorar al Señor por medio del canto y poner tus cargas sobre el Señor a través de peticiones de oración.

Al limpiar tu vida de distracciones tanto externas como internas, te posicionas mejor para escuchar la voz del Espíritu Santo, la voz de la verdad. Al escuchar Su voz, ganas ventaja contra las mentiras del enemigo.

Maestros sanos

Además de la Palabra y la voz del Espíritu Santo, Dios nos ha dado maestros y predicadores de la Palabra.

> *Ahora bien, Cristo dio los siguientes dones a la iglesia: los apóstoles, los profetas, los evangelistas, y los pastores y maestros. Ellos tienen la responsabilidad de preparar al pueblo de Dios para que lleve a cabo la obra de Dios y edifique la iglesia, es decir, el cuerpo de Cristo (Efesios 4:11-12 NTV).*

> *Debe retener la palabra fiel que es conforme a la enseñanza, para que sea capaz también de exhortar con sana doctrina y refutar a los que contradicen (Tito 1:9 NBLA).*

Mientras conozcas la Palabra y la voz del Espíritu Santo, tendrás el discernimiento necesario para encontrar maestros sólidos.

Los maestros y predicadores pueden señalar cosas de la Palabra que se nos hayan pasado por alto. Ayudan a complementar nuestra comprensión de las Escrituras. Tal vez el Espíritu Santo está tratando de hablarte acerca de algo en tu vida, y no estás reconociendo Su instrucción o corrección. Tal vez tampoco lo veas en las Escrituras. Es entonces cuando Dios enviará predicadores y maestros.

El conocimiento de la verdad

La primera clave para derribar cualquier fortaleza es identificarla. Identificamos las fortalezas a través del conocimiento de la verdad. Recibimos ese conocimiento a través de la Palabra de Dios, la voz del

Espíritu Santo, y maestros y predicadores ungidos. Una vez que lo recibes, compara la verdad con todo lo que piensas y crees. Si encuentras una contradicción entre las dos, has encontrado una mentira. Esa mentira bien podría estar contribuyendo a una fortaleza.

7

Al mando de las fuerzas de la oscuridad

Una vez que hayas identificado las mentiras, es hora de tratar con los mentirosos mismos: el diablo y sus demonios. Eso es lo que cubro en este capítulo. Quiero mostrarte cómo tratar con los aspectos demoníacos de una fortaleza a través del simple ejercicio de la autoridad divina.

Dos Reinos

Solo hay dos reinos: el reino de las tinieblas y el reino de la luz. Los que no pertenecen a Cristo están bajo el poder del reino de las tinieblas. Los que pertenecen a Cristo han sido rescatados del dominio de las tinieblas y puestos bajo el poder de una nueva jurisdicción, el Reino de los Cielos.

> *Antes ustedes estaban muertos a causa de su desobediencia y sus muchos pecados. Vivían en pecado, igual que el resto de la gente, obedeciendo al diablo—el líder de los poderes del mundo invisible—, quien es el espíritu que actúa en el corazón de los que se niegan a obedecer a Dios. Todos vivíamos así en el pasado, siguiendo los deseos de nuestras pasiones y la inclinación de nuestra naturaleza pecaminosa. Por nuestra*

propia naturaleza, éramos objeto del enojo de Dios igual que todos los demás. Pero Dios es tan rico en misericordia y nos amó tanto que, a pesar de que estábamos muertos por causa de nuestros pecados, nos dio vida cuando levantó a Cristo de los muertos. (¡Es solo por la gracia de Dios que ustedes han sido salvados!) (Efesios 2:1-5 NTV).

Está claro que tú y yo ya no pertenecemos al enemigo ni a su reino. El enemigo ya no puede tocarnos.

Sabemos que los hijos de Dios no se caracterizan por practicar el pecado, porque el Hijo de Dios los mantiene protegidos, y el maligno no puede tocarlos (1 Juan 5:18 NTV).

El enemigo ya no puede poseerte, habitarte ni tener dominio sobre ti. Pero todavía así, el enemigo puede atacarte. La forma en que el enemigo ataca al creyente es muy diferente de la forma en que ataca al no creyente. La guerra espiritual es diferente para el cristiano que para el no cristiano. De hecho, el incrédulo ni siquiera está involucrado en la guerra espiritual. No está resistiendo al enemigo o luchando contra su voluntad en absoluto. Simplemente está atado, totalmente bajo el poder del enemigo. El no creyente está sujeto al poder de maldiciones, posesión demoníaca, y las peores formas de asalto demoníaco. En casos severos de influencia demoníaca, hasta es posible que los demonios dañen físicamente al incrédulo. El enemigo ataca al incrédulo desde un lugar de autoridad.

Por el contrario, el enemigo ataca al creyente desde la posición desesperada de la derrota. Aunque el engaño pueda hacer que parezca lo contrario. Debido a que tú y yo ahora pertenecemos a Dios, el enemigo está bastante limitado en la forma en que puede atacarnos. Esto no significa que debamos ser apáticos o ignorantes de las estrategias del diablo. Debemos estar activamente involucrados en combatir la influencia demoníaca.

Limitaciones demoníacas

Al tratar con los demonios, hay que tener un equilibrio. Algunas personas están tan obsesionadas con los demonios y el poder demoníaco que minimizan el poder del Espíritu Santo. Otros son tan escépticos del poder demoníaco que se exponen a ser atacados. Para ayudarte a encontrar el equilibrio correcto al tratar con demonios, quiero mostrarte, usando las Escrituras, las limitaciones de los seres demoníacos.

#1 Los demonios no son omnipresentes.

Cuando un espíritu maligno sale de una persona, va al desierto en busca de descanso, pero no lo encuentra (Mateo 12:43 NTV).

Los demonios solo pueden estar en un lugar a la vez. El versículo de Mateo 12 ilustra el hecho de que los demonios viajan, se mueven de un lugar a otro. El hecho de que puedan moverse de un lugar a otro es prueba de que no son omnipresentes. Por definición, si alguien es omnipresente, es incapaz de moverse de un lugar a otro ya que está en todas partes en todo momento.

#2 Los demonios no pueden leer tu mente.

La Escritura comunica claramente que solo Dios puede ver lo que está en el corazón humano. Solo Dios conoce tus pensamientos.

Oye entonces desde el cielo donde vives y perdona. Haz con tu pueblo según merecen sus acciones, porque solo tú conoces el corazón de cada ser humano (1 Reyes 8:39 NTV).

A veces puede parecer que el enemigo puede leer tus pensamientos, pero bíblicamente hablando, este nunca puede ser el caso. Si alguien piensa que los demonios le leen la mente, tiene que considerar al menos dos posibilidades. La primera posibilidad es que puedan estar confundiendo sus propios pensamientos negativos con voces demoníacas. Cuando un demonio parece responder a lo que estás pensando, es posible que esta respuesta sea en realidad de tu propia voz de negatividad.

La segunda posibilidad es que los seres demoníacos simplemente estén leyendo pistas exteriores. Hay que tener en cuenta que los seres demoníacos llevan miles de años estudiando a la humanidad. Son asesinos espirituales altamente entrenados. Conocen la naturaleza humana. Con solo mirar el lenguaje corporal, escuchar las inflexiones de la voz u observar tus acciones, pueden hacerse una idea bastante clara de lo que ocurre en tu interior.

Por ejemplo, si tengo algo en mente, mi esposa puede saber lo que estoy pensando con solo mirarme. No necesita poder leer mi mente para poder leerme. Del mismo modo, las personas más cercanas a mí han aprendido a leerme. Del mismo modo, los demonios aprenden a leerte muy bien, creando la ilusión de que pueden ver tus pensamientos.

Considera también el hecho de que los seres demoníacos se comunican entre sí (Mateo 12:45). Lo que un demonio te ve hacer y decir en secreto puede ser comunicado a otro ser demoníaco. Ellos comparten tus secretos entre sí. Ellos podrían usar esta información para crear la ilusión de que un demonio o una persona influenciada por el demonio está leyendo tu mente cuando en realidad solo están recibiendo información de los seres demoníacos que te observan regularmente.

A través de una cuidadosa observación, los demonios pueden ver pistas que les indican qué mentiras te afectan más. Saben cuando estás ansioso, deprimido, paranoico, enojado, tentado, etc. Por ejemplo, un ser demoníaco podría decir algo como: "Dios te ha rechazado". Entonces espera a ver si aumenta tu ritmo cardíaco, si caminas por la habitación o incluso si entras en Internet y buscas versículos de la Biblia sobre el rechazo de Dios. Solo a partir de pistas exteriores, los demonios pueden aprender a predecir lo que podrías estar pensando en cualquier situación. Esta es una forma de exagerar su poder, pero no es lo mismo que tener la habilidad de leer tu mente.

#3 Los demonios no pueden ver el futuro.

> *Acordaos de las cosas pasadas desde los tiempos antiguos; porque yo soy Dios, y no hay otro Dios, y nada hay semejante a mí, que anuncio lo por venir desde el principio, y desde la antigüedad lo que aún no era hecho; que digo: Mi consejo permanecerá, y haré todo lo que quiero* (Isaías 46:9-10 RVR1960).

En el libro de Isaías, vemos una declaración definitiva: "y nada hay semejante a mí, que anuncio lo por venir desde el principio…". Aquí es bastante directo. Una de las capacidades distintivas que tiene Dios es Su poder exclusivo de ver el pasado, el presente y el futuro como una sola "imagen".

Del mismo modo que los demonios pueden leer a la gente sin leer la mente, pueden hacer conjeturas sobre el futuro. Esto explicaría por qué algunos que operan bajo el poder demoníaco son aparentemente capaces de predecir ciertas cosas. Así como un economista puede hacer conjeturas sobre la economía, los demonios pueden hacer conjeturas sobre el futuro de un individuo o incluso de una sociedad. Buscan indicadores clave y tendencias. Además, también es posible que los seres demoníacos trabajen para cumplir sus propias predicciones.

Podemos concluir que los demonios no pueden ser omnipresentes, leer la mente o ver el futuro. Esas son sus limitaciones generales. En resumen, contra el creyente, los demonios pueden usar sus voces para mentir y atormentar, pero poco más que eso.

No por poder o fuerza

Créelo o no, confrontar el aspecto demoníaco de una fortaleza es la parte más simple de derribar fortalezas. Aunque en este capítulo no estoy tratando específicamente el tema de la posesión demoníaca, voy a usar ejemplos de posesión demoníaca de las Escrituras para mostrar cuán receptivos son los seres demoníacos al poder del Espíritu Santo. Por el poder del Espíritu, tienes autoridad absoluta sobre los seres demoníacos.

> *Y cuando llegó la noche, trajeron a él muchos endemoniados; y con la palabra echó fuera a los demonios, y sanó a todos los enfermos* (Mateo 8:16 RVR1960).

Fue con una simple palabra que Jesús expulsó a las fuerzas de las tinieblas. La posesión demoníaca es la forma más severa de asalto demoníaco, sin embargo, Jesús venció este poder oscuro con una simple orden. ¿Qué era lo que estaba obrando? Fue la autoridad espiritual que vino por la llenura del Espíritu Santo. Jesús mismo nos dijo que Él expulsaba a los demonios por el Espíritu Santo.

> *Sin embargo, si yo expulso a los demonios por el Espíritu de Dios, entonces el reino de Dios ha llegado y está entre ustedes* (Mateo 12:28 NTV).

En contraste, vemos que los siete hijos de Esceva intentaron expulsar a los demonios a través del ritual; en una oración especial ofrecida en el nombre de Jesús, pero a través de la experiencia de Pablo. Debido a que carecían del poder que proviene de una conexión con el Señor mismo, los demonios los dominaron.

> *Un grupo de judíos viajaba de ciudad en ciudad expulsando espíritus malignos. Trataban de usar el nombre del Señor Jesús en sus conjuros y decían: "¡Te ordeno en el nombre de Jesús, de quien Pablo predica, que salgas!". Siete de los hijos de Esceva, un sacerdote principal, hacían esto. En una ocasión que lo intentaron, el espíritu maligno respondió: "Conozco a Jesús y conozco a Pablo, ¿pero quiénes son ustedes?". Entonces el hombre con el espíritu maligno se lanzó sobre ellos, logró dominarlos y los atacó con tal violencia que ellos huyeron de la casa, desnudos y golpeados* (Hechos 19:13-16 NTV).

Es cierto que los hijos de Esceva pudieron expulsar algunos demonios porque éstos temían el nombre de Jesús. Aun así, se vieron limitados cuando intentaron practicar el exorcismo mediante rituales en lugar de relación.

Cuando confrontes a seres demoníacos, debes recordar que no los estás confrontando con tu propia fuerza, poder o autoridad. A ellos no les importa cuánto crees que sabes sobre ellos, lo que otros consideran que sea tu rango espiritual, o incluso cuántos años has estado involucrado en la guerra espiritual. Ellos no responden a tus credenciales; ellos responden a Cristo. Así que no es cuestión de acumular técnicas o de implementar protocolos aprendidos. Es simplemente la presencia y el poder del Espíritu Santo. No somos nosotros a quienes temen los demonios.

En mis primeros años de ministerio, había comenzado a desarrollar una reputación por cómo Dios me estaba usando, y me avergüenza admitirles que había desarrollado una gran cantidad de orgullo espiritual. Sé que el término "orgullo espiritual" puede parecer un oxímoron. Después de todo, el orgullo no es espiritual. Con esto, simplemente quiero decir que había comenzado a basar mi identidad en mis logros ministeriales y en cómo Dios me estaba usando en lugar de en quién era yo en Cristo. Cuando la gente necesitaba sanidad, liberación, o un encuentro con Dios, a menudo eran remitidos a mí. Comencé a permitir que lo que Dios estaba haciendo a través de mí aumentara mi ego.

Llegué al punto en que mi fe en los milagros de sanidad no estaba en Dios sino en mi "profunda" vida de oración. Mi confianza en mi don profético no estaba en la gracia de Dios sino en mi "agudo" oído espiritual. Y mi confianza en expulsar demonios no estaba basada en la autoridad de Cristo sino en mi "pericia" sobre demonios y el reino espiritual. En mi mente, yo era como un miembro de las fuerzas especiales espirituales.

Siempre que trataba con los poderes demoníacos, pensaba que era mi conocimiento del reino espiritual lo que hacía que los demonios se sometieran. Como creía que los demonios respondían a mi propio conocimiento y experiencia, consideraba necesario reunir información como el nombre del demonio, su tipo, su rango, su punto de entrada, etcétera. Por supuesto, la gente era liberada, pero lo era a pesar de mis métodos supersticiosos, no gracias a ellos.

Mi comprensión de la autoridad divina era limitada. Expulsar a un solo demonio me llevaba horas. Los exorcismos que realizaba se parecían más a interrogatorios que a demostraciones de verdadera autoridad. "¿Cómo te llamas? ¿Cómo entraste? ¿A cuántas generaciones te remontas?" No me preguntes por qué me fiaba de la información que recogía de espíritus mentirosos. Te habría dicho: " Tienen que decir la verdad porque yo tengo autoridad y puedo ordenarles que digan la verdad". Sin embargo, no pude ver mi propio razonamiento circular. Al fin y al cabo, si tenía autoridad para obligarles a decir la verdad, debí haber usado esa autoridad para obligarles a marcharse sin discutir. Defendiéndome, les habría dicho: "¡Jesús interrogaba a los demonios!".

Por supuesto, me habría estado refiriendo a Jesús cuando confrontó al endemoniado que tenía una legión de demonios en él. Ese fue el único caso en el que Jesús preguntó el nombre de un demonio. Pero no fue una sesión de horas en la que Jesús conversó con los espíritus malignos. De hecho, incluso después de aprender el nombre del grupo de demonios, a Jesús no le interesó usarlo.

> *Entonces Jesús le preguntó:—¿Cómo te llamas?*
>
> *Y él contestó:—Me llamo Legión, porque somos muchos los que estamos dentro de este hombre.*
>
> *Entonces los espíritus malignos le suplicaron una y otra vez que no los enviara a un lugar lejano. Sucedió que había una gran manada de cerdos alimentándose en una ladera cercana. "Envíanos a esos cerdos—suplicaron los espíritus—. Déjanos entrar en ellos".*
>
> *Entonces Jesús les dio permiso. Los espíritus malignos salieron del hombre y entraron en los cerdos, y toda la manada de unos dos mil cerdos se lanzó al lago por el precipicio y se ahogó en el agua (Marcos 5:9-13 NTV).*

Entonces, ¿por qué preguntó Jesús el nombre del demonio? Hay un par de explicaciones posibles.

Obviamente, Jesús sabía el nombre del grupo demoníaco antes de que se lo dijeran. Así que esto pudo haber sido simplemente una demostración de Su poder, para mostrar que Él tenía la autoridad para expulsar incluso a toda una legión de demonios instantáneamente.

Otra cosa a considerar es el hecho de que en ciertas partes del mundo antiguo, se creía que aprender el nombre de alguien era ganar poder sobre ellos. El hecho de que Jesús no dijera el nombre del demonio incluso después de que se le diera el nombre podría haber sido Él demostrando: "Conozco tu nombre, pero no necesito usarlo para tener autoridad sobre ti". Verdaderamente, el único nombre que necesitas saber cuando confrontas un poder demoníaco es el nombre de Jesús.

Concluir que Jesús sería incapaz de expulsar a la legión de demonios sin conocer su nombre sería subestimar enormemente el poder del Espíritu Santo y sobreestimar enormemente el poder de lo demoníaco. ¡Qué poderosos se han vuelto nuestros mitos cristianos! Así como los cuentos de viejas se hacen populares y luego se aceptan como verdaderos, muchas de las cosas que enseñamos sobre la guerra espiritual nos impiden aprovechar el verdadero poder.

Yo estaba estancado en mis rituales. Interrogatorios. Largas sesiones de liberación. Apuñalar demonios con espadas angelicales. Obsesionarme con los tipos de demonios, rangos y raíces; compliqué el puro y simple poder del Espíritu Santo.

Cada vez que alguien trataba de corregir amorosamente mi enfoque, yo respondía arrogantemente con defensas que sonaban espirituales pero muy poco bíblicas. Decía tonterías como: "Bueno, los fariseos también persiguieron a Jesús, así que puedo ver por qué vienes contra mí"."Todavía no has tratado con una influencia demoníaca realmente fuerte, así que no entiendes cómo funciona esto"."Tal vez necesites liberación; esa podría ser la razón por la que vienes contra mí.""Te falta conocimiento del reino demoníaco y debes permanecer en tu área de experiencia". "Solo necesitas profundizar"."¡Los únicos que me critican son los que en realidad no están haciendo liberaciones!". Con eso quise decir que ellos no usaban los métodos que yo usaba. Como no practicaban los rituales artificiales que me habían enseñado, concluí incorrectamente que los demás no practicaban el ministerio de liberación en absoluto.

Me costó mucho desprenderme de los protocolos creados por el hombre que se habían hecho tan populares. Muchos creyentes vinculan su identidad a tales metodologías. Pueden pensar que su uso y conocimiento de estas prácticas les asigna un rango especial o una mayor eficacia en la batalla espiritual. Los que se enredan en tales cosas suelen tener las intenciones y los motivos más puros. Todos queremos vivir libres, ayudar a liberar a las personas y entrenar a otros para ministrar la libertad. Todos queremos destruir las obras del diablo, expulsar demonios, romper fortalezas y devastar completamente el reino de las tinieblas.

Sin embargo, antes de que podamos aprender el camino del Espíritu Santo, tenemos que desaprender el camino del hombre. Para hacer esto, debemos aprender a no duplicar lo que se nos ha enseñado solo porque es familiar o validante. Soltar viejas mentalidades significa arraigar tu identidad en Cristo, no en un conjunto de doctrinas o prácticas. Nuestro poder sobre los demonios no es nuestra fuente de identidad o alegría. Nuestra conexión con el Señor lo es.

> *Pero no se alegren de que los espíritus malignos los obedezcan; alégrense porque sus nombres están escritos en el cielo* (Lucas 10:20 NTV).

Para ser claro, no estoy diciendo que estas prácticas sean malas, estoy diciendo que no son las mejores de Dios. Puede que uno tenga la habilidad de derrotar el poder demoníaco mediante el uso de estos métodos, pero la victoria viene a pesar de estos rituales hechos por el hombre, no a causa de ellos. Quiero decir, puedo ir de California a Florida caminando, pero ¿no es mejor volar? El Espíritu Santo puede obrar a través de cualquier cosa. No se trata de elegir entre lo incorrecto o lo correcto, sino de elegir entre lo aceptable o lo más eficaz.

Querido lector, si verdaderamente queremos profundizar más, tenemos que admitir que no estamos en la profundidad final. Si queremos ser más eficaces en la guerra espiritual, tenemos que admitir que no lo sabemos todo. No permitas que tus técnicas aprendidas te hagan conformarte.

Hay diferentes niveles de madurez y efectividad en cada don espiritual y ministerio. La guerra espiritual no es diferente. Cuando comencé a involucrarme en la guerra espiritual y liberación, me tomaba horas para echar fuera demonios. Les gritaba a los demonios como si estuvieran intimidados por mi voz levantada, interrogaba a los demonios, y confiaba en técnicas inventadas por el hombre para hacer que los demonios se fueran. Debido a que operaba en mi propia fuerza durante una buena parte de la batalla espiritual, terminaba las batallas espirituales estando absolutamente exhausto. Esa era parte de la razón por la que me sentía validado. En mi corazón me decía cosas como: *"Estoy aquí en el frente ayudando a la gente a liberarse, mientras que otros pastores no se atreverían a ser vistos haciendo esto"*. Me sentía virtuoso y validado por mi propia forma especial de martirio. *"Yo hago el trabajo. Otros se sientan al margen"*.

Algunos todavía pueden estar operando en este nivel de guerra espiritual. Eso está bien, siempre y cuando no se queden estancados allí. Hay un reino superior desde el cual podemos hacer la guerra. Aquellos que caminan profundamente con el Espíritu Santo y saben lo que es llevar Su gloria tratan con los demonios como los domadores tratan con los perros. Esto no es un enfrentamiento de ida y vuelta entre el poder demoníaco y el poder de Dios; es un exterminio de plagas. La manera del hombre enfatiza el poder del demonio y técnicas especiales...como los cazafantasmas. La manera de Dios enfatiza el poder del Espíritu Santo.

Antes de poder crecer lo suficiente para salir de mi enfoque ritualizado de la guerra espiritual, primero tuve que admitir que no había crecido completamente. El orgullo espiritual puede impedir que la gente crezca. Ese es uno de los aspectos más desafiantes del crecimiento: admitir que necesitas crecer.

Afortunadamente, el Espíritu Santo me corrigió y empezó a mostrarme un camino mejor.

> *Entonces respondió y me habló diciendo: Esta es palabra de Jehová a Zorobabel, que dice: No con ejército, ni con fuerza, sino con mi Espíritu, ha dicho Jehová de los ejércitos* (Zacarías 4:6 RVR1960).

Esa Escritura en Zacarías registra una palabra hablada a Zorobabel, pero el mensaje central es una verdad que todavía se aplica hoy: no consiste en nuestro poder sino en el poder del Espíritu Santo. De hecho, el Espíritu Santo me dijo lo afligido que está cuando los creyentes dan más crédito al poder de los seres demoníacos que a Su poder. A menudo insultamos Su poder, y eso despierta Sus santos celos.

> *¿O piensan que la Escritura dice en vano: "Dios celosamente anhela[a]el Espíritu que ha hecho morar en nosotros?"* (Santiago 4:5 NBLA).

El Espíritu Santo es el Rompedor de Ataduras, no yo o tu. De nuevo, no solo estoy escribiendo acerca de la posesión demoníaca y expulsar demonios. Esto es más grande que eso. Te estoy escribiendo acerca de la autoridad que tienes por el Espíritu Santo. Los demonios atacan a los creyentes hablándonos mentiras atormentadoras y confusas, pero nosotros podemos hablar órdenes que los silencian. El Espíritu Santo nos ha mostrado, a través de la Palabra, cuán absoluta es Su autoridad sobre los seres demoníacos.

> *Jesús y sus compañeros fueron al pueblo de Capernaúm. Cuando llegó el día de descanso, Jesús entró en la sinagoga y comenzó a enseñar. La gente quedó asombrada de su enseñanza, porque lo hacía con verdadera autoridad, algo*

completamente diferente de lo que hacían los maestros de la ley religiosa. De pronto, un hombre en la sinagoga, que estaba poseído por un espíritu maligno, gritó: "¿Por qué te entrometes con nosotros, Jesús de Nazaret? ¿Has venido a destruirnos? ¡Yo sé quién eres: el Santo de Dios!".

Pero Jesús lo reprendió: "¡Cállate!—le ordenó—. ¡Sal de este hombre!". En ese mismo momento, el espíritu maligno soltó un alarido, le causó convulsiones al hombre y luego salió de él. El asombro se apoderó de la gente, y todos comenzaron a hablar de lo que había ocurrido. "¿Qué clase de enseñanza nueva es esta? —se preguntaban con emoción—. ¡Tiene tanta autoridad! ¡Hasta los espíritus malignos obedecen sus órdenes!" (Marcos 1:21-27).

Quiero señalar varias cosas importantes de ese pasaje de la Escritura en Marcos 1. En primer lugar, la gente se dio cuenta de la singularidad de la autoridad de Jesús. Él enseñaba con autoridad divina, a diferencia de los líderes religiosos de Su tiempo. Segundo, Jesús expulsó los poderes demoníacos con una simple orden. En varios relatos de los Evangelios, Jesús expulsaba varios demonios de multitudes de endemoniados, sanaba a muchos enfermos, y todo en un solo día. Su método de ministerio solo funcionaria si Él expulsaba demonios instantáneamente.

Por último, observa que la gente comparaba a Jesús con los líderes religiosos. Esto habría sido un gran dolor para sus egos. Los fariseos y saduceos querían ser vistos, alabados, considerados espirituales, percibidos como importantes y, en general, estimados por la sociedad. Así que cuando Jesús entró en escena, Su capacidad para enseñar como ellos no podían enseñar y hacer lo que ellos no podían hacer agitó sus sentimientos de celos. Los líderes religiosos practicaban el exorcismo (Mateo 12:27), pero no con la misma clase de autoridad que tenía Jesús. La historia nos dice que los líderes religiosos utilizaban rituales específicos y oraciones memorizadas. La Biblia nos dice que Jesús, por el contrario, expulsaba a los demonios con una simple orden (Mateo 8:16).

Qué molesto debió ser para ellos cuando Jesús rompió con sus tradiciones y realizó exorcismos sin tener que pasar por los mismos obstáculos que ellos. Probablemente no tuvieron ni de lejos tanto éxito como Jesús en liberar a la gente de los demonios.

La mentalidad religiosa odia la simplicidad del poder de Dios, porque quita la atención de la actuación humana y la pone en la habilidad de Dios. Pocas cosas frustran tanto a los religiosos como cuando uno no obedece sus reglas y regulaciones. Cuando verdaderamente caminas en el poder del Espíritu Santo, puede que algunos digan que echas fuera demonios "demasiado rápido" o "con demasiada simpleza". El pensamiento religioso demandará que sigas los pasos apropiados y uses los protocolos correctos. El pensamiento religioso puede incluso acusarte de dejar a la gente en esclavitud, porque las mentes religiosas no pueden comprender el concepto de tal poder que podría causar que los demonios obedezcan instantáneamente. Pero simple y rápidamente es cómo Jesús lo hizo.

> "Mis pensamientos no se parecen en nada a sus pensamientos—dice el Señor—. Y mis caminos están muy por encima de lo que pudieran imaginarse. Pues así como los cielos están más altos que la tierra, así mis caminos están más altos que sus caminos y mis pensamientos, más altos que sus pensamientos" (Isaías 55:8-9 NTV).

Querido lector, una simple orden de un hijo de Dios es todo lo que se necesita. Cuando nos enfrentamos a los demonios, es tentador confiar en la teología y el conocimiento mental, pero Jesús nos muestra un camino mejor, el camino del Espíritu Santo. Una vez que veas que es posible dominar a los demonios sin rituales, nunca querrás volver a las tradiciones del hombre. Es simplemente la presencia y el poder del Espíritu Santo. Eso es lo que lo hace. Además, Jesús sanaba en el sábado, el día de reposo, así que se puede decir con certeza que está bien romper con la tradición de vez en cuando por el bien de los cautivos.

Hay un hermoso movimiento de liberación sucediendo en nuestra generación, pero no va a parecerse en nada a los días de antaño. Este movimiento pertenece al Espíritu Santo. Dios está haciendo una cosa nueva, una cosa fresca. No te pierdas el movimiento por un recuerdo o una metodología. Nada de interrogatorios. Sin resistencia. Sin rituales. Solo puro poder.

Si esto desafía lo que te han enseñado, puede que te sientas incómodo. Cuando me vi confrontado por primera vez con la verdad de las Escrituras sobre estas cuestiones, debido a lo que me habían enseñado y a lo que todos los que me rodeaban habían afirmado con tanta firmeza, me dije a mí mismo: *"No sé. Hay algo que no me cuadra. Esto me confunde"*. Poco sabía yo, que la incomodidad era la incomodidad de la corrección de Dios. La confusión provenía de las tradiciones y enseñanzas a las que intentaba aferrarme, no de la verdad que el Espíritu Santo me estaba presentando.

En esta sección, hice referencia a ejemplos bíblicos de exorcismo y posesión. Pero recuerda, no se trata solo de expulsar demonios. Simplemente estoy usando el exorcismo como referencia. Quiero que veas cuán indefensos están los seres demoníacos ante la fuerza del poder del Espíritu Santo. Si son tan indefensos cuando se trata de una posesión total, entonces imagina cuán débiles son cuando se trata de una simple fortaleza.

Esto no significa que debamos despreocuparnos o despreciar por completo a los seres demoníacos. Solo estoy poniendo su poder en la perspectiva adecuada frente al poder del Espíritu Santo.

Conoce Su autoridad

Las fortalezas se forman en base a las mentiras del enemigo, y a ti se te ha dado autoridad sobre los mentirosos que intentan engañarte. No te escondas en un rincón con las manos sobre los oídos. Levántate y entra a la ofensiva. Como un bravucón que finalmente es confrontado, un demonio que es confrontado revelará cuán aterrorizado esá del poder del Espíritu Santo. Los demonios huyen cuando el pueblo de Dios se levanta en fe en lugar de estresarse por el hecho de que están siendo atacados.

La Biblia nos da una idea clara de cómo debemos tratar con estos enemigos: simplemente darles órdenes. Esta no es la manera del hombre, sino la del Espíritu Santo. ¿Cómo funciona esto? Para ayudarte a entender la autoridad que se te ha dado, volvamos al principio.

Hace mucho tiempo, hubo un conflicto que tuvo lugar en el reino celestial. Satanás persuadió a los seres angelicales para que se unieran a él en una rebelión contra Dios. Esto apenas fue una guerra, ya que satanás y todos sus secuaces no podían compararse con Dios en fuerza y poder. El diablo, junto con sus rebeldes, fueron desterrados a la tierra.

> *Este gran dragón—la serpiente antigua llamada diablo o Satanás, el que engaña al mundo entero—fue lanzado a la tierra junto con todos sus ángeles* (Apocalipsis 12:9 NTV).

¿Por qué se rebeló satanás? ¿Cuándo ocurrió? Veamos la cronología bíblica.

Sabemos que Dios creó el mundo y toda la vida en la Tierra durante un período de seis días (ver Génesis 1:1-31). Del primero al sexto día, Dios creó. En el séptimo día, Dios descansó.

Satanás no pudo haber caído antes de los seis días de la creación, porque cuando se rebeló, fue desterrado a la tierra. Aunque pueda resultar obvio, hay que señalar que la tierra tenía que existir para que satanás fuera desterrado a ella.

Aquí, algunos podrían afirmar la teoría de la raza preadámica, una civilización que existió antes de que Adán y Eva fueran creados. Algunos creen que esta sociedad existió y fue destruida antes de que Dios "volviera a empezar" con los seis días de la creación mencionados en el Génesis. Aparte de que esta teoría se basa en malas traducciones de palabras, hay varias razones por las que deberíamos rechazar la idea de una civilización anterior al Génesis. Haré referencia a dos. En primer lugar, la Biblia se refiere a Adán como el primer hombre:

> Las Escrituras nos dicen: "El primer hombre, Adán, se convirtió en un ser viviente" pero el último Adán—es decir, Cristo—es un Espíritu que da vida (1 Corintios 15:45 NTV).

Si Adán fue el primer hombre, como enseña claramente la Biblia, no podría haber existido una civilización antes de que Adán y Eva fueran creados. En segundo lugar, la Biblia nos dice que la muerte entró en el mundo por el pecado de Adán:

> Cuando Adán pecó, el pecado entró en el mundo. El pecado de Adán introdujo la muerte, de modo que la muerte se extendió a todos, porque todos pecaron (Romanos 5:12 NTV).

Si creemos que una civilización fue destruida y que hubo muertes antes de la creación de Adán y Eva, entonces tendríamos que concluir que la muerte vino antes del pecado. Eso es una clara contradicción con las Escrituras. Entonces podemos concluir bíblicamente que satanás no cayó antes de los seis días de la creación.

¿Y durante los seis días de la creación? Considera que satanás había pasado algún tiempo en el Edén mientras aún estaba en su estado celestial.

> "Hijo de hombre, entona este canto fúnebre para el rey de Tiro. Dale este mensaje de parte del Señor Soberano: 'Tú eras el modelo de la perfección, lleno de sabiduría y de exquisita belleza. Estabas en el Edén, el jardín de Dios... Yo te ordené y te ungí como poderoso ángel guardián. Tenías acceso al monte santo de Dios y caminabas entre las piedras de fuego. Eras intachable en todo lo que hacías, desde el día en que fuiste creado hasta el día en que se encontró maldad en ti'" (Ezequiel 28:12-15 NTV).

En ese pasaje, el profeta Ezequiel da un mensaje al rey de Tiro. En esa palabra profética, Ezequiel establece un paralelo entre el rey de Tiro y satanás. Es en ese paralelo que vislumbramos el estado anterior de satanás. Satanás, en su forma celestial, había pasado algún tiempo en el Edén. Para ello, satanás tuvo que haber caído después de los seis días de la creación.

Así que satanás no cayó antes de los seis días de la creación, ni cayó durante los seis días de la creación. Se rebeló en algún momento después de los seis días de la creación. Esto es importante porque al establecer el "cuándo", comenzamos a entender el "por qué". ¿Por qué satanás habría de perder su naturaleza celestial, su posición en el Reino de Dios, o su cercanía a Dios? ¿Qué fue lo que hizo que satanás se rebelara contra el Dios que lo formó? Observando otro paralelo profético, vemos que empieza a formarse un cuadro completo:

> ¡Cómo caíste del cielo, oh Lucero, hijo de la mañana! Cortado fuiste por tierra, tú que debilitabas a las naciones. Tú que decías en tu corazón: Subiré al cielo; en lo alto, junto a las

estrellas de Dios, levantaré mi trono, y en el monte del testi-
monio me sentaré, a los lados del norte; sobre las alturas de
las nubes subiré, y seré semejante al Altísimo. Mas tú derri-
bado eres hasta el Seol, a los lados del abismo. Se inclinarán
hacia ti los que te vean, te contemplarán, diciendo: ¿Es este
aquel varón que hacía temblar la tierra, que trastornaba los
reinos (Isaías 14:12-16 RVR1960).

En el paralelo profético de Isaías, vemos que satanás quería ser como Dios. Satanás quería ascender a las alturas del trono del Padre. ¿Era todo esto una cuestión de orgullo? En parte, sí. Pero hay más que eso. ¿De dónde sacó satanás esa idea de que podía ser como Dios? La respuesta es estremecedora.

Entonces dijo Dios: Hagamos al hombre a nuestra imagen,
conforme a nuestra semejanza; y señoree en los peces del mar,
en las aves de los cielos, en las bestias, en toda la tierra, y en
todo animal que se arrastra sobre la tierra (Génesis 1:26
RVR1960).

No fue solo el orgullo lo que tentó a satanás a rebelarse contra Dios. Fueron los celos de satanás por lo que Dios te dio. Desde el principio, el dominio era para el hombre. Y desde el principio, satanás ha estado celoso de ese dominio. Piensa en lo humillante que debe haber sido para satanás cuando fue castigado por su rebelión al ser enviado a la tierra, el mismo lugar donde el hombre estaba a cargo. Satanás fue puesto bajo el dominio del hombre, contra quien ardía de celos.

Sabiendo que no podía recuperar su estatus celestial, satanás elaboró un plan. Sabía que no podía ascender, así que su plan era hacer que el hombre descendiera, que cayera. Satanás ya conocía el camino hacia un estado inferior: el pecado, la rebelión contra Dios. Así, satanás tentó a

Eva. El hombre cayó, perdió el dominio y quedó sujeto al pecado. Sin embargo, desde el principio, la intención de Dios fue darle el dominio.

> *Luego Dios los bendijo con las siguientes palabras: "Sean fructíferos y multiplíquense. Llenen la tierra y gobiernen sobre ella. Reinen sobre los peces del mar, las aves del cielo y todos los animales que corren por el suelo"* (Génesis 1:28 NTV).

> *Cuando miro el cielo de noche y veo la obra de tus dedos —la luna y las estrellas que pusiste en su lugar—, me pregunto: ¿qué son los simples mortales para que pienses en ellos, los seres humanos para que de ellos te ocupes? Sin embargo, los hiciste un poco menor que Dios y los coronaste de gloria y honor. Los pusiste a cargo de todo lo que creaste, y sometiste todas las cosas bajo su autoridad: los rebaños y las manadas y todos los animales salvajes, las aves del cielo, los peces del mar, y todo lo que nada por las corrientes oceánicas* (Salmo 8:3-8 NTV).

Lo que se perdió en Adán se ganó en Cristo. Adán tomó de un árbol y dio a luz la muerte. Cristo se dio a sí mismo en un árbol y dio a luz la vida.

> *Así como todos mueren porque todos pertenecemos a Adán, todos los que pertenecen a Cristo recibirán vida nueva* (1 Corintios 15:22 NTV).

Por lo que Cristo ha hecho, hemos sido rescatados del reino de las tinieblas.

El cual nos ha librado de la potestad de las tinieblas, y trasladado al reino de su amado Hijo (Colosenses 1:13 RVR1960).

Ya no estamos bajo el dominio del enemigo, estamos en Cristo, restaurados en el lugar de dominio que Dios quiso hace mucho tiempo para nosotros. Esta vez, el dominio no es *a* nosotros sino *a través de* nosotros-no *de* nosotros sino de *Cristo en nosotros*. Esta vez, el dominio está asegurado en Su perfección sin pecado, y nosotros estamos asegurados en Él.

Por lo tanto, Dios lo elevó al lugar de máximo honor y le dio el nombre que está por encima de todos los demás nombres para que, ante el nombre de Jesús, se doble toda rodilla en el cielo y en la tierra y debajo de la tierra, y toda lengua declare que Jesucristo es el Señor para la gloria de Dios Padre (Filipenses 2:9-11 NTV).

También pido en oración que entiendan la increíble grandeza del poder de Dios para nosotros, los que creemos en él. Es el mismo gran poder que levantó a Cristo de los muertos y lo sentó en el lugar de honor, a la derecha de Dios, en los lugares celestiales. Ahora Cristo está muy por encima de todo, sean gobernantes o autoridades o poderes o dominios o cualquier otra cosa, no solo en este mundo sino también en el mundo que vendrá. Dios ha puesto todo bajo la autoridad de Cristo, a quien hizo cabeza de todas las cosas para beneficio de la iglesia. Y la iglesia es el cuerpo de Cristo; él la completa y la llena, y también es quien da plenitud a todas las cosas en todas partes con su presencia (Efesios 1:19-23).

Cristo está en el poder, y nosotros estamos en Cristo.

Pues nos levantó de los muertos junto con Cristo y nos sentó con él en los lugares celestiales, porque estamos unidos a Cristo Jesús (Efesios 2:6).

Por eso me dejan perplejo los cristianos que entran en pánico ante la mera idea de ser atacados por un ser demoníaco. Están luchando desde el reino equivocado. Están intentando en su propia fuerza. Querido lector, cuando reprendes a un poder demoníaco, la represión viene del mismo trono de Cristo. Cuando confrontas a un ser demoníaco, Cristo confronta a ese ser demoníaco a través de ti. Eso es poder. Esa es la verdadera autoridad que debe ser reconocida.

Dios puede hacer lo que quiera. Él reina muy por encima de todo. Nosotros estamos a cargo porque Dios lo dice. En la tierra, Él ha elegido trabajar a través de los seres humanos. Nos creó a Su imagen para administrar Su creación. No nos necesita, pero elige utilizarnos. Ha elegido hacernos Sus embajadores aquí en la tierra. Somos hijos de Dios, ciudadanos del Cielo.

Pero a todos los que creyeron en él y lo recibieron, les dio el derecho de llegar a ser hijos de Dios. Ellos nacen de nuevo, no mediante un nacimiento físico como resultado de la pasión o de la iniciativa humana, sino por medio de un nacimiento que proviene de Dios (Juan 1:12-13 NTV).

En cambio, nosotros somos ciudadanos del cielo, donde vive el Señor Jesucristo; y esperamos con mucho anhelo que él regrese como nuestro Salvador (Filipenses 3:20 NTV).

Como ciudadanos del Cielo, venimos en nombre de Jesús.

Entonces les dijo: "Vayan por todo el mundo y prediquen la Buena Noticia a todos. El que crea y sea bautizado será salvo, pero el que se niegue a creer, será condenado. Estas señales milagrosas acompañarán a los que creen: expulsarán demonios en mi nombre y hablarán nuevos idiomas. Podrán tomar serpientes en las manos sin que nada les pase y, si beben algo venenoso, no les hará daño. Pondrán sus manos sobre los enfermos, y ellos sanarán" (Marcos 16:15-18 NTV).

Aquí lo vemos de nuevo:

"Les digo la verdad, todo el que crea en mí hará las mismas obras que yo he hecho y aún mayores, porque voy a estar con el Padre. Pueden pedir cualquier cosa en mi nombre, y yo la haré, para que el Hijo le dé gloria al Padre. Es cierto, pídanme cualquier cosa en mi nombre, ¡y yo la haré" (Juan 14:12-14 NTV).

Mucho se ha dicho y escrito sobre esa porción particular de la Escritura en Juan 14. Mientras muchos debaten la cuestión de lo que Jesús quiso decir con *"obras mayores,"* yo solo quiero hacer un simple punto mirando la frase *"harán las mismas obras que yo he hecho."* Independientemente de lo que pienses que Jesús quiso decir cuando dijo "obras mayores"— *lo que* podrían ser o cómo podríamos hacer obras mayores que Cristo— definitivamente sabemos lo que significa *"las mismas obras"*. Significa sanar a los enfermos, resucitar a los muertos y, sí, echar fuera demonios. Ese mismo poder sobre los demonios ha sido dado a aquellos que creen en el Señor Jesús.

Alinéate con Su autoridad

Hacer algo en el nombre de Jesús es hacer algo por Su autoridad, en Su nombre, para Su gloria, y muy importante, de acuerdo a Su voluntad. Si queremos actuar en la autoridad de Cristo, debemos alinearnos con Su voluntad. Si quieres autoridad piadosa, debes tener un estilo de vida piadoso.

Ciertamente, es posible caminar en una medida de poder y aún vivir en pecado. Esto no es para animar a alguien a pecar. Esto es solo un reconocimiento de la realidad bíblica de que incluso los hipócritas pueden operar en un grado de poder.

> *No todo el que me llama: "¡Señor, Señor!" entrará en el reino del cielo. Solo entrarán aquellos que verdaderamente hacen la voluntad de mi Padre que está en el cielo. El día del juicio, muchos me dirán: "¡Señor, Señor! Profetizamos en tu nombre, expulsamos demonios en tu nombre e hicimos muchos milagros en tu nombre". Pero yo les responderé: "Nunca los conocí. Aléjense de mí, ustedes, que violan las leyes de Dios"* (Mateo 7:21-23 NTV).

Qué realidad tan aterradora. Confiando plenamente en que serán aceptados, estas personas se pavonean ante el Señor. Sin embargo, son rechazados. Curiosamente, el Señor no niega que se movían en el poder. Niega haberlos conocido. Ahí vemos la prueba de que Dios te usará aunque no te conozca.

Por supuesto, esa porción de la Escritura no se refiere a los creyentes nacidos de nuevo. Sabemos esto porque el Señor dejó claro que Él nunca los conoció. Además, es claro que ellos estaban confiando en sus propias obras, así que su fe no estaba en el sacrificio de Cristo.

Lo que quiero decir es que profetizaban, hacían milagros e incluso expulsaban demonios. Aun así, eran gente malvada: *"ustedes que violan las leyes de Dios"*. Así que ahí vemos que es posible moverse en el poder y ser un hipócrita. La Palabra de Dios y el nombre de Jesús son tan poderosos que funcionan, hasta cierto punto, incluso cuando un hipócrita los usa.

Los siete hijos de Esceva son otro ejemplo de ello.

> *Un grupo de judíos viajaba de ciudad en ciudad expulsando espíritus malignos. Trataban de usar el nombre del Señor Jesús en sus conjuros y decían: "¡Te ordeno en el nombre de Jesús, de quien Pablo predica, que salgas!". Siete de los hijos de Esceva, un sacerdote principal, hacían esto. En una ocasión que lo intentaron, el espíritu maligno respondió: "Conozco a Jesús y conozco a Pablo, ¿pero quiénes son ustedes?". Entonces el hombre con el espíritu maligno se lanzó sobre ellos, logró dominarlos y los atacó con tal violencia que ellos huyeron de la casa, desnudos y golpeados* (Hechos 19:13-16 NTV).

Por lo tanto, sabemos que incluso aquellos que no conocen al Señor y que viven vidas malvadas pueden operar en al menos una pequeña medida de poder.

Sin embargo, sigue siendo cierto que cuanto más alineados estamos con la voluntad y la Palabra de Dios, más accesible se vuelve Su autoridad. Cuanto más consagrados estamos, más eficazmente puede fluir Su autoridad a través de nosotros. De nuevo, no es que Dios nos necesite, pero ese es el orden del mundo que Él creó. Él quiere que seamos Sus vasijas. Aunque siempre hay excepciones, en términos generales, Dios ha elegido, en Su propia sabiduría, trabajar a través de nosotros.

Solo aquellos alineados bajo la autoridad de Dios pueden caminar plenamente en la autoridad de Dios. Solo aquellos que viven por la Palabra pueden caminar plenamente en la autoridad de la Palabra.

De hecho, esto explica por qué los demonios a veces se resisten a tus órdenes de irse o de guardar silencio. Ten por seguro que nunca se resisten al Espíritu Santo, y nunca se resisten a la autoridad de Cristo. Se resisten a ti. El pecado nos desalinea con la autoridad de Dios. El compromiso nos desalinea con la autoridad de Dios. Pero cuando estás viviendo de acuerdo a la Palabra de Dios y das una orden, el demonio tiene que obedecer inmediatamente cuando le ordenas que deje de mentirte, distraerte o atacarte de otra manera. Cuando vives en Cristo, vives en Su autoridad.

Aparte de la desobediencia pecaminosa, la única otra limitación al flujo de la autoridad divina a través de ti es la falta de fe. Cuando algunos de los discípulos de Jesús fueron incapaces de expulsar a un ser demoníaco de un niño, Jesús expresó Su frustración por su falta de fe:

> *Un hombre de la multitud tomó la palabra y dijo: —Maestro, traje a mi hijo para que lo sanaras. Está poseído por un espíritu maligno que no le permite hablar. Y, siempre que este espíritu se apodera de él, lo tira violentamente al suelo y él echa espuma por la boca, rechina los dientes y se pone rígido. [a] Así que les pedí a tus discípulos que echaran fuera al espíritu maligno, pero no pudieron hacerlo.*
>
> *Jesús les dijo: "¡Gente sin fe! ¿Hasta cuándo tendré que estar con ustedes? ¿Hasta cuándo tendré que soportarlos? Tráiganme al muchacho"* (Marcos 9:17-19).

La historia continúa con Jesús expulsando al ser demoníaco del cuerpo del niño. Más tarde, cuando los discípulos le preguntaron a Jesús por qué no pudieron expulsar al demonio, Él les reveló esta verdad:

*Jesús contestó: —Esa clase solo puede ser expulsada con ora-
ción* (Marcos 9:29).

Algunos manuscritos incluyen la frase *"y ayuno"* en Marcos 9:29.
Creo que es correcto añadir esa frase, de modo que diga: *"Esta clase solo
puede ser expulsada con oración y ayuno".* Aun así, lo que quiero decir
aquí puede sostenerse en cualquiera de los dos casos, con o sin la frase
"y ayuno".

Jesús dejó claro que había ciertos tipos de demonios que solo podían
ser expulsados mediante la oración (y el ayuno). ¿Por qué? Jesús ya nos
dio la respuesta: *"¡Gente sin fe!".* Era la falta de fe lo que dificultaba confrontar ese nivel de poder demoníaco. No faltaba nada de la autoridad
de Dios. El problema era la fe de los discípulos.

La solución que dio Jesús fue simplemente ir y orar (y ayunar). ¿Por
qué? Porque la oración y el ayuno aumentan tu fe. Todos los demonios
son testarudos. El problema nunca son los demonios obstinados sino
los cristianos dudosos. Entonces, ¿cómo tratas con demonios "tercos"
o demonios que no se van en el instante en que les dices que se vayan?
¿Con oraciones especiales? ¿Por medio de estudiar el linaje familiar?
¿Por medio de averiguar el nombre, tipo y punto de entrada del demonio? ¿Renunciar a una lista de pecados generacionales o interrogar al
demonio? No. Tratas con demonios obstinados a través de un simple
aumento en la fe. Esto funciona porque es por la fe que accedemos a la
autoridad divina.

Costa Mesa, California. Era una reunión de domingo por la tarde.
Yo estaba de pie en la plataforma dirigiendo al pueblo de Dios en la
adoración, cuando sentí el viento del Espíritu Santo en mi espalda.
Podía sentir Su poderoso poder pulsar por arriba y abajo de mi cuerpo.
Mientras la congregación y yo entonábamos sencillos cantos de adoración, sentí que me invadía una audacia divina. El Espíritu Santo me
impulsó y dije: "Esa es la presencia del Espíritu Santo. Él está aquí.

Algo ha cambiado en el reino celestial". Entonces fui guiado a decir una simple oración: "Todo poder demoníaco debe irse". A los pocos segundos de pronunciar esa breve y suave oración, se oyeron gritos por todo el recinto, el cual estaba completamente lleno. Los demonios habían empezado a manifestarse. Tentado de seguir reprendiendo a los demonios, me llevé el micrófono a la boca.

El Espíritu Santo me detuvo. "Solo adora. Yo me encargaré". Así que le obedecí. La gente y yo continuamos adorando. Pronto, los gritos alrededor del cuarto pararon, y una gran paz vino sobre la atmósfera. La gente había sido liberada. Los poderes demoníacos habían sido forzados a salir de la habitación, instantáneamente.

Miren, les he dado autoridad sobre todos los poderes del enemigo; pueden caminar entre serpientes y escorpiones y aplastarlos. Nada les hará daño (Lucas 10:19 NTV).

Era como si un fuerte viento se hubiera llevado las hojas por el camino, como si una ola del océano hubiera disuelto el castillo de arena de un niño. Así de fácil. El pueblo había querido libertad, y el Espíritu Santo se la dio. Tras una simple orden, el trabajo estaba hecho. En ese momento, no pude evitar pensar en los muchos años anteriores, en las viejas formas religiosas con las que había intentado ayudar a la gente a ser libre. ¡Qué diferencia!

Tenemos la tendencia de complicar la guerra espiritual y luego referirnos a esa complicación como "profundidad" o "percepción especial." Sin embargo, la verdadera profundidad y poder no vienen y no se demuestran en nuestra habilidad para detallar lo que creemos saber sobre el reino espiritual o por inventar protocolos nunca avalados por el Espíritu Santo. La verdadera profundidad es simple fe. Es fe fuertemente arraigada, infantil e inquebrantable.

Cuando un creyente lleno del Espíritu da una simple orden contra un ser demoníaco, el demonio tiene que obedecerla. Eso es verdad. Eso es Biblia. Señales poderosas siguen a aquellos que creen. ¿Aquellos que creen qué? Aquellos que creen en el evangelio. Así que si crees el evangelio, si eres un cristiano nacido de nuevo, entonces se te ha dado la habilidad de caminar en estas señales. No estoy diciendo que estas señales son una demostración de tu salvación o que no puedes ser salvo a menos que hagas señales milagrosas. Simplemente estoy diciendo que si has nacido de nuevo, estas habilidades han sido puestas a tu disposición, aunque algunos creyentes nacidos de nuevo dejan estas habilidades latentes y sin tocar.

Los demonios tienen que obedecer las órdenes del creyente nacido de nuevo y al instante, punto. Así que la pregunta no debe ser: "¿Qué le da a un demonio el derecho legal de desobedecer la autoridad de Cristo y permanecer en mi vida?". Ellos no pueden desobedecer Su autoridad. La pregunta debería ser: "¿Qué me impide caminar en la autoridad que Cristo me dio?". Te prometo que nunca es porque el ritual correcto no fue realizado o porque la técnica correcta de liberación no fue usada o incluso porque tu "nivel espiritual" no fue lo suficientemente alto. Es muy sencillo. Los únicos factores que pueden desalinearte del flujo de autoridad de Dios son la transigencia pecaminosa y la duda. Pídele al Espíritu Santo que te ayude con esto y entonces estarás perfectamente posicionado para comandar las fuerzas de la oscuridad. Los demonios absolutamente, positivamente, sin excepción, escuchan lo que ordenas en la autoridad de Cristo.

Hablando bíblicamente, se nos da una clara revelación de cómo debemos tratar con los poderes demoníacos. Los demonios responden a la autoridad de Cristo en nosotros. Cuando ellos no responden, no es porque el demonio ha dominado la autoridad de Cristo o el Espíritu Santo; es simplemente porque no estamos caminando en la autoridad que Cristo nos dio. Si el demonio no obedece, no se está resistiendo a la autoridad de Cristo; se está resistiendo a ti, porque no estás alineado con la autoridad de Cristo. ¿Cómo caminamos en esta autoridad? Es por simple obediencia. Es por simple fe. Por eso se les dijo a los discípulos que ayunaran y oraran, para ayudar su incredulidad.

Cuando caminamos en la fe, caminamos en la autoridad de Cristo. Cuando caminamos en la autoridad de Cristo, los demonios deben obedecer. Realmente es así de sencillo. No se trata de usar técnicas de hombres sino de caminar en las verdades de Dios. Los caminos de Dios son mejores que nuestros caminos.

Incluso si el demonio regresa, como se sabe que hacen, no te asustes por el hecho de que está tratando de engañarte de nuevo. Simplemente vuelve a usar la autoridad de Cristo.

¿Y si el demonio sigue sin escuchar?

Tu éxito al confrontar un ser demoníaco depende del estilo de vida que has estado llevando mucho antes de la confrontación No puedes compensar con rituales y declaraciones lo que te falta en tu estilo de vida.

Puedes silenciar y tomar autoridad sobre un demonio ordenándole que se calle, que deje de acosar tu mente y que te deje en paz. Eso es todo. Si estás apropiadamente alineado con la autoridad de Cristo, no habrá ningún problema ahí. El demonio tiene que obedecer y al instante. Ese es el poder de la fe y la obediencia. Cualquiera que te diga que hay algo más, o desconoce lo que enseña la Biblia o tiene otros motivos, que probablemente consiste en vender una solución a un problema inventado por ellos.

Entonces, ¿qué debes hacer si el demonio no parece dejar de mentirte y acosarte después de todo eso? Esta es la manera bíblica de pensar y abordar la situación.

Uno: Deshazte del pecado y la transigencia. La vida pecaminosa te saca de la alineación con la autoridad de Cristo.

Dos: Después de asegurarte de que no hay ningún compromiso pecaminoso en tu vida, necesitas ayunar y orar. El ayuno aumenta tu fe. Esto es lo que Jesús dijo que hicieras si el demonio no obedece. Esto puede ser necesario hacerlo varias veces hasta que tu fe sea fuerte. Ten en mente, esto no necesita ser fe perfeccionada...solo algo de fe.

> —¿Cómo que "si puedo"? —preguntó Jesús—. Todo es posible si uno cree.
>
> Al instante el padre clamó: —¡Sí, creo, pero ayúdame a superar mi incredulidad!
>
> Cuando Jesús vio que aumentaba el número de espectadores, reprendió al espíritu maligno. "Escucha, espíritu que impides que este muchacho oiga y hable —dijo—. ¡Te ordeno que salgas de este muchacho y nunca más entres en él!". Entonces el espíritu gritó, le causó otra convulsión violenta al muchacho y salió de él. El muchacho quedó como muerto. Un murmullo recorrió la multitud: "Está muerto", decía la gente (Marcos 9:23-26 NTV).

La fe te alinea con la autoridad divina.

Tres: Y esto es difícil de aceptar para algunos: es posible que ya hayas derrotado adecuadamente y con éxito al ser demoníaco, y ahora necesitas tratar con los aspectos mentales y emocionales de la fortaleza. Puede que no lo sientas así, pero te sorprendería lo que nuestras mentes y emociones son capaces de hacernos.

Resumamos:

+ **Aborda los aspectos demoníacos de la fortaleza.**

- Alinéate con la autoridad de Dios a través de la fe y la obediencia. Al hacerlo, confías en el poder del Espíritu Santo, en lugar de los protocolos impotentes del hombre.

- A continuación, ejerce esa autoridad mediante una simple orden.

- Si el problema continúa, ayuna y ora hasta que sepas que tu fe es fuerte. La fe fuerte es la clave para acceder a la autoridad de Cristo. No es que los demonios puedan resistir el poder y la autoridad del Espíritu Santo. Más bien, es que en realidad no estamos usando el poder y la autoridad del Espíritu Santo hasta que estemos debidamente alineados.

- Si el problema persiste después de haber adoptado este sencillo enfoque bíblico, reconoce que la respuesta no se encontrará en extrañas supersticiones o mitos cristianos sobre el reino espiritual.

Así que si después de todo esto el problema aún persiste, entonces ya no estás tratando con el aspecto demoníaco sino más bien con los aspectos mentales y emocionales de la fortaleza.

Abordaremos estos aspectos en el próximo capítulo.

8

Fortalezas, pensamientos y emociones

Los demonios tienen que someterse a la autoridad de Cristo sin demora, pero la naturaleza pecaminosa es un problema persistente. Los demonios se van cuando se les dice. En contraste, la carne no va y viene, sino que se encoge y crece dependiendo de los pensamientos y acciones que elijamos. Es más fácil vencer a los demonios que domar el yo. A los demonios se les puede ordenar que se vayan, pero no te puedes echar fuera a ti mismo. Así que una vez que hayamos tratado con los aspectos demoníacos de una fortaleza a través del ejercicio de la autoridad, es tiempo de tratar con la carne. Esto puede ser un proceso.

Tu mente es como una computadora, y los seres demoníacos son como piratas informáticos. Programan tu forma de pensar a través de ideas persuasivas y pensamientos impíos que te sugieren. Claro, puedes deshacerte del *hacker* a través de un simple ejercicio de autoridad espiritual, pero ¿estás abordando la programación que dejan atrás? Tu mente y tus emociones pueden ser entrenadas bajo un patrón engañoso. Puedes silenciar a los mentirosos, pero ¿les permites dejar atrás sus mentiras?

Si estás permitiendo a un demoníaco mentirte durante el tiempo suficiente, eventualmente empiezas a repetir sus mentiras a ti mismo. El autoengaño es el resultado final de un engaño demoníaco exitoso. Una vez que empiezas a hacerte eco de las mentiras demoníacas, eso indica que la base de la fortaleza se ha vuelto lo suficientemente profunda como para ser mental y emocional. En este punto, el engaño ya no es solo un ataque repetido del enemigo sino una forma de pensar y sentir que has abrazado para ti mismo.

Ya sea que las mentiras del enemigo vinieron a través de la cultura, los medios de comunicación, otras personas, experiencias negativas, o directamente a través de un ser demoníaco, si crees las mentiras del enemigo por suficiente tiempo, esas mentiras se convierten en parte de tu mentalidad. La mayoría de los cristianos no están conscientes del hecho de que necesitan tratar con los efectos persistentes del engaño demoníaco en sus pensamientos y emociones. Quitan la bala pero nunca sanan la herida. Reprenden a los mentirosos pero nunca corrigen los patrones de pensamiento que quedan de las mentiras.

Esta es precisamente la razón por la cual algunos cristianos piensan que necesitan "ir por liberación" tan a menudo como uno recibiría un ajuste de un quiropráctico. Claro, obtén tanta oración como necesites, pero la victoria, no la lucha espiritual, debe eventualmente convertirse en tu estilo de vida. Esta es también la razón por la cual algunas ataduras parecen imposibles de romper: porque nunca se trata con la carne. Más importante aún, esta es la razón por la que los seres demoníacos parecen tan a menudo ser capaces de recuperar la influencia sobre algunos cristianos, incluso después de semanas o meses de libertad. Necesitas tratar con todos los aspectos de la fortaleza, no solo el ser demoníaco que lo ataca con mentiras.

Para abordar los aspectos emocionales y mentales de la fortaleza, hay que empezar por lo básico.

Respeta los fundamentos

¿Qué tienen en común los atletas de éxito y los soldados? Cumplen con lo básico. Un soldado no se entrena en el campo de batalla, y un atleta no se entrena en la competición del campeonato. Un soldado pasa por un entrenamiento riguroso pero básico antes de su despliegue. Un atleta pasa años acondicionándose para rendir al máximo. El momento de la victoria se gana en el estilo de vida que lo precede. Es el compromiso diario con el acondicionamiento adecuado lo que, en última instancia, trae el éxito. Si quieres evitar una crisis espiritual, tienes que aprender a practicar los fundamentos espirituales. Si un creyente está viviendo como debe, las fortalezas serán quebrantadas, simplemente como resultado de una vida apropiada.

Al igual que los atletas que quieren engañar al sistema mediante el uso de drogas, algunos cristianos intentan convertirse en guerreros espirituales recurriendo a fórmulas religiosas y métodos populares pero no bíblicos. Quieren compensar con rituales supersticiosos lo que les falta de rutina espiritual.

Imagina que alguien se somete a un examen médico básico y le dice a su médico de cabecera: "Doctor, no me encuentro nada bien. Hay algo que no me cuadra". Su médico no recurriría inmediatamente a las enfermedades más mortales como posible explicación de que no se encuentre bien. ¿Qué haría? Empezaría con preguntas básicas sobre su estado general de salud, y luego iría más allá. Preguntaría: "¿Cómo duerme? ¿Cuánta agua bebe? ¿Hace ejercicio? ¿Cómo es su dieta? ¿Tiene mucho estrés?". ¿Por qué los médicos empiezan con preguntas básicas para deducir el problema? Es porque, la mayoría de las veces, simplemente haciendo lo básico, se pueden evitar o curar la mayoría de los problemas físicos. Lo mismo ocurre con los asuntos espirituales.

Mis buzones de las redes sociales están llenas de mensajes de creyentes que ruegan por alivio de la naturaleza pecaminosa. A menudo suplican: "¡Por favor, ore por mí! No sé cómo salir de mi esclavitud". Después de orar con ellos, casi siempre pregunto: "¿Cómo es tu vida de oración? ¿Cómo es tu devoción a la Palabra? ¿Tienes comunión con otros creyentes que puedan hacerte responsable?".

Honestamente, nueve de cada diez veces, me responden diciéndome que rara vez oran, muy rara vez leen la Palabra, o son inconsistentes en la Palabra, y rara vez se relacionan con otros creyentes. Estos cristianos lidian con casi todo tipo de fortalezas que te puedas imaginar: tentación, acusación, tormento de la mente, miedo, depresión, duda… lo que sea. Más que problemas de pecado, ellos lidian con confusión emocional y mental.

Creo que la mayoría de los cristianos se asombrarían de cuántos de sus problemas internos se resolverían si simplemente empezaran a practicar los fundamentos del cristianismo. No recuerdo la última vez que hablé con un cristiano atormentado que oraba con constancia y durante buenas porciones de tiempo. No recuerdo muchas conversaciones con creyentes dedicados fielmente a las Escrituras y que también vivían en confusión. Esto no quiere decir que los cristianos no enfrentan pruebas, tragedias y desafíos en la vida. Por supuesto, la vida del creyente está llena de persecuciones e incluso de problemas. Sin embargo, esto no significa que creyente alguno tenga que conformarse con la esclavitud espiritual. Porque la vida del verdadero creyente puede ser una de victoria espiritual absoluta.

Para algunos, lo básico es aburrido o tarda demasiado en dar resultados. La triste realidad es que la mayoría no quiere practicar lo básico. Quieren saltar a las explicaciones más extremas para su problema de pecado. Quieren respuestas rápidas y soluciones rápidas que requieran lo menos posible de ellos. Quieren que se les diga que no tienen parte en su propio engaño. Los oídos con comezón quieren oír, "Estás bajo una maldición, así que ora esta oración rápida. Estás endemoniado, así que sométete a este proceso rápido. Estás lidiando con un espíritu obstinado, así que deja que un gurú espiritual maneje tu problema".

Es más fácil que otra persona te ponga las manos encima que desarrollar una disciplina espiritual. Por eso muchos buscan las explicaciones más drásticas para sus problemas. Queremos seguir culpando a los demonios, incluso después de haberlos dejado sin poder, para no tener que implementar disciplinas espirituales. Sí, confronta a los demonios. Después de enfrentarte a los demonios, es hora de enfrentarte a ti mismo. Es hora de asumir la responsabilidad por algunas de las cosas que suceden en tu vida. A veces, el caos y la pesadez provienen de los pensamientos y acciones que eliges.

Los creyentes maduros honran lo básico. Todos los creyentes deben conocer la Palabra.

> *Procura con diligencia presentarte a Dios aprobado, como obrero que no tiene de qué avergonzarse, que usa bien la palabra de verdad* (2 Timoteo 2:15 RVR1960).

Todos los creyentes deben llevar un estilo de vida de oración.

> *Estad siempre gozosos. Orad sin cesar. Dad gracias en todo, porque ésta es la voluntad de Dios para con vosotros en Cristo Jesús* (1 Tesalonicenses 5:16-18 RVR1995).

Todos los creyentes deben adorar a Dios en Espíritu (Juan 4:24), vivir santamente (1 Pedro 1:16) y tener comunión con otros creyentes (Hebreos 10:25). Estas prácticas, entre algunas otras, son las prescripciones básicas de Dios para mantener la salud espiritual.

Si yo no durmiera, comiera, hiciera ejercicio o bebiera agua y empezara a sentirme mal, mi primera respuesta no sería asumir que tengo alguna enfermedad terminal. Mi primera respuesta sería revisar los aspectos básicos de mi estilo de vida. Sin embargo, cuando los cristianos descuidan los fundamentos espirituales y luego cosechan las consecuencias de su falta de disciplina, muchas veces su primera respuesta es culpar a una maldición generacional, a un demonio o a una atadura del alma.

Querido lector, aunque pueda ser difícil de aceptar, los efectos mentales y emocionales de una fortaleza surgen como resultado de las decisiones que tomamos en nuestros pensamientos y acciones. Nosotros escogemos lo que permitimos en nuestras mentes. Escogemos descuidar la Palabra, haciéndonos vulnerables a creer en las mentiras. Estas decisiones que tomamos producen resultados reales.

La carne se debilita o se fortalece dependiendo de las decisiones que tomes. Algunas decisiones que tomes fortalecerán tu carne, mientras que otras fortalecerán tu espíritu. Lo que fortalece mi espíritu debilita mi carne. Lo que fortalece mi carne debilita la influencia del espíritu en mi vida.

Disciplino mi cuerpo como lo hace un atleta, lo entreno para que haga lo que debe hacer. De lo contrario, temo que, después de predicarles a otros, yo mismo quede descalificado (1 Corintios 9:27 NTV).

El cuerpo no es pecaminoso en sí mismo (1 Corintios 6:19). Sin embargo, el cuerpo puede convertirse en un instrumento de la naturaleza pecaminosa. Así que Pablo, para evitar que su cuerpo se convirtiera en un instrumento de la naturaleza pecaminosa, eligió un estilo de vida de disciplina espiritual. La liberación debe conducir a la disciplina. La disciplina trae dominio.

Dios no te creó para vivir en depresión, con ansiedad o bajo tormento. Dios no te diseñó para vivir en la frustración del pecado habitual o en la falta de rumbo de la confusión. Sus caminos funcionan. No escribo esto para avergonzarte. Escribo esto para que sepas que no tienes que conformarte y que puedes elegir esta victoria. Aunque no lo sientas así, Dios te dio el poder de elegir la victoria. Sí, la victoria espiritual es una elección.

¿Problemas y tragedias? Sí, forman parte de la vida. ¿Esclavitud espiritual? ¿Engaño demoníaco? ¿Derrota interna? Absolutamente nunca. Esa no es la intención de Dios para ti. Para vivir en la libertad de Dios, debes someter tu vida al orden de Dios. Eso se hace a través de los fundamentos.

No me refiero a que simplemente practiques los fundamentos durante una semana y luego los dejes porque parece que no funcionan. No estoy hablando de un compromiso inconsistente con las cosas de Dios. Muchos cristianos afirman que la disciplina espiritual no funciona para ellos, porque no funcionó lo suficientemente rápido. Pero si te vas a comprometer a lo básico, necesitas comprometerte a largo plazo. Esto no es una solución rápida. Se trata de una nueva forma de vida.

Esto, por supuesto, suscita preguntas: ¿No es ese el problema en primer lugar? ¿No están aquellos con fortalezas luchando con los fundamentos debido a las fortalezas? Hasta cierto punto, sí. Sin embargo, a medida que comprometas tus caminos a la voluntad de Dios, las fortalezas en tu vida perderán más y más poder. El hecho de que estés siendo atacado o engañado espiritualmente no significa que pierdas tu libre albedrío. Puedes elegir comenzar a actuar de acuerdo con el Espíritu, aunque sea gradualmente.

Por eso les digo: dejen que el Espíritu Santo los guíe en la vida. Entonces no se dejarán llevar por los impulsos de la naturaleza pecaminosa. La naturaleza pecaminosa desea hacer el mal, que es precisamente lo contrario de lo que quiere el Espíritu. Y el Espíritu nos da deseos que se oponen a lo que desea la naturaleza pecaminosa. Estas dos fuerzas luchan constantemente entre sí, entonces ustedes no son libres para llevar a cabo sus buenas intenciones, pero cuando el Espíritu los guía, ya no están obligados a cumplir la ley de Moisés (Gálatas 5:16-18 NTV).

Tenemos que enfocarnos en lo que el Espíritu Santo puede hacer a través de nosotros. Puede que no comencemos donde queremos comenzar, pero si practicamos la obediencia diaria, eventualmente estaremos donde queremos estar. Cada pequeña victoria te entrenará a pensar victoriosamente. Cada victoria contra la fortaleza te condicionará a ser un ganador espiritual. Enfócate en lo que Dios está haciendo, aunque parezca pequeño. Concéntrate en el progreso, no en la presencia de problemas o en la ausencia de perfección.

Por eso a veces me siento un poco frustrado con la predicación que hace que la gente se obsesione con los demonios. Vuelve el enfoque del oyente hacia los demonios y el poder demoníaco, en lugar del Espíritu Santo y Su poder. Si una persona realmente vive en el Espíritu, ¿puede cualquier fortaleza o ataque demoníaco obrar sobre ella? Por supuesto que no. Entonces, ¿por qué no enseñar a la gente a vivir en el Espíritu?

No estoy diciendo que no debamos ser conscientes de cómo funcionan los ataques demoníacos. Hemos cubierto mucho de eso en capítulos anteriores de este libro. Claro que debemos conocer a nuestro enemigo. Simplemente estoy abordando los problemas que surgen cuando enseñamos a los cristianos sobre todo acerca de la oscuridad: cómo identificar la oscuridad, cómo saber que estás en la oscuridad, cómo evitar la oscuridad, cómo la oscuridad se está apoderando del mundo, cómo la oscuridad viene por nuestros hijos, cómo la oscuridad puede colarse en tu vida, y así sucesivamente. Oscuridad, oscuridad, oscuridad. Demonios, demonios, demonios. ¿Y la luz? ¿Y el Espíritu Santo?

Vive en la luz, y no vivirás en la oscuridad. Camina en el Espíritu, y no caminarás bajo el poder de una fortaleza. ¿Cómo vivimos en la luz del Espíritu Santo? Honra los fundamentos. Obedece a Dios. Obedece cuando te cueste. Obedece cuando quieres y cuando no quieres. Las fortalezas y ataques demoníacos solo pueden tener éxito si tenemos alguna forma de desobediencia en nuestras acciones o desorden en nuestro pensamiento. Esa es la verdad no tan popular, pero es la verdad.

De nuevo, no estoy hablando de pruebas, Las pruebas ocurren. Cosas que desearíamos que no ocurrieran ocurren. Ocurren cosas que nos rompen el corazón. Las pérdidas y el caos abundan en este mundo. Estoy hablando de la derrota interna, la derrota espiritual. La derrota espiritual viene de creer una mentira o de vivir en desorden.

Sé que eso no es lo que vende libros o consigue vistas en las redes. Sé que para algunos no es tan emocionante como las oraciones especiales, la demonología o las complicadas tácticas de guerra espiritual. Sin embargo, es la verdad, y solo en la verdad encontramos la libertad. Ahí es donde está el verdadero poder, porque esa es la obra del Espíritu Santo: la verdad.

Cuando caminas en el Espíritu, es difícil para el enemigo mentirte. Cuando vives como debes, simplemente no vives las obras de la carne. ¿Cuáles son las obras de la carne?

Cuando ustedes siguen los deseos de la naturaleza pecaminosa, los resultados son más que claros: inmoralidad sexual, impureza, pasiones sensuales, idolatría, hechicería, hostilidad, peleas, celos, arrebatos de furia, ambición egoísta, discordias, divisiones, envidia, borracheras, fiestas desenfrenadas y otros pecados parecidos. Permítanme repetirles lo que les dije antes: cualquiera que lleve esa clase de vida no heredará el reino de Dios (Gálatas 5:19-21 NTV).

Mucho de lo que culpamos a los demonios es en realidad el resultado de una carne indisciplinada. Si, los demonios pueden atacarte y afectarte. Si, los demonios pueden crear poderosos engaños o fortalezas en tu vida. Pero la carne también es un problema.

Muchos dicen: "Estoy tratando con un espíritu de lujuria" o "No puedo evitarlo. Estoy tratando con un espíritu de ira". Si, seres demoníacos pueden influenciarte en estas áreas, pero la cruda realidad es que la lujuria y la ira son simplemente obras de la carne. Los demonios no pecan por ti. Esta es la razón por la cual rendirse y obedecer al Espíritu Santo es tan liberador:

> *En cambio, la clase de fruto que el Espíritu Santo produce en nuestra vida es: amor, alegría, paz, paciencia, gentileza, bondad, fidelidad, humildad y control propio. ¡No existen leyes contra esas cosas!* (Gálatas 5:22-23 NTV).

Te sorprendería saber cuántos de tus problemas mentales y emocionales dejarían de presentarse si te comprometieras a caminar en el Espíritu, a hacer lo básico. Esto plantea de nuevo la cuestión de lo que parece un círculo vicioso. ¿Necesito vivir correctamente para ser libre, pero tengo que ser libre para vivir correctamente? Pero esa es la gran mentira. La mentira es que no tienes elección. La mentira es que todo es culpa de los demonios. La mentira es que no tienes autocontrol. Es tiempo de dejar de creer la mentira de que tus decisiones no tienen nada que ver con la esclavitud en la que estas.

Puedes culpar a personas de poner maldiciones sobre ti con sus palabras, o puedes darte cuenta de que como un creyente lleno del Espíritu tienes el poder de vivir en la victoria. Puedes culpar a generaciones anteriores por sus pecados del pasado, o puedes decidir obedecer a Dios en tu presente. Puedes culpar a seres demoníacos por hacerte caer, o puedes creer la verdad que pone tu mente en las cosas de arriba. Puedes vivir con miedo pensando que el enemigo está esperando a la vuelta de cada esquina, o puedes vivir consciente de la gran realidad: la verdad de que aunque las armas se formen, no prosperarán. Cuando vives en el Espíritu Santo, vives en libertad.

Es hora de elegir creer en la verdad.

Elige creer en la verdad

Los pensamientos que piensas pueden estar de acuerdo con la verdad de Dios o de acuerdo con mentiras. El alineamiento de tus pensamientos es una predicción del alineamiento de tus acciones. Por eso es de suma importancia que filtremos nuestros pensamientos a través de las verdades de la Palabra de Dios. La Biblia nos dice que escojamos lo que pensamos, que escojamos las ideas que permitimos que dominen la mente.

> *Ya que han sido resucitados a una vida nueva con Cristo, pongan la mira en las verdades del cielo, donde Cristo está sentado en el lugar de honor, a la derecha de Dios. Piensen en las cosas del cielo, no en las de la tierra* (Colosenses 3:1-2 NTV).

Una instrucción similar se da en Filipenses.

> *Por lo demás, hermanos, todo lo que es verdadero, todo lo honesto, todo lo justo, todo lo puro, todo lo amable, todo lo que es de buen nombre; si hay virtud alguna, si algo digno de alabanza, en esto pensad* (Filipenses 4:8 RVR1960).

La Biblia no nos ordenaría a hacer algo que nos fuera imposible hacer. Dios no diría, *"en esto pensad"* o elige tus pensamientos, si los pensamientos no pudieran ser elegidos. Aunque no lo parezca, aunque te cueste creerlo, puedes elegir tus pensamientos. Sin embargo, después de años o incluso décadas de pensar en un cierto patrón de pensamiento, nos acostumbramos tanto a ciertos patrones de pensamiento, estamos tan entrenados en nuestras propias formas, que nos puede resultar bastante difícil elegir otra forma. Los pensamientos pueden volverse habituales, igual que las acciones físicas.

Imagina que tus pensamientos fueran como exploradores, abriéndose paso entre las hojas y las plantas de una densa jungla. A medida que estos exploradores se abren camino por la tierra, sus pasos y movimientos empiezan a formar senderos en la espesura. Tras años de actividad, estos exploradores forman senderos despejados y caminos llanos. Naturalmente, los viajeros que vengan después de ellos elegirán caminar por los senderos ya despejados. Las rutas formadas por los exploradores previos se convierten en el medio preferido de viaje para los que vienen detrás.

Así funcionan tus pensamientos. Tu mente es esa selva. Esos "exploradores" son pensamientos formativos. Una vez que permites que esos pensamientos creen un determinado camino, resulta más fácil que los pensamientos que vienen después sigan el mismo camino. Para algunos, estos caminos han sido recorridos durante años. Así que cuando intentan pensar de acuerdo con la verdad, tienen que desviarse hacia la maleza para formar nuevos caminos. Pero formar un nuevo camino es muy difícil e incómodo, especialmente si un camino más fácil y previamente formado está tan fácilmente disponible. Como los exploradores que luchan a través de una maleza salvaje, así tus pensamientos estarán tentados de simplemente volver al camino previamente recorrido en lugar de pasar por la molestia de crear uno nuevo.

Así que este patrón de pensamiento puede hacer que parezca que tus pensamientos están fuera de tu control. Sin embargo, no es que tus pensamientos estén fuera de control, sino todo lo contrario. Tus pensamientos están tomando los caminos que has formado a lo largo de los años. Es hora de elegir un nuevo camino, por muy fácil que sea tomar los viejos caminos. No es que elegir creer la verdad sea imposible; es solo que elegir los viejos pensamientos engañosos es más fácil. Sin embargo, la Biblia nos dice que controlemos nuestros pensamientos, derrotando así cualquier excusa que pudiéramos tener. Al controlar nuestros pensamientos, experimentamos la verdadera transformación.

> *Por lo tanto, amados hermanos, les ruego que entreguen su cuerpo a Dios por todo lo que él ha hecho a favor de ustedes. Que sea un sacrificio vivo y santo, la clase de sacrificio que a él le agrada. Esa es la verdadera forma de adorarlo. No imiten las conductas ni las costumbres de este mundo, más bien dejen que Dios los transforme en personas nuevas al cambiarles la manera de pensar. Entonces aprenderán a conocer la voluntad de Dios para ustedes, la cual es buena, agradable y perfecta* (Romanos 12:1-2 NTV).

Pensar correctamente siempre funciona, al final.

Cabe señalar que no lo digo en el sentido de la "Nueva Era". Desafortunadamente, las enseñanzas de la Nueva Era sobre el universo, la atracción y el poder del pensamiento humano positivo han añadido confusión a este tema. Esto no es solo una cuestión de pensar positivamente, sino con la verdad; y eso solo sucede cuando la Palabra de Dios es recibida por el Espíritu Santo. Nadie por su propia cuenta puede obtener su camino a la libertad simplemente a través de sus pensamientos, pero podemos cooperar con el Espíritu Santo pensando de acuerdo a la verdad. Necesitamos la ayuda del Espíritu Santo.

> *Cuando venga el Espíritu de verdad, él los guiará a toda la verdad. Él no hablará por su propia cuenta, sino que les dirá lo que ha oído y les contará lo que sucederá en el futuro* (Juan 16:13 NTV).

Debido a los patrones que desarrollamos en nuestro pensamiento, puede ser difícil "pillarnos" en el acto de un pensamiento falso. Nos mentimos a nosotros mismos con tanta frecuencia que incluso nos cuesta detectar las mentiras por nuestra propia cuenta. No puedo decirte cuántas veces he permitido que mi preocupación se descontrole hasta el punto de estar completamente convencido de que algo terrible va a suceder, y de inmediato.

Todos tenemos la tendencia a volver a nuestros viejos patrones de pensamiento, y es entonces cuando el Espíritu Santo habla. En esos momentos, si te detienes aunque solo por una una fracción de segundo, oirás Su amorosa voz. Él es ese susurro estable y veraz que habla en contra de todas las mentiras que nos decimos a nosotros mismos. En los momentos en que tu carne parece más fuerte, escuchar al Espíritu Santo se convierte en lo más difícil, pero también en lo más crucial. Justo cuando estás más enfadado, más angustiado, más asustado, más lujurioso, más atormentado... justo en ese momento, debes escucharle. Él ciertamente está hablando. Siempre está hablando.

Combate las mentiras que refuerzan

Es en este punto que el patrón de pensamiento impío mostrará resistencia a la voz del Espíritu Santo. Las fortalezas se defienden a sí mismas. Dentro de cada fortaleza hay un conjunto de mentiras de respaldo que te impiden incluso comenzar a buscar la verdad. Así que en el momento en que la verdad es presentada, la fortaleza presentará otra mentira que está diseñada para disuadirte de abrazar la verdad.

Por ejemplo, la fortaleza del miedo trata de preservarse mediante mentiras de respaldo. Sería algo así:

+ Mentira principal: "¡Te va a pasar algo malo!".

- ◆ Verdad: "Dios me protegerá. Puedo bajar la guardia".
- ◆ Mentira de respaldo: "Cuando por fin bajes la guardia, algo malo ocurrirá".

Otro ejemplo podría ser la acusación al enemigo. Así es como podría ser:

- ◆ Mentira principal: "Dios te ha rechazado por tu pasado".
- ◆ Verdad: "Soy una nueva creación perdonada. Mi pasado ha desaparecido".
- ◆ Mentira de respaldo: "Pero esto podría no aplicarse a ti y a tu específico y muy vil pecado".

He aquí cómo podría defenderse la fortaleza de la tentación:

- ◆ Mentira primaria: "Este pecado te traerá satisfacción".
- ◆ Verdad: "La verdadera plenitud solo se encuentra en Dios".
- ◆ Mentira de respaldo: "¿Pero por qué vivir de manera santa ahora? De todas formas, al final volverás a caer en el pecado".

Por si fuera poco, he aquí otro ejemplo. Veamos la depresión.

- ◆ Mentira principal: "Nunca me libraré de esto".
- ◆ Verdad: "Puedes liberarte de la depresión renovando tu mente con la Palabra de Dios".

♦ **Mentira de apoyo: "Ya lo he intentado muchas veces. No me funcionará".**

No importa cuál sea la fortaleza, es posible que tengas que combatir una serie de mentiras para poder abrirte paso hasta creer en la verdad. Por eso tienes que decidirte de antemano a comprometerte con la verdad. Debes tener la seria determinación de ponerte del lado de la verdad. La lealtad a lo que Dios dice significa elegir creer lo que Él dice, aun cuando sientas que estás volviendo a caer en viejos patrones de pensamiento. Para remover una fortaleza, necesitas pelear una guerra, no solo una batalla.

Una vez que tengas la verdad, debes permitirte creer en la verdad. Tu creencia en la verdad es el escudo de la fe.

> *Además de todo eso, levanten el escudo de la fe para detener las flechas encendidas del diablo. Pónganse la salvación como casco y tomen la espada del Espíritu, la cual es la palabra de Dios. Oren en el Espíritu en todo momento y en toda ocasión. Manténganse alerta y sean persistentes en sus oraciones por todos los creyentes en todas partes* (Efesios 6:16-18 NTV).

Cada mentira que el enemigo te dice es una flecha de fuego, y la fe es el escudo que la bloquea. Debes entrenarte para bloquear las mentiras con tu fe. Tu creencia en lo que Dios ha declarado es tu guardia contra lo que dice la mentira. Típicamente, aquí es donde la batalla es más difícil. A veces es difícil hacer ese cambio. ¿Pero de qué sirve identificar la mentira si vas a seguir creyéndola?

Cuando el enemigo lance flechas de acusación, escúdate confiando en el perdón de Dios. Cuando tu mente se haya condicionado por el rechazo, aférrate al escudo creyendo en la aceptación de Dios. Cuando el enemigo esté atormentando tu mente, levanta el escudo eligiendo creer que Dios te ha dado poder sobre el enemigo. Permítete creer en Dios. Confía en Su bondad.

¿Es posible que tengas miedo de creer la verdad porque no quieres decepcionarte? ¿Es posible que tengas miedo de que no funcione? ¿O temes perder el control de lo que crees que es tuyo? ¿Es eso lo que te impide confiar en Dios?

Tienes que permitirte confiar en lo que dice la Palabra de Dios. El escudo funcionará. Creer es una elección, porque confiar es una elección. Si confías en Dios, creerás la verdad. Los dardos de fuego pueden ser aterradores, pero el escudo resistirá. Puedes relajarte en la verdad. Puedes renunciar a la duda. No tengas miedo de creer la verdad. Sí, también se aplica a ti. Sí, también se aplica a tu situación.

Cuando las ardientes mentiras lluevan sobre ti, levanta tu confianza en lo que Dios ha dicho. Toma el escudo de la fe.

Primero, identificamos la mentira. Luego, desviamos la mentira creyendo en la verdad. Y luego, destruimos la fuente de la mentira usando la espada del Espíritu. Primero, es reconocimiento. Luego, la defensa. Luego, la ofensiva. Toma la espada del Espíritu. Usar la espada del Espíritu es tomar la verdad a la ofensiva, combatir activamente la fuente de cualquier mentira.

Cuando la flecha de fuego es lanzada, esa es la mentira que está siendo dicha. Cuando levanto mi escudo para desviar la flecha, estoy eligiendo creer la Palabra de Dios. Eso es protección. Pero cuando empuño mi espada, estoy atacando activamente al mentiroso. Eso es avance.

"¡Dios nunca perdonará tu pasado!" Flecha lanzada.

"Si confieso mis pecados, Él es fiel y justo para perdonarme". Escudo levantado.

"¡Yo soy la justicia de Dios en Cristo!". Enemigo derrotado.

"Deberías mirar pornografía ahora mismo. Nadie lo sabrá. Te satisfará". Flecha lanzada.

"No pondré ninguna maldad ante mis ojos". Escudo levantado.

"Caminad en el Espíritu y no satisfagáis los deseos de la carne". Enemigo destruido.

Escudo y espada. Defensa y ataque. Creencia y declaración. Confía en Dios y resiste al diablo. Acepta la Palabra y luego reprende al enemigo con la Palabra. Esto significa que posiblemente tengas que dedicarte a resolver varias mentiras para ver la victoria: escudo, espada, escudo, espada.

Resistencia carnal

Hay innumerables mentiras que el enemigo puede usar para reforzar una fortaleza en su vida. Además, hay problemas carnales que pueden hacer más difícil luchar contra las mentiras que refuerzan. Voy a enumerar cuatro.

#1 - Ser adicto al caos

Este factor es la adicción al caos que muchos no se dan cuenta de que tienen. Esto no significa que disfrutes estando atado o que no desees ser libre. Es mucho más profundo que eso. Al ministrar liberación de fortalezas a creyentes, he descubierto que algunos se han acostumbrado tanto a su forma de vida atada, caótica y destructiva que dudan en abrazar una vida sin caos. Es incómodo para ellos porque es tan poco familiar. Casi no saben qué hacer consigo mismos una vez que empiezan a experimentar cierto nivel de libertad. Sienten tensión, preparándose para el impacto de algo que creen que en algún momento saldrá mal.

He aquí algunas señales de que posiblemente seas adicto al caos de una fortaleza:

1. Cuando la gente intenta animarte, encuentras la manera de desviar las palabras de ánimo.

2. Cuando la gente te anima, terminas debatiendo con ellos en lugar de considerar la verdad bíblica que ministran.

3. Cuando alguien presenta una solución que parece demasiado sencilla, rechazas su explicación e insistes en que tus problemas son más complicados de lo que ellos entienden.

4. Cuando empiezas a experimentar algún tipo de libertad, no puedes disfrutarla, porque estás anticipando que las cosas volverán a ir mal.

5. Cuando las cosas empiezan a ser menos caóticas, insistes en que es demasiado bueno para ser verdad y que nunca nada te sale bien.

6. Descartas las pequeñas victorias y progresos como "temporales".

7. Cuando experimentas la victoria y algunos problemas regresan, te hiperenfocas en los problemas que regresan y ves los problemas que regresan como "prueba" de que "no funcionó" o de que "nunca iba a funcionar en primer lugar".

8. Desde la perspectiva de otro, parece casi como si estuvieras intentando convencerte de que te quedes en tu antigua forma de pensar.

9. No te ves a ti mismo como alguien que pueda llegar a ser libre.

Es posible querer la libertad y aún así ser adicto a la esclavitud. No puedo decirle con cuántos cristianos he hablado que me cuentan de algunas de las más horribles y complejas batallas mentales y ataques demoníacos. Sin embargo, rechazan la verdad diciéndose a sí mismos que las soluciones funcionan para todos menos para ellos, o que las soluciones en la Palabra de Dios solo funcionarán temporalmente. Debido a la forma en que fueron criados, la dinámica familiar, o simplemente años de lucha, simplemente se sienten incómodos sin el caos. Parecen adictos a su estrés. De lo que no se dan cuenta es que esta es la manera en que la carne se asocia con la fortaleza para ayudar a asegurar que no harán lo necesario para derribarla.

#2 - Basar la identidad en las luchas

Todavía hay otras barreras que intentan bloquear nuestra elección de creer en la verdad. Más profunda aún es la mentira subyacente que hace que uno base su identidad en sus luchas. Cuando uno experimenta un trauma o una tragedia, tales experiencias pueden a veces conducir a fortalezas profundas y duraderas. Este tipo de fortalezas se entierran tan profundamente que la propia identidad se ve a través de la lente de lo que se experimentó. Así que no es solo que piensen: *"Esto es lo que me pasó*, o, *Esto es por lo que pasé"*. No, la fortaleza se arraiga tan eficazmente que les hace pensar: "Esto es lo que *soy, o, solo soy el que sufre, el que siempre pasa por ello, aquel al que nunca le puede pasar nada bueno"*.

Aun así, esto puede ir más allá de verse a uno mismo como el que lucha. En algunos casos, se desarrolla una forma muy sutil de orgullo en torno a esta fortaleza, un orgullo que nos hace sentir una falsa sensación de seguridad. Este orgullo sutil puede manifestarse en afirmaciones como: "El diablo se mete conmigo tan a menudo porque sabe cuán amenazante soy", o "Siempre estoy bajo ataque espiritual porque el enemigo sabe cuánto daño puedo hacer a su reino". Y aunque puede ser cierto que eres una amenaza potencial para el reino del infierno, como lo son todos los creyentes, si no tienes cuidado, puedes obtener una sensación de validación del hecho de que luches tanto.

Ten en cuenta que la derrota espiritual no es un rasgo de la vida cristiana. Pruebas, sí. Derrota, no. No debemos buscar validación en nada aparte de nuestra relación con el Señor mismo. Ese sentido de validación es parte de lo que te hace ver tu identidad a través del lente de tu lucha. No uses la derrota como una insignia de honor espiritual. La derrota espiritual no glorifica a Dios. Ese sentido de validación es parte de lo que hace que tu carne se resista a derribar una fortaleza.

#3 - Disfrutar de la atención que prestan las luchas

En casos muy raros, algunos creyentes obtienen validación de la atención que reciben porque siempre están "bajo ataque" o siempre "pasando por algo difícil". Se sienten valorados o amados porque otros están constantemente ahí para orar por ellos, aconsejarlos o darles palmaditas en la espalda y decirles cosas como: "Lamento que siempre estés pasando por esto". Ahora permíteme ser perfectamente claro: este no es el caso de todos los creyentes que luchan. Además, absolutamente debemos ir a nuestros hermanos y hermanas en busca de ayuda, y ellos deben orar por nosotros y animarnos. Y deberíamos sentirnos amados y animados cuando otros demuestran este tipo de bondad. Es muy reconfortante que haya gente que nos apoye. No hay nada malo en ello. Es bíblico apoyarnos unos a otros en los momentos difíciles.

Sin embargo, aquí es donde también debemos tener cuidado. Algunos de nosotros nos hemos sentido tan desanimados y faltos de amor durante tanto tiempo que nos volvemos adictos a la atención que nos ganan nuestras luchas. Así que es posible perder la motivación para derribar una fortaleza, ya que la fortaleza puede ser la razón por la que obtenemos la atención que a veces anhelamos. La fortaleza puede convertirse en la excusa que utilizamos para necesitar el consuelo de los demás. Algunos dudan en derribar una fortaleza porque el derribo de esa fortaleza significaría que ya no tendrían una razón para ser compadecidos, rescatados o atendidos por otros. La fortaleza es la razón por la que otros les prestan atención, y algunos prefieren no perder esa atención. Este no es el caso de todos los creyentes, así que haz una autoevaluación honesta para asegurarte de que no es tu caso.

#4 - Insistir en que debe ser "más profundo"

Otra mentira de refuerzo que la carne usará es la idea de que tus medios de libertad deben ser tan complicados como la fortaleza misma. He visto cristianos literalmente hacer pucheros cuando se les presenta la simplicidad del poder del Espíritu Santo y la Palabra de Dios. Ellos cuentan largas e intensas historias que involucran maldiciones de palabras, maldiciones generacionales, despliegues demoníacos de poder, varios ataques que son traídos en contra de ellos, tragedias, batallas mentales, pesadillas, traiciones…lo que sea. Parecen quedar decepcionados al escuchar que su solución es la misma que la de cualquier otro: simplemente, el poder del Espíritu Santo. Es casi como si quisieran que la solución fuera difícil.

Demasiados cristianos rechazan la verdad porque piensan que las soluciones suenan demasiado simples. Que la libertad solo puede venir a través de un proceso complicado es otra mentira que refuerza y mantiene una fortaleza en su lugar. La insistencia en rituales y protocolos hechos por el hombre es en parte lo que mantiene atados a los creyentes. O no creen que la Palabra de Dios funcionará para ellos, o esperan que su solución sea más "profunda". Muchos confunden "complicado" con "profundo". Este deseo de que la liberación sea complicada o más interesante bloquea el camino a la libertad. Algunos quieren que sea complicado porque se siente más efectivo que la simple obediencia y fe. Otros quieren que sea complicado porque esa complicación se sentiría más validante para ellos habiendo tenido que luchar con una esclavitud espiritual tan complicada.

En algunos casos, estos creyentes que insisten en una libertad ritualizada fueron rescatados del ocultismo, las prácticas de la Nueva Era o la brujería. Aunque ahora son salvos, esperan que su solución sea tan complicada o ritualizada como su antigua forma de pensar los entrenó a creer. De esa manera, se aferran a su antigua forma de pensar y tratan de forzarla sobre las Escrituras. He notado que este engaño funciona más efectivamente en cristianos recién convertidos con antecedentes que involucran prácticas de la Nueva Era, el ocultismo o la brujería. Se quedan con enseñanzas de sus antiguas creencias como recuerdos.

A las personas que provienen de estos trasfondos, sus sistemas de creencias anteriores les enseñaron que el reino espiritual es transaccional. Ese puede ser el caso para los no creyentes que tienen que tratar con demonios en su propia fuerza. Pero este no es el caso para el creyente nacido de nuevo. Hay una gran impotencia en tratar de forzar viejas creencias en la verdad bíblica.

No caigas en este engaño del enemigo. El enemigo es muy sutil. Muchos creyentes caen en religión sin poder, aunque piensan que es espiritual. ¿Cómo puede ser esto? Esto puede molestar al establecimiento religioso, pero voy a decirles la verdad. Tenemos que dejar de obtener nuestras enseñanzas de guerra espiritual del ocultismo y del movimiento de la Nueva Era. Si quieres verdadero poder, entonces lo que sabes del reino espiritual debe venir de la Palabra de Dios. Es maravilloso cuando los creyentes son rescatados y salvados del ocultismo o de la Nueva Era. Mi familia fue salvada del ocultismo, y tenemos que dejar nuestra antigua forma de pensar allí. No podemos tomar prestadas ideas de sistemas fundados en el engaño demoníaco y llamarlo "inteligencia".

No podemos abrazar el complicado enfoque transaccional de la brujería y luego tratar de entretejerlo en la práctica del ministerio. Ve tras la verdad de la Palabra, no las tradiciones del mundo. Las enseñanzas de esos sistemas se basan en mentiras. Dios no esconde nuestra libertad detrás de antiguos secretos y misterios demoníacos que necesitan ser descubiertos. Todo lo que necesitamos saber acerca del reino demoníaco está escrito en las Escrituras.

Cuando vienes a Cristo, no estás simplemente cambiando de equipo mientras mantienes los viejos protocolos. Estás bajo un sistema completamente diferente. La liberación no funciona de acuerdo a las enseñanzas y protocolos de esos antiguos sistemas de creencias. No puedes combatir maldiciones con encantamientos, fortalezas con rituales, o poder demoníaco con oraciones especializadas y conocimiento oculto. Esos sistemas de creencias te enseñaran que derrotar el poder demoníaco es como resolver un acertijo o descubrir un misterio. Para el creyente, la batalla no es como en las películas, donde el protagonista tiene que descubrir la debilidad oculta de un demonio o encontrar sus orígenes para saber exactamente cómo derrotarlo.

Si uno no está satisfecho con las soluciones bíblicas que se nos dan para las fortalezas y los ataques espirituales, entonces eso solo podría ser debido a una falta de fe en la Palabra y el poder de Dios.

El Espíritu Santo versus el refuerzo de la mentira

Si quieres derribar una fortaleza de engaño en tu vida, tienes que estar preparado no solo para tratar con las mentiras primarias sobre las cuales se levantan; tienes que estar preparado para tratar con todas las mentiras e incluso conceptos erróneos que ayudan a reforzar las fortalezas. También tenemos que abordar las complicaciones carnales que hacen que los creyentes sean adictos al caos de una fortaleza, que basen su identidad en sus luchas, que se vuelvan demasiado dependientes de la lástima o la atención, y que insistan en que las respuestas a sus problemas sean complejas. El Espíritu Santo nos ayuda a vencer todas y cada una de las mentiras que refuerzan la carne, manteniéndonos anclados en nuestra verdadera identidad.

> *Y ustedes no han recibido un espíritu que los esclavice al miedo. En cambio, recibieron el Espíritu de Dios cuando él los adoptó como sus propios hijos. Ahora lo llamamos "Abba, Padre". Pues su Espíritu se une a nuestro espíritu para confirmar que somos hijos de Dios* (Romanos 8:15-16 NTV).

El Espíritu Santo te recuerda quién eres. Cuando conoces tu identidad, superas la adicción al caos, sabes que no eres "el que siempre luchará", ya no tienes que depender de los demás para sentirte valioso, y sabes que las sencillas verdades de Dios también funcionarán para ti.

En cada paso del camino, el Espíritu Santo participa en el proceso de derribar fortalezas. Cuando las mentiras de refuerzo complican el camino hacia la libertad, el Espíritu Santo dice verdades simplificadoras. Él contrarresta la serie de mentiras que te impiden elegir creer la verdad.

Renueva la mente

Después de haber comenzado a practicar los fundamentos de las disciplinas espirituales, y una vez que hayas hecho el compromiso de elegir creer la verdad, incluso frente a las mentiras que la refuerzan, tienes un principio bíblico fundamental más que poner en práctica. También debes aprender a renovar la mente. Al hacer todas estas cosas, tendrás éxito tanto en identificar como en derribar fortalezas.

¿Qué es la renovación de la mente? La renovación de la mente es la forma bíblica de experimentar una transformación verdadera y duradera:

> *No os conforméis a este siglo, sino transformaos por medio de la renovación de vuestro entendimiento, para que comprobéis cuál sea la buena voluntad de Dios, agradable y perfecta* (Romanos 12:2 RVR1960).

La mente transformada es la clave de la liberación permanente. Volviendo a la analogía de la selva que utilicé, podríamos decir que liberarse de una fortaleza es como tomar un nuevo camino, pero renovar la mente es como hacer crecer de nuevo la vida vegetal para borrar los viejos caminos. Renovar la mente ayuda a garantizar que no volverás a tus antiguas formas de pensar.

Renovar la mente es como reprogramar una computadora. Reprogramar tus pensamientos lleva tiempo. Muchos cristianos frustrados intentan controlar mejor sus propios pensamientos, solo para encontrarse con la resistencia de los patrones del pasado. Cuando estos patrones nos dificultan la formación de nuevas formas de pensar, tenemos que persistir. Sin embargo, en lugar de persistir en su nueva forma de pensar, muchos simplemente se dan por vencidos y dicen cosas como: "Ya lo intenté. No me funciona". Pero la renovación de la mente es un proceso. Como cualquier disciplina, la disciplina de la mente requiere práctica y persistencia. La buena noticia es que funciona.

La Palabra de Dios es la norma con la que medimos el progreso de nuestro perfeccionamiento.

Toda la Escritura es inspirada por Dios y útil para enseñar, para redargüir, para corregir, para instruir en la justicia, fin de que el hombre de Dios sea perfecto, enteramente preparado para toda buena obra (2 Timoteo 3:16-17 RVR1960).

Recibir las Escrituras es la clave para renovar tu mente. Al recibir la Palabra de Dios, la transformación comienza a tener lugar. Al principio, la transformación puede parecer lenta y sutil, pero ten la seguridad de que estás siendo transformado a medida que consumas las Escrituras. Es imposible leer la Palabra de Dios y no ser transformado de alguna manera, aunque esa transformación no sea inmediatamente aparente.

La Palabra de Dios es un espejo espiritual en el que podemos ver los patrones de pensamiento en nosotros que necesitan ser cambiados.

No solo escuchen la palabra de Dios; tienen que ponerla en práctica. De lo contrario, solamente se engañan a sí mismos. Pues, si escuchas la palabra pero no la obedeces, sería como ver tu cara en un espejo; te ves a ti mismo, luego te alejas y te olvidas cómo eres. Pero si miras atentamente en la ley perfecta que te hace libre y la pones en práctica y no olvidas lo que escuchaste, entonces Dios te bendecirá por tu obediencia (Santiago 1:22-25 NTV).

Muy a menudo leo la Palabra de Dios y me doy cuenta: "Yo podría mejorar aquí. Necesito cambiar eso. Ese es un defecto en mí que necesito corregir". Mientras leo la Escritura, a menudo digo: "Padre, hay tantas maneras en que necesito ser más como Jesús. Por favor, ayúdame a ser más como Jesús". No se trata de condenar, sino de corregir. La Palabra de Dios es un espejo. Te permite ver tu reflejo espiritual. Al mirar la Palabra, no solo corregirá tus acciones, actitudes y defectos de carácter, sino que también corregirá tu pensamiento.

La Palabra de Dios es la sustancia de nuestra meditación.

> *Qué alegría para los que no siguen el consejo de malos, ni andan con pecadores, ni se juntan con burlones, sino que se deleitan en la ley del Señor meditando en ella día y noche. Son como árboles plantados a la orilla de un río, que siempre dan fruto en su tiempo. Sus hojas nunca se marchitan, y prosperan en todo lo que hacen* (Salmo 1:1-3 NTV).

La meditación es simplemente repetición en el pensamiento. La meditación impía exige que vaciemos la mente, pero la meditación piadosa nos instruye a llenar la mente con la Palabra de Dios. A medida que repites las verdades de Dios en tu mente, las aplicas continuamente a cualquier circunstancia dada, y persistentemente eliges creer esas verdades, comienzas a formar una mentalidad bíblica. Las verdades comienzan a formar caminos en tu mente, y estos caminos se convierten en las rutas preferidas para tus pensamientos. Las fortalezas llaman tu atención a lo que causa miedo, depresión, duda, tormento y cosas por el estilo. Pero la Palabra llama nuestra atención a las verdades que producen santidad, fe, audacia, paz, gozo y amor.

Al meditar en la Palabra de Dios, renovamos nuestra vida mental. La renovación de nuestra vida de pensamiento es una de las maneras en que nos deshacemos de la naturaleza pecaminosa. La naturaleza pecaminosa es lo que da fundamento a los aspectos mentales o emocionales de una fortaleza.

> *Desháganse de su vieja naturaleza pecaminosa y de su antigua manera de vivir, que está corrompida por la sensualidad y el engaño. En cambio, dejen que el Espíritu les renueve los pensamientos y las actitudes. Pónganse la nueva naturaleza, creada para ser a la semejanza de Dios, quien es verdaderamente justo y santo. Así que dejen de decir mentiras.*

Digamos siempre la verdad a todos porque nosotros somos miembros de un mismo cuerpo (Efesios 4:22-24 NTV).

9

Ayúdame, Espíritu Santo

Hay una mentira que funciona para todos. Entonces, ¿cuál era la mentira que funcionaba conmigo? ¿Cuál era la raíz de mi grave ansiedad? Estaba decidido a averiguarlo. Consideré algunas cosas.

De niño, yo nunca había encajado, y se burlaban de mí. ¿Quizás eso tuviera algo que ver? Luego estaba la explicación aparentemente obvia. Quizá tenía que cortar algún vínculo, renunciar a alguna afiliación espiritual con mi tatarabuelo, el brujo de México. Empecé a analizar los programas que había visto de niño. Quizá había mensajes demoníacos ocultos. Incluso empecé a sospechar de los demás, llegando a pensar que alguien podría haberme estado maldiciendo sin querer con sus celos o sus "oraciones impías".

En una ocasión, recuerdo que había un orador invitado de Ghana, África, visitando la iglesia a la que yo asistía. Hablaba mucho de la guerra espiritual. Le pedí que orara por mí. En el momento en que me levanté para recibir oración, él me interrumpió. Señaló su propia frente mientras me miraba fijamente y declaró: "¡Tormento de la mente! Lo veo". Puso sus manos sobre mi cabeza y reprendió los ataques demoníacos. Sentí el poder de Dios y caí al suelo. Creo sinceramente que fue un encuentro con la presencia de Dios, pero apenas unas semanas después volví a estar como al principio. Incluso tuve equipos de oración intercesora que hacían "sesiones" de varias horas sobre mí. La misma historia.

Me sentía bien durante unas semanas y, después de no abrir ninguna puerta demoníaca, volvía a sentirme atacada de nuevo.

Creo que lo que más me frustraba era pensar que, por muchas veces que intentara ser libre, no lo era.

Mi oración era sencilla: "Ayúdame, Espíritu Santo".

Entonces me rendí. Dejé de intentar ser el experto en guerra espiritual. Dejé de buscar a la persona adecuada para que orara por mí. Dejé de obsesionarme con la esclavitud en sí. El Espíritu Santo me dijo algo que no me sonaba para nada espiritual. Sus instrucciones eran simples: "Relájate".

Verás, me había puesto tan nervioso por el mero hecho de que estaba luchando. Mi caminar con el Señor se había convertido en superar un problema en lugar de acercarme más a Él. Estaba buscando liberación cuando debería haber estado buscando a Jesús.

Al oír esto, el que lucha puede protestar: "Pero yo busco a Dios. Lo estoy intentando. Hago todo lo que puedo. Pero Él me ignora. No me ayuda. Nunca me pasa nada bueno. Es una batalla tras otra. Simplemente no puedo tener un respiro".

> Por tanto, nosotros todos, mirando a cara descubierta como en un espejo la gloria del Señor, somos transformados de gloria en gloria en la misma imagen, como por el Espíritu del Señor (2 Corintios 3:18 RVR1960).

Enfocarse en el Señor es lo que trae la victoria. Permanecer en Él es lo que trae transformación. Cuando miras a Jesús, eres cambiado en la misma imagen. Dios no te llamó a ir de liberación en liberación, sino de gloria en gloria. Esto es lo que el Espíritu Santo comenzó a enseñarme.

En mi caso, mi victoria se produjo en una serie de encuentros con Dios. No hubo un único momento en el que me liberé por completo de la ansiedad y la depresión. Hubo una línea de tiempo de momentos claves que me llevaron a la libertad en la que ahora vivo. Recuerda, el aspecto demoníaco de una fortaleza puede ser tratado instantáneamente, pero tratar con los aspectos mentales y emocionales (la carne), a veces puede ser un proceso.

Un momento clave ocurrió en un viaje que hice a Carolina del Norte. En aquel momento de mi vida, la depresión y la ansiedad se habían vuelto especialmente intensas. Estaba viviendo mi vida de recién casado. Algunas de mis amistades clave se habían vuelto tensas debido a mi ansiedad y desconfianza. El ministerio no tenía mucho "éxito" según los parámetros con los que la mayoría de la gente mide el éxito. Sentía que estaba fracasando en todos los frentes.

Recuerdo que me desperté la mañana que tenía que ir al aeropuerto. No tenía deseo alguno de levantarme. No quería lidiar con el tráfico, el aeropuerto, el tiempo apartado de Jess. Sinceramente, tampoco tenía ganas de predicar.

De camino al aeropuerto, me sentía ansioso por el futuro y deprimido por mi presente. Me sentía vacío por dentro. Iba sentado en el asiento al lado del conductor. Uno de mis amigos conducía. Otro amigo iba sentado detrás. Tratando de mantener mi mente despejado, empecé a observar el tráfico alrededor de nuestro vehículo. Entonces me di cuenta de que un vehículo que circulaba delante de nosotros en el carril de la izquierda empezó a desviarse a la derecha y a cruzar varios carriles de golpe. Estábamos en el carril de la derecha, pasando a otra autopista. El vehículo nos cortó el paso, chocó contra el separador central y volcó. Se oyó un fuerte golpe, seguido de un chirrido agudo, por toda la autopista. Vi con horror que el pasajero de aquel vehículo se estaba agitando fuertemente. Saltaron chispas cuando el vehículo se deslizó a escasos metros del nuestro. Mi amigo, que nos conducía, dio un volantazo y pudo evitar el impacto.

Llamamos al 911 y nos aseguramos de que el conductor recibiera ayuda. Por respeto a la privacidad del que iba en el otro vehículo, no puedo decir mucho más aparte de que las cosas no pintaban bien para él. Como no lo conocía personalmente, nunca enteré de lo que finalmente le pasó. Estábamos conmocionados y la ansiedad me devoraba.

Mientras me registraba en el aeropuerto, me seguían temblando las manos. Tuve una fuerte sensación de fatalidad. Entonces empecé a imaginar que mi avión se estrellaba y ardía. Subí al avión con mi equipo y todo fue un borrón.

Hasta el día de hoy, solo recuerdo haberme despertado al día siguiente en mi habitación de hotel. Me quedé mirando al techo. Me invadían oleadas de terror, depresión, ansiedad, desesperanza, vacío y entumecimiento. Me sentía acabado. Recuerdo que pensé: *"Creo que nunca me he sentido peor que ahora, aquí y ahora"*.

Había tocado fondo mental y emocionalmente. Sabes, es entonces cuando aparece el Espíritu Santo. Allí, en el punto más bajo, cuando me sentía más débil, el Espíritu Santo por fin pudo llegar a mí. Yo había hecho todo lo que sabía hacer. Había agotado mis propias fuerzas y esfuerzos. El Espíritu de Verdad se puso a trabajar. Me reveló algo tan sencillo y a la vez tan liberador. El Espíritu Santo habló y cambió mi vida. Nuestra conversación fue más o menos así:

—¿Recuerdas cuando eras pequeño y tenías miedo de las caras demoníacas que te visitaban por la noche?

—Sí, lo recuerdo.

—¿Recuerdas cómo eso consumía tus pensamientos?

"Sí, Espíritu Santo, lo recuerdo.

¿Y recuerdas que en el kínder tenías miedo de cómo te trataban los otros niños?

—Sí.

—¿Recuerdas que de niño te daban miedo las atracciones de los parques de atracciones? ¿Recuerdas la ilusión que te hacía ir a los parques de atracciones con tus padres? ¿Y recuerdas cómo tus preocupaciones oscurecían todo tu día? ¿Recuerdas lo convencido que estabas de que te iban a matar?".

—Sí.

—¿Recuerdas que de adolescente no podías conseguir tu licencia para conducir porque tenías miedo de tener un accidente de vehículo? ¿Recuerdas lo difícil que te resultaba hacer amigos porque temías ser rechazado?

En ese momento, algo empezó a romperse en mí. Las lágrimas comenzaron a caer por mi rostro. El Espíritu Santo continuó.

—¿Recuerdas el miedo que tenías al infierno, incluso después de que yo te salvara? ¿Recuerdas cuánto temías ser predestinado a la condenación? ¿Recuerdas cómo todos y cada uno de estos miedos consumieron tu mente durante meses e incluso años seguidos?

—Sí.

—¿Qué temes ahora?

—Tengo miedo de fracasar como marido. Tengo miedo de fracasar en el ministerio. Tengo miedo de estar solo. Tengo miedo de que todo se venga abajo.

Y entonces Él me hizo una pregunta que iluminó mi mente. Fue un cambio importante.

—¿Por qué no crees que te amo y que pretendo hacer cosas buenas en tu vida?

Me quebranté por completo. Por primera vez en mucho tiempo, pude ver la luz penetrar las sombras.

En el amor no hay temor, sino que el perfecto amor echa fuera el temor; porque el temor lleva en sí castigo. De donde el que teme, no ha sido perfeccionado en el amor (1 Juan 4:18 RVR1960).

En ese momento, me di cuenta de algo. Esa ansiedad me había perseguido durante toda mi vida. Se mostraba de diferentes formas en cada etapa de mi vida, y se manifestaba en una variedad de tantas mentiras diferentes. Me afectaba de más formas, grandes y pequeñas, de las que yo había conocido. Sin embargo, todo era el mismo temor. Siempre había sido el mismo temor.

Sabía que Dios me amaba, pero lo sabía intelectualmente, como una idea, como un hecho. No había permitido que las implicaciones y los efectos de esa revelación me cambiaran. En el fondo, creía la mentira de que estaba solo, que no me querían y que no me amaban. Realmente creía que Dios estaba enfadado conmigo y que quería hacerme daño. Sé que para algunos esto puede sonar genérico o demasiado simple. Especialmente aquellos que han luchado extensivamente se vuelven cínicos cuando escuchan cosas como esta. Querido lector, realmente era así de simple. Realmente era la luz contra la oscuridad.

Volví a mirar mi vida. Solo que esta vez pude ver la mentira. La vi funcionar en cada etapa de mi vida. Era tan convincente, tan creíble. El enemigo usó cada dolor, cada prueba, cada desilusión, cada emoción negativa para reforzar esa mentira. Finalmente pude ver cómo me robaba el gozo y la paz. Pude ver cuán engañado había estado. Esta sutil mentira permanecía en el fondo de mi mente, como un parásito escondido. Había influido en todo lo que me rodeaba.

En realidad creía la mentira de que Dios me rechazaría. Nunca lo dije en voz alta, ni siquiera tan claramente, pero seguía creyéndolo. Debido a ese miedo al rechazo, no me sentía protegido. Como no sentía

Su protección, tenía miedo. Me di cuenta de que, en última instancia, todo se debía a una mentira. Una mentira simple pero algo creíble.

Mis lágrimas de consternación se convirtieron en lágrimas de alegría. La poderosa ilusión que satanás había proyectado sobre mi mente desapareció en un instante.

Todo en el reino del infierno es una sombra cambiante. Una sombra no es más que una proyección que hace que su sustancia parezca mucho mayor de lo que es en realidad. Las sombras pueden dar miedo. Pero las sombras no pueden hacer daño aparte de tu creencia en su poder. Toda fortaleza demoníaca se erige con sombras. Las puertas del infierno incluso sus muros y estructuras— están construidas con ladrillos de oscuridad. Las armas son ilusiones humeantes. Las flechas son siluetas afiladas. Pero en cuanto se enciende la luz, las sombras dejan de existir. Todo lo relacionado con el reino del infierno se disuelve a la luz de la verdad del Espíritu Santo.

Ese fue un momento clave para mí. En ese instante tan importante, identifiqué la mentira. Ese fue un factor enorme en mi libertad. Sin embargo, como ya he dicho, la victoria definitiva en mi vida se produjo progresivamente. Hasta el día de hoy, todavía tengo que permanecer vigilante contra esa mentira. El enemigo todavía intenta esa mentira en mí, presentándola en varias formas y a través de varias fuentes-y en mis variados estados mentales y emocionales. El hecho de que todavía tenga que luchar no significa que todavía esté en esclavitud. Lucho desde el asiento de la autoridad, desde el lugar de la victoria.

El Espíritu Santo no solo me ayudó a identificar las mentiras, sino que hasta el día de hoy me sigue recordando la verdad. Y cada vez que lo hace, siento el calor de Su amor, la seguridad de Su aceptación y la alegría de la libertad. Clamé: "Ayúdame, Espíritu Santo". Y Él me ayudó. Mientras escribo esto, sigo viviendo en la permanencia de esa libertad.

Nota importante: ahora te toca a ti

¿Cuál es la mentira que funciona para ti? ¿Hay más de una mentira? ¿Cuál es la fortaleza que tiene fundamento en tu mente? Ahora tomemos todo lo que hemos aprendido sobre este tema y apliquémoslo específicamente a los diversos tipos de fortalezas.

Esta es una nota muy importante: En los siguientes capítulos, te escribo sobre los diferentes tipos de fortalezas que pueden mantenerte atado. Debido a que ya hemos repasado los fundamentos para vencer las fortalezas en general, no repetiré estos fundamentos en cada capítulo. En su lugar, voy a utilizar la mayor parte de los siguientes capítulos para tocar los aspectos singulares de cada fortaleza específica.

Además de las estrategias específicas que te daré con respecto a cada tipo de fortaleza, estos fundamentos que ya hemos cubierto deben aplicarse a todas las fortalezas:

Engaños y puertas abiertas

- Vístete con la armadura de Dios (Capítulo 2)
- Confía en el Espíritu de la Verdad (Capítulo 4)
- Cierra puertas abiertas (Capítulo 5)
- Identifica las fortalezas mediante la Palabra de Dios, la voz del Espíritu y los buenos maestros (Capítulo 6)

Trata con lo demoníaco (Capítulo 7)

- Conoce la autoridad de Dios.

- Alinéate con la autoridad de Dios
- Da una orden
- Ayuna y ora para aumentar la fe

Trata lo mental y lo emocional (Capítulo 8)

- Respeta lo básico
- Elige creer en la verdad
- Combate las mentiras que refuerzan
- Renueva la mente

Para que puedas acordarte de aplicar lo básico en cada batalla, añadiré este recordatorio en cada capítulo:

RECORDATORIO

10

La fortaleza de la tentación

Lujuria, avaricia, poder y más. El mundo está lleno de tentaciones, y algunos creyentes han caído en ciclos de pecado repetido. Hacen lo que no quieren hacer, una y otra vez. Estos ciclos de pecado habitual pueden durar meses o incluso años. Los creyentes que luchan contra pecados acosadores se llenan de frustración, miedo, culpa y desesperación. Pueden experimentar algunos días o semanas de victoria, solo para ser arrastrados de nuevo al ciclo. Algunos comienzan a preguntarse si alguna vez podrán ser libres. Pierden la esperanza. Peor aún, algunos empiezan a dudar de su propia salvación o de que el perdón de Dios aún se aplica a ellos.

RECORDATORIO

No olvides aplicar estos principios básicos en tu lucha contra la fortaleza de la adicción.

Engaños y puertas abiertas

- Vístete con la armadura de Dios (Capítulo 2)
- Confía en el Espíritu de la Verdad (Capítulo 4)

+ Cierra puertas abiertas (Capítulo 5)
+ Identifica las fortalezas mediante la Palabra de Dios, la voz del Espíritu y los buenos maestros (Capítulo 6)

Trata con lo demoníaco (Capítulo 7)

+ Conoce la autoridad de Dios.
+ Alinéate con la autoridad de Dios
+ Da una orden
+ Ayuna y ora para aumentar la fe

Trata lo mental y lo emocional (Capítulo 8)

+ Respeta lo básico
+ Elige creer en la verdad
+ Combate las mentiras que refuerzan
+ Renueva la mente

Por qué pecamos

No nos equivoquemos. Somos arrastrados al pecado por nuestras propias pasiones y deseos.

Sino que cada uno es tentado, cuando de su propia concupiscencia es atraído y seducido (Santiago 1:14 RVR1960).

En última instancia, somos nosotros los que elegimos pecar. Pero los demonios nos animan en nuestras tentaciones. Por eso Jesús nos dijo que oráramos para librarnos de las tentaciones del maligno.

Y no nos dejes caer en tentación, sino líbranos del mal. Porque Tuyo es el reino y el poder y la gloria para siempre. Amén (Mateo 6:13 NBLA).

Satanás tentó a Adán y Eva. Satanás tentó a Jesús. Satanás nos tienta a ti y a mí a través de sus demonios mentirosos. La fortaleza de la tentación se basa en varias formas de la misma mentira:

- "Este pecado te traerá satisfacción".
- "Este pecado vale la pena".
- "Este pecado será más satisfactorio que la presencia de Dios".
- "Este pecado no tiene consecuencias".

Ahora puede que digas, «¡Pero yo no creo ninguna de esas mentiras! Sé que el pecado no me llenará, pero lo hago de todos modos». Yo diría que nuestras acciones nos dicen lo que realmente creemos. Puede que intelectualmente sepas que el pecado no satisface, pero ¿lo sabes verdadera y profundamente? ¿Cada parte de ti está de acuerdo con la verdad, o hay alguna parte de ti que está lo suficientemente engañada como para creer en excepciones?

Las mentiras que creemos acerca del pecado y su capacidad de satisfacer se convierten en el engaño bajo el cual pensamos y sentimos. Por supuesto, las acciones siguen, y elegimos el pecado. Una vez elegido el pecado, nos volvemos más propensos al engaño. Entonces el ciclo se repite, y a medida que el ciclo se repite, la esclavitud se fortalece.

Si el pecado fuera un producto, los demonios serían vendedores. Los demonios te mienten constantemente en cuanto al pecado. Cada acto de pecado comienza con la creencia en una mentira.

La naturaleza de la tentación

Fijémonos, por ejemplo, en la primera tentación. Observa cómo el enemigo contradice la verdad de lo que Dios dice antes de atraer a Adán y Eva al pecado:

> *La serpiente era el más astuto de todos los animales salvajes que el Señor Dios había hecho. Cierto día le preguntó a la mujer:*
>
> *—¿De veras Dios les dijo que no deben comer del fruto de ninguno de los árboles del huerto?*
>
> *—Claro que podemos comer del fruto de los árboles del huerto—contestó la mujer—. Es solo del fruto del árbol que está en medio del huerto del que no se nos permite comer. Dios dijo: "No deben comerlo, ni siquiera tocarlo; si lo hacen, morirán".*
>
> *—¡No morirán!—respondió la serpiente a la mujer—. Dios sabe que, en cuanto coman del fruto, se les abrirán los ojos y serán como Dios, con el conocimiento del bien y del mal.*
>
> *La mujer quedó convencida. Vio que el árbol era hermoso y su fruto parecía delicioso, y quiso la sabiduría que le daría. Así que tomó del fruto y lo comió. Después le dio un poco*

a su esposo que estaba con ella, y él también comió. En ese momento, se les abrieron los ojos, y de pronto sintieron vergüenza por su desnudez. Entonces cosieron hojas de higuera para cubrirse (Génesis 3:1-7).

Primero el enemigo cuestionó la Palabra: "De veras Dios les dijo que no deben comer del fruto de ninguno de los árboles del huerto?". Luego el enemigo contradijo la Palabra: "*¡No morirán!*" El engaño nunca es obvio. Es probable que Eva no hubiera creído la mentira si hubiera estado segura de que contradecía directamente lo que Dios había dicho. Sin embargo, como no estaba segura de lo que Dios había dicho, acabó creyendo la mentira. Cuestionar la Palabra lleva a contradecir la Palabra.

La Biblia nos dice: "Vio que el árbol era hermoso y su fruto parecía delicioso, y quiso la sabiduría que le daría". Ahí vemos los tres componentes de la tentación.

> *Porque todo lo que hay en el mundo, los deseos de la carne, los deseos de los ojos y la vanagloria de la vida, no proviene del Padre, sino del mundo* (1 Juan 2:16 RVR1960).

- Ella vio: los malos deseos de los ojos.
- La fruta se veía delicioso: los malos deseos de la carne
- Ella quería sabiduría: el orgullo de la vida.

Cuando miró la fruta, se sintió tentada por lo que veía. Cuando se dio cuenta de que la fruta se veía deliciosa, le entró hambre por la misma. Ese fue el deseo de la carne. Eran los malos deseos de la carne. Cuando deseó la sabiduría, deseó ser como Dios. Su deseo de ser como Dios, en ese caso, era un deseo nacido del orgullo. Era el orgullo de la vida. Cada pecado con el que serás tentado caerá bajo una de estas tres categorías de tentación: 1) malos deseos de los ojos; 2) malos deseos de la carne; 3) orgullo de la vida.

Cómo confrontó Jesús la tentación

De hecho, Jesús mismo fue tentado en estos tres puntos. Presta atención a cómo superó el engañoso señuelo de la tentación.

Luego el Espíritu llevó a Jesús al desierto para que allí lo tentara el diablo. 2 Durante cuarenta días y cuarenta noches ayunó y después tuvo mucha hambre. En ese tiempo, el diablo[a] se le acercó y le dijo :—Si eres el Hijo de Dios, di a estas piedras que se conviertan en pan.

Jesús le dijo: —¡No! Las Escrituras dicen: "La gente no vive solo de pan, sino de cada palabra que sale de la boca de Dios".

Después el diablo lo llevó a la santa ciudad, Jerusalén, al punto más alto del templo, y dijo: —Si eres el Hijo de Dios, ¡tírate! Pues las Escrituras dicen:" Él ordenará a sus ángeles que te protejan. Y te sostendrán con sus manos para que ni siquiera te lastimes el pie con una piedra".

Jesús le respondió: —Las Escrituras también dicen: "No pondrás a prueba al Señor tu Dios".

Luego el diablo lo llevó a la cima de una montaña muy alta y le mostró todos los reinos del mundo y la gloria que hay en ellos. —Te daré todo esto—dijo—si te arrodillas y me adoras.

—Vete de aquí, Satanás—le dijo Jesús—, porque las Escrituras dicen: "Adora al Señor tu Dios y sírvele únicamente a él".

Entonces el diablo se fue, y llegaron ángeles a cuidar a Jesús (Mateo 4:1-11 NTV).

El enemigo es más astuto de lo que la mayoría cree. Su estrategia contra el Señor Jesús no era tan simple como parece. En total, cuento cuatro ángulos de ataque que el enemigo utilizó. El primer ataque fue usar el hambre de Jesús en su contra. Ahí vemos al enemigo aprovechándose del vulnerable estado de hambre del Señor. Recuerda, los estados de ánimo pueden ser puertas abiertas al engaño. El segundo ángulo de ataque fue torcer la Escritura y decirle a Jesús: *"Él ordenará a sus ángeles que te protejan"*. El tercer ataque fue tentar a Jesús ofreciéndole todos los reinos del mundo. Aquí, el enemigo estaba ofreciendo a Jesús un camino sin cruz, aparentemente indoloro, para gobernar sobre las naciones. El cuarto ángulo de ataque estaba en realidad enhebrado a través de los dos primeros ángulos de ataque. En cada uno de esos casos, ¿cuál era el método subyacente? Era desafiar la identidad del Señor: *"si eres el Hijo de Dios"*. El enemigo estaba desafiando la verdad sobre quién era Jesús.

En la historia de la tentación de Jesús, vemos los tres componentes de la tentación. Los malos deseos de los ojos (reinos del mundo), los malos deseos de la carne (pan para comer), y el orgullo de la vida (comprobar que era quién decía ser arrojándose desde lo alto del templo.) Aun así, en última instancia, la mentira subyacente, el gran empujón que el enemigo estaba utilizando para tentar a Jesús, era el desafío a Su identidad. Esa era la mentira que el enemigo utilizaba en un intento de reforzar el poder de la tentación.

¿Cómo respondió Jesús? ¡Las Escrituras dicen! Utilizó la verdad para combatir el engaño subyacente. El engaño no era solo se trataba del pan y el hambre, la demostración de poder o los reinos del mundo. El engaño tenía que ver con la identidad. Jesús cortó de raíz la mentira usando la Palabra de Dios.

No, Jesús no utilizó Su experiencia, como algunos intentan hacer. Usó la Palabra. Algunos tienen la impresión de que su poder contra el enemigo proviene de su propia "profundidad" en el Espíritu o de sus muchos años de experiencia tratando con demonios. El enemigo encuentra eso risible. Si alguien hubiera podido usar su experiencia, hubiera sido Jesús. Pero Él no usó su experiencia. Usó la Palabra de verdad. Jesús pudo haber señalado Su propio bautismo. Podría haber dicho: "Diablo, ¿qué quieres decir con si soy el Hijo de Dios? ¿No estabas allí en el río Jordán el día que fui bautizado? No hace mucho tiempo, ¿sabes? Cuando salí del agua, el Espíritu Santo descendió sobre mí como una paloma. ¡Muchos fueron testigos de ello! ¿Y no escuchaste la fuerte voz de mi Padre que hablaba claramente desde los cielos? ¿No estabas allí cuando habló? Dijo: 'Este es mi Hijo amado, en quien tengo complacencia'".

No, Jesús no hizo eso. Más bien, Él combatió el engaño del enemigo con la Palabra escrita. Ahí es donde comenzamos a derribar toda fortaleza: con la verdad de la Palabra. Antes de que puedas resistir al pecado, necesitas guardar la Palabra de Dios en tu corazón.

He guardado tu palabra en mi corazón, para no pecar contra ti (Salmo 119:11 NTV).

Arrepiéntete y renuncia

¿Por qué la verdad de la Palabra es la clave para vencer la tentación? Porque, en última instancia, la tentación obtiene su poder del engaño. Si te tientan los malos deseos de la carne, la mentira podría ser que el acto sexual te satisfará. Si te tienta la amargura, la mentira podría ser que tienes derecho a no perdonar. Si te tienta el poder, la mentira podría ser que lo necesitas. Para liberarnos del acto de un pecado, debemos liberarnos de las mentiras que creemos acerca de ese pecado.

Si quieres ser libre del pecado, necesitas arrepentirte y luego renunciar a tu pecado. Hay muchos malentendidos en torno a estas dos palabras: arrepentirse y renunciar. Muchos tienen la impresión de que "arrepentirse" significa "alejarse de" o "ir en la dirección opuesta". No me malinterpretes; debemos absolutamente alejarnos de nuestro pecado, pero eso no es lo que significa la palabra "arrepentirse".

Además, muchos están confundidos sobre la palabra "renunciar". Cuando pensamos en la palabra "renunciar", la mayoría de nosotros nos imaginamos recitando una lista de pecados pasados o maldades generacionales. Podemos pensar en frases como: "Renuncio a la brujería de las generaciones pasadas" o "Renuncio a toda amargura y falta de perdón". Aunque no hay nada malo en rechazar verbalmente el mal, renunciar no es eso. Al menos, no bíblicamente. Si no tenemos cuidado, la renuncia puede convertirse en un acto religioso o ritual. Algunos se imaginan que Dios no puede liberarlos a menos que enumeren todo lo que hicieron mal. Sin embargo, sabemos que el poder del Espíritu Santo no se limita a nuestra memoria de pecados pasados o de oraciones especializadas.

No estoy siendo quisquilloso con la terminología. Es importante entender lo que significa arrepentirse y renunciar.

La palabra griega para arrepentimiento (*metanoia*) significa literalmente "un cambio de la mente". Esto significa que debemos estar de acuerdo con lo que Dios dice y piensa acerca de nuestro pecado. Eso es lo que significa arrepentirse del pecado: cambiar de parecer en cuanto al pecado.

¿Qué significa renunciar? Casi siempre que veas la palabra «renunciar» en las Escrituras, significa «apartarse de» o «apartarse de». Mire Tito 2:12 tanto en la Nueva Traducción Viviente como en La Reina Valera Revisada.

Y se nos instruye a que nos apartemos de la vida mundana y de los placeres pecaminosos. En este mundo maligno, debemos vivir con sabiduría, justicia y devoción a Dios (Tito 2:12 NTV).

Enseñándonos que, renunciando a la impiedad y a los deseos mundanos, vivamos en este siglo sobria, justa y piadosamente (Tito 2:12 RVR1960).

La verdadera renuncia es acción, no discurso.

Así que arrepentirse es cambiar de parecer y renunciar es cambiar de comportamiento. El arrepentimiento me pone de acuerdo con Dios. Renunciar es apartarme de mis malos caminos. El verdadero arrepentimiento es un cambio en la mente que resulta en un cambio de dirección. Aquí en Hechos, vemos que el arrepentimiento resulta en volverse a Dios.

Ahora pues, arrepiéntanse de sus pecados y vuelvan a Dios para que sus pecados sean borrados (Hechos 3:19).

Demasiados creyentes tratan de renunciar al pecado antes de arrepentirse del pecado. Intentan cambiar su comportamiento antes de haber cambiado de parecer. Esto causa frustración. Si estás tratando de producir nuevas acciones desde una antigua mentalidad, terminarás enojado contigo mismo. ¿Estoy diciendo que no debemos apartarnos del pecado? De ninguna manera. Estoy diciendo que tus intentos de alejarte del pecado fallarán hasta que tú también te arrepientas, cambies de parecer acerca del pecado.

Además, no confundas el pesar con el arrepentimiento. Claro que la tristeza que viene de Dios produce el arrepentimiento (2 Corintios 7:10).

Así que una forma sana de pesar puede conducir al arrepentimiento. Sin embargo, el pesar en sí no es lo mismo que el arrepentimiento. Muchos cristianos piensan que sentirse mal por el pecado es lo mismo que arrepentirse de ese pecado. El hecho de que sientas vergüenza por el pecado no significa que realmente hayas cambiado de parecer respecto.

Esta es la realidad: muchos no necesariamente quieren ser liberados del pecado, sino de la vergüenza, la culpa y las consecuencias del pecado. Decimos cosas como: "¡Lo siento, Señor! No quiero volver a hacerlo". Todo el tiempo, podemos estar mintiéndonos a nosotros mismos. Eso puede ser lo que oramos en voz alta, pero la carne se engaña a sí misma. Se mentirá a sí misma. Mientras gritas, "No más pecado", la parte de ti que todavía anhela el pecado susurrará, "por ahora". La naturaleza pecaminosa siempre tiene la intención de volver al pecado. No le des ninguna influencia.

Si dejas un margen para tu pecado en el fondo de tu mente o tienes la intención de hacer bien hasta que el deseo surja de nuevo, entonces permanecerás estancado. La carne es tan engañosa que se dirá a sí misma cosas como: "Bueno, si solo peco de vez en cuando, entonces técnicamente no contará como un estilo de vida pecaminoso, solo como un error". La carne tratará de hacer tratos contigo, diciendo, "Viviremos santamente el 90 por ciento del tiempo. Estaremos limpios cinco días a la semana. Solo dame algo, lo que sea. Mientras lo hagas casi siempre bien, sigue contando como 'intentar' vivir santamente". Necesitas decidir firmemente acerca de la verdad antes de que la tentación ocurra, para que cuando la tentación llegue, ya estés decidido a negarla. Necesitas decidir firmemente que el pecado no será tolerado, ni siquiera un poquito. No hay ningún alivio de los deseos de la carne, y necesitas estar determinado a dejarlo así.

De hecho, el enemigo puede incluso convencerte de que no es realmente posible liberarse del pecado. Puede decir: "Oh, lo has intentado tantas veces y durante tantos años. Has tenido a tanta gente orando por ti, y tú mismo has orado". Si él no puede convencerte absolutamente de que no puedes vivir santamente, al menos tratará de hacerte creer que la libertad está en algún lugar en la distancia, dentro de años y años.

Arrepentirse significa ponerse de acuerdo con Dios. Es estar de acuerdo con Dios en que el pecado es malo. Es estar de acuerdo con Dios en que el pecado debe desaparecer, no solo por ahora o por unas semanas o hasta que ya no puedas resistir la tentación. Arrepentirse es estar de acuerdo con Dios, en lo más profundo de tu ser, que lo que estás haciendo está mal y que debe desaparecer, inmediata, permanente y completamente. Es comprometerte a nunca más volver a permitirlo en su vida, incluso en una forma "menor". Una vez que estés totalmente convencido de la verdad de tu pecado y del poder de Dios para hacerte santo, entonces y solo entonces empezarás a ver un progreso real.

Una vez que te hayas arrepentido de verdad —cambiado de parecer—, el engaño de la tentación perderá su poder. Arrepiéntete, cambia de parecer acerca del pecado. Entonces puedes renunciar, abandonar el pecado. Después de disipar el engaño acerca del pecado, entonces es solo cuestión de mantenerse al alerta de uno mismo y de satanás.

Satanás y el yo

Tienes dos enemigos: el yo y satanás. No luchas contra ti mismo de la misma manera que luchas contra satanás. Aquí es donde la mayoría de los creyentes se confunden, se desaniman y se estancan.

Sabemos que estamos en una batalla espiritual contra el diablo y sus demonios.

Porque no tenemos lucha contra sangre y carne, sino contra principados, contra potestades, contra los gobernadores de las tinieblas de este siglo, contra huestes espirituales de maldad en las regiones celestes (Efesios 6:12 RVR1960).

¡Estén alerta! Cuídense de su gran enemigo, el diablo, porque anda al acecho como un león rugiente, buscando a quién devora (1 Pedro 5:8 NTV).

También entendemos que el arma principal del enemigo contra el creyente es el engaño. Ese engaño puede finalmente producir esclavitud. Sin embargo, hay otro enemigo que tenemos, y este enemigo trabaja con poderes demoníacos. Es el enemigo del yo.

Porque el deseo de la carne es contra el Espíritu, y el del Espíritu es contra la carne; y estos se oponen entre sí, para que no hagáis lo que quisiereis (Gálatas 5:17 RVR1960).

A primera vista, puede parecer una contradicción. La Biblia dice que no luchamos contra la carne y la sangre, pero también nos dice que la carne lucha contra el Espíritu.

En el famoso versículo de Efesios, cuando se nos dice que no luchamos contra enemigos de carne y hueso, simplemente se nos está diciendo que no estamos librando una guerra contra otros seres humanos. Por lo tanto, nuestras armas no son carnales, sino espirituales. Así que se nos da la armadura de Dios, en lugar de una armadura producida por manos humanas. Algunos han aplicado mal el significado de Efesios para implicar que todo lo que viene contra nosotros es demoníaco. Ellos descuidan las otras verdades de las Escrituras con respecto a la naturaleza pecaminosa.

En Gálatas, cuando la Escritura habla de la "carne" guerreando contra el Espíritu, está hablando en última instancia de la naturaleza pecaminosa. La naturaleza pecaminosa es simplemente lo que resulta cuando usamos nuestro libre albedrío dado por Dios para decidir por algo que contradice la naturaleza de Dios. Los demonios pueden influenciarnos para funcionar en la naturaleza pecaminosa, pero la naturaleza pecaminosa no es en sí misma un demonio. Si la naturaleza pecaminosa fuera solo un demonio, no seriamos personalmente responsables por nuestros pecados. Así que tenemos que tratar con ambos enemigos.

Trata con Satanás

Los demonios pueden usar sus mentiras para influenciarte a actuar de acuerdo con la naturaleza pecaminosa, así que tratamos con los seres demoníacos resistiendo sus tentaciones.

> *Así que humíllense delante de Dios. Resistan al diablo, y él huirá de ustedes* (Santiago 4:7 NTV).

Me resulta interesante que hablemos de demonios obstinados que discuten para mantener su influencia o que retrasan su sumisión. No son tan fuertes. Cualquier influencia que tengan sobre ti es tan débil que incluso la mera resistencia, por no hablar de la confrontación, es suficiente para hacerles huir.

Como en el caso de Jesús, se resistió al enemigo tres veces antes de que huyera. Cuando resistes al enemigo, al final huye. Jesús resistió al enemigo con la verdad de la Palabra. Nosotros debemos hacer lo mismo. Resistimos al enemigo simplemente diciendo: "No". Resistimos al enemigo eligiendo no actuar ante las tentaciones que nos presenta. Resistimos las tentaciones del enemigo declarando la Palabra de Dios.

La autoridad del creyente proviene de la Palabra de Dios. Si Dios lo prometió, tú puedes hacerlo cumplir. Usando el pecado sexual como ejemplo, en la aplicación práctica, la batalla podría ser algo como esto:

El enemigo te recuerda una imagen pornográfica que viste. Esos son los malos deseos de los ojos. En respuesta, tu cuerpo comienza a desear lo que ve. Esos son los malos deseos de la carne. En vez de permitirte debatir con el enemigo, inmediatamente respondes, "Hice un pacto con mis ojos, de no mirar con codicia sexual a ninguna joven (Job 31:1 NTV). Entonces rechazas inmediatamente el pensamiento y comienzas a pedir fortaleza al Espíritu Santo.

Entonces vuelve el enemigo: "Pero será solo esta vez más", o "Llevas unas semanas viviendo limpio. El Señor comprenderá". Ante la invitación a transigir, respondes: "Entre ustedes ni siquiera debe mencionarse la inmoralidad sexual, ni ninguna clase de impureza o de avaricia, porque eso no es propio del pueblo santo de Dios (Efesios 5:3 NVI)". Oras con intensidad. Clamas para que el Espíritu Santo te rescate.

Las tentaciones que enfrentan en su vida no son distintas de las que otros atraviesan. Y Dios es fiel; no permitirá que la tentación sea mayor de lo que puedan soportar. Cuando sean tentados, él les mostrará una salida, para que puedan resistir (1 Corintios 10:13 NTV).

Persistente, el enemigo lo intenta una vez más: "Esto no te hará daño, mientras no lo conviertas en un hábito. ¿Qué daño te hará?". Consciente de tu amigo el Espíritu Santo, declaras: "No entristezcan al Espíritu Santo de Dios con la forma en que viven. Recuerden que él los identificó como suyos, y así les ha garantizado que serán salvos el día de la redención" (Efesios 4:30 NTV).

Ahora bien, no te estoy dando un guion exacto a seguir. Eso sería un acercamiento religioso, y la religión siempre da paso al legalismo. El legalismo nunca conduce a la libertad. Lo que te estoy dando aquí es solo un ejemplo de cómo podría desarrollarse la batalla. Lo principal es enfrentarse al enemigo bíblicamente, es decir, resistir inmediatamente y usar la verdad de la Palabra de Dios para combatir las mentiras que hacen que la tentación sea más difícil de resistir.

Los demonios son seres muy inteligentes. No vas a ganar en un debate con ellos. Así que tienes que evitar el vaivén de la tentación. Por eso la Biblia nos enseña a huir, a huir de la tentación.

> *Huye de todo lo que estimule las pasiones juveniles. En cambio, sigue la vida recta, la fidelidad, el amor y la paz. Disfruta del compañerismo de los que invocan al Señor con un corazón puro* (2 Timoteo 2:22 NTV).

Tiene que haber una resistencia inmediata. El enemigo ya te tiene si te quedas atrapado en el "¿Debo o no debo?". Al debatir, considerar o sopesar las opciones ya has caído en una mentira. La mentira es: "Soy lo suficientemente fuerte como para llevar esto solo hasta cierto punto". El pecado no está bajo tu control. Al estancarte en la contemplación, caes en la ilusión de "resistir" al pecado. La contemplación no es la resistencia del pecado; es ceder al pecado a un paso más lento. Así que en lugar de contemplar, ¡huye! Resiste *inmediatamente*. No debatas con el diablo, derrótalo resistiendo inmediatamente la tentación.

Añade a tu resistencia la Palabra de Dios.

> *Sin embargo, cuando el Padre envíe al Abogado Defensor como mi representante—es decir, al Espíritu Santo—, él les enseñará todo y les recordará cada cosa que les he dicho* (Juan 14:26).

Cuando estás lleno de la Palabra, la influencia del Espíritu es fuerte en tu vida. Pídele que te recuerde la verdad en tiempos de tentación. Entonces escucha Su voz cuando llegue la tentación. Clama: "¡Ayúdame, Espíritu Santo!". Y no dejes de invocarlo hasta que seas rescatado. Ahoga las mentiras tentadoras del enemigo con llamadas por la ayuda del Espíritu Santo.

La tentación no es un acontecimiento, es un proceso. La mayor parte de la batalla se gana o se pierde mucho antes de que se presente la oportunidad de pecar. Al vivir un estilo de vida de recibir y vivir la Palabra, te estás preparando para resistir el pecado mucho antes de que la tentación se cruce en tu camino.

Así es cómo tratas con el aspecto demoníaco de la fortaleza de la tentación: inmediatamente resistes y usas la Palabra para contrarrestar las mentiras que hacen que la tentación sea más difícil de vencer. Esto hace que el enemigo huya. Luego tienes que tratar con el yo.

Trata con el yo

Ya sabemos cómo participan los demonios en la fortaleza de la tentación. Ellos te dicen mentiras que te tientan a pecar. Los demonios no pecan por ti. Tú haces por tu propia voluntad. Puede que estés pidiendo liberación cuando lo que realmente necesitas es disciplina. Tenemos que dejar de culpar a los demonios de nuestros problemas de pecado en lugar de asumir la responsabilidad de una carne indisciplinada. De hecho, la Biblia deja claro que la única razón por la que los seres demoníacos pueden tentarnos en primer lugar es precisamente por la falta de disciplina y autocontrol. Te lo mostrare.

No se priven el uno al otro de tener relaciones sexuales, a menos que los dos estén de acuerdo en abstenerse de la

> intimidad sexual por un tiempo limitado para entregarse
> más de lleno a la oración. Después deberán volverse a juntar,
> a fin de que Satanás no pueda tentarlos por la falta de control
> propio (1 Corintios 7:5).

"*A fin de que Satanás no pueda tentarlos por la falta de control propio*". Es nuestra falta de dominio propio lo que le da al enemigo el poder para tentarnos en primer lugar.

Ahora, no estoy diciendo que los cristianos nunca necesiten liberación. Por supuesto, a veces necesitamos liberación. Todo este libro trata de experimentar la liberación de las fortalezas. Pero la única manera en que el enemigo puede mantener a los creyentes atados en la fortaleza de la tentación es si se niegan a asumir la responsabilidad por su falta de autocontrol.

> En cambio, la clase de fruto que el Espíritu Santo produce
> en nuestra vida es: amor, alegría, paz, paciencia, gentileza,
> bondad, fidelidad, humildad y control propiol... (Gálatas
> 5:22-23 NTV).

Aunque parezca obvio, muchos de nosotros pasamos por alto el hecho de que el control propio es la habilidad que el Espíritu Santo te da para controlarte a ti mismo. Él no te controlará, pero te ha dado la habilidad de controlarte.

Deja de culpar a los demonios. Les damos demasiado crédito. Nuestra falta de disciplina es la única razón por la que sus tentaciones funcionan. ¿Cómo es que podemos elegir pasar horas pensando en lo que nos tienta y luego darnos la vuelta y culpar a la opresión demoníaca por nuestro fracaso en vivir santamente? Este no es un mensaje de condena sino de verdad. Y solo la verdad nos hace libres. Sé que algunos culpan a los demonios de sus malas decisiones. Sin embargo, en última instancia, somos nosotros los que elegimos pecar.

La única manera de tratar con la naturaleza pecaminosa es mantenerla débil. No le des la oportunidad de obtener lo que desea. Reorganiza toda tu vida en torno a la santidad. Haz los cambios que sean necesarios, aunque sean drásticos.

> *Mas vestíos del Señor Jesucristo, y no proveáis para los deseos de la carne* (Romanos 13:14).

Se trata con la naturaleza pecaminosa durante toda la vida.

> *Sino que golpeo mi cuerpo, y lo pongo en servidumbre, no sea que habiendo sido heraldo para otros, yo mismo venga a ser eliminado* (1 Corintios 9:27 RVR1960).

El apóstol Pablo aquí no está diciendo que el cuerpo es la naturaleza pecaminosa. Está diciendo que el cuerpo puede convertirse en un instrumento de la naturaleza pecaminosa si no se mantiene bajo control.

Reprende y resiste al enemigo. Decídete sobre el pecado. Luego pídele al Espíritu Santo que exponga las mentiras que crees sobre el pecado, que te recuerde la verdad cuando te sientas tentado y que te ayude a mantener débil la naturaleza pecaminosa.

11

La fortaleza de la adicción

La naturaleza de la adicción

D rogadicción. Adicción al alcohol. Adicción al porno. Adicción a la comida. Ésas son solo algunas de las muchas clases de adicciones que pueden alterar drásticamente y arruinar por completo la vida de quienes están bajo su poder. Una adicción es más que un hábito o la elección constante de un vicio. Lo que hace que la adicción sea una fortaleza tan poderosa no son solo los aspectos demoníacos, mentales y emocionales, sino su aspecto físico adicional. Al principio, las adicciones se forman por decisiones tontas, pero con el tiempo desarrollan un elemento fisiológico. Con el tiempo, el cuerpo sufre dolor por lo que ha sido entrenado para desear.

Cada vez que escribo sobre los aspectos físicos de la adicción, algunos gritan: "¡Hermano David, te falta el aspecto espiritual! Es demoníaco". Siempre que escribo sobre los aspectos demoníacos de la adicción, algunos gritan: "David, no todo es un demonio. ¡La adicción afecta tanto al cerebro como al cuerpo!".

¿Por qué no pueden ser ambos? Tanto el ámbito demoníaco como el ámbito físico existen. Dios creó tanto el mundo espiritual como el material. Hay causa y efecto en lo natural y lo sobrenatural. Esta mentalidad de «o lo uno o lo otro» es precisamente la razón por la que tantos siguen en esclavitud. Aquellos que hablan de lo demoníaco son etiquetados como "locos". Aquellos que hablan de lo fisiológico son etiquetados como "no lo suficientemente profundos". Ambos extremos niegan algún aspecto de la Palabra de Dios. Ambos extremos niegan algún aspecto de la realidad que Dios formó. La Palabra habla claramente tanto de la liberación como de la disciplina, de la tentación y del libre albedrío, del alma y del cuerpo, de los demonios y de la naturaleza pecaminosa. Querido lector, es "ambos...y" no "esto...o". La adicción es tanto demoníaca como fisiológica.

Debemos aprender a reconocer y atender las necesidades físicas y prácticas de quienes están atados por la adicción, además de sus necesidades espirituales.

Una querida amiga me contaba su terrible lucha por superar una adicción a la heroína. Me habló de un retiro de "liberación" al que había asistido. Debido a que los que operaban el retiro estaban tan obsesionados solo con los aspectos demoníacos de la esclavitud, ese evento marcó mental y emocionalmente a mi amiga y en realidad empeoró mucho su problema. Su historia me confirmó que algunos creyentes realmente necesitan liberación de su supuesta liberación.

Le temblaba la voz mientras me contaba que el retiro había atraído a personas con graves problemas de drogadicción. Como el retiro tuvo lugar en las montañas, los asistentes tenían que depender de los anfitriones del retiro para la comida y el alojamiento. Quedaron sometidos a largos periodos sin alimentos, a la privación del sueño bajo el pretexto de reuniones de oración y a horas de extrañas enseñanzas. Así que estas personas estaban lidiando con adicciones a las drogas, se les privaba de alimentos, se les privaba de sueño, y luego se les decía que no se podían ir de la reunión hasta que creyeran que estaban completamente liberados. Lamentablemente, no se les consideraba completamente liberados hasta que vomitaran, algo bastante difícil de hacer con el estómago vacío.

Un comentario extra es que no vemos en las Escrituras que vomitar sea un prerrequisito para la liberación. Yo solía insistir en esto cuando ministraba liberación pero noté que dejó de suceder en el momento en que dejé de sugerirlo. Con lo que veo en la Escritura y lo que he visto en mi experiencia de ministrar liberación, he concluido que la gente puede ser liberada sin tener que vomitar. Si sucede cuando alguien es liberado, no tengo ningún problema. El problema es insistir en ello como pre-rrequisito para la libertad, especialmente porque las Escrituras no lo exigen.

Así que estas personas desesperadas eran básicamente rehenes hasta que vomitaban en una cubeta. Ese era su boleto de salida. Era como si los anfitriones del retiro se hubieran frustrado por no poder liberar a los adictos y les exigieran que les siguieran el juego para poder contar historias de éxito acerca de su retiro.

El abuso que mi amiga tuvo que soportar es indicativo del tipo de comportamiento religioso que puede resultar cuando no reconocemos todos los factores que intervienen en la esclavitud espiritual. Creyentes bien intencionados pueden tratar de ayudar, pero luego se frustran cuando sus métodos no parecen funcionar. En lugar de abordarlo bíblicamente, con verdadero poder, algunos simplemente aumentan la intensidad de sus protocolos artificiales. Así que necesitamos tratar con ambas facetas de la adicción, la demoníaca y la material, si queremos operar con verdadero poder.

RECORDATORIO

No olvides aplicar estos principios básicos en tu lucha contra la fortaleza de la adicción.

Engaños y puertas abiertas

+ Vístete con la armadura de Dios (Capítulo 2)
+ Confía en el Espíritu de la Verdad (Capítulo 4)
+ Cierra puertas abiertas (Capítulo 5)
+ Identifica las fortalezas mediante la Palabra de Dios, la voz del Espíritu y los buenos maestros (Capítulo 6)

Trata con lo demoníaco (Capítulo 7)

+ Conoce la autoridad de Dios.
+ Alinéate con la autoridad de Dios
+ Da una orden
+ Ayuna y ora para aumentar la fe

Trata lo mental y lo emocional (Capítulo 8)

+ Respeta lo básico
+ Elige creer en la verdad
+ Combate las mentiras que refuerzan
+ Renueva la mente

El papel de los demonios en la adicción

El papel que desempeñan los demonios en la fortaleza de la adicción es sencillo: utilizan el engaño para atraerte a la tentación, y esa tentación, si se cede a ella con suficiente frecuencia, se convierte en adicción.

El apóstol Pablo instruyó a las parejas casadas de Corinto para que no se privaran mutuamente del sexo. Aunque Pablo está hablando específicamente de sexo en el versículo siguiente, vemos algo bastante esclarecedor con respecto a la estrategia de satanás:

> *No se priven el uno al otro de tener relaciones sexuales, a menos que los dos estén de acuerdo en abstenerse de la intimidad sexual por un tiempo limitado para entregarse más de lleno a la oración. Después deberán volverse a juntar, a fin de que Satanás no pueda tentarlos por la falta de control propio* (1 Corintios 7:5 NTV).

Pablo advirtió a la Iglesia que satanás podría aprovechar una breve temporada de abstinencia sexual como una oportunidad para tentar a las parejas casadas con el pecado sexual. Satanás aprovecharía una oportunidad para tentar eficazmente. La conclusión es simple: satanás nos tienta cuando somos más vulnerables, en el área en la que somos más propensos a ceder.

Ese es el papel de lo demoníaco cuando se trata de la adicción: engañar para tentar. Una vez que alguien cede a una tentación durante el tiempo suficiente, puede surgir el problema físico de la adicción. Así que se podría decir que la raíz de la adicción —el engaño y la tentación— es espiritual, mientras que la adicción en sí —el fuerte deseo— es física. Por eso decimos que la adicción es un problema tanto espiritual como físico.

El papel de la naturaleza pecaminosa en la adicción

Ahora voy a escribirte algo que no es una enseñanza popular, pero es la verdad: los demonios pueden alimentarte con mentiras, pero tú te alimentas con lo que deseas. Los demonios pueden tentarte, pero tú eliges pecar. Los demonios no beben por ti. Los demonios no te clavan la aguja en el brazo por ti. Los demonios no hacen una búsqueda en Internet por ti. Por supuesto, a veces juegan un papel central en las tentaciones que enfrentas, pero no pecan por ti.

Sé que esto parece duro, especialmente cuando la adicción puede llegar a ser tan poderosa que parece como si hubiera otra persona en tu cuerpo trabajando contra ti. Pero si eres un creyente nacido de nuevo, esta "otra persona" que te hace tropezar es simplemente la naturaleza pecaminosa. La naturaleza pecaminosa consiste en tus viejos patrones. La Biblia revela que el cuerpo puede ser "programado" bajo la naturaleza pecaminosa:

> No permitan que el pecado controle la manera en que viven, no caigan ante los deseos pecaminosos. No dejen que ninguna parte de su cuerpo se convierta en un instrumento del mal para servir al pecado. En cambio, entréguense completamente a Dios, porque antes estaban muertos pero ahora tienen una vida nueva. Así que usen todo su cuerpo como un instrumento para hacer lo que es correcto para la gloria de Dios. El pecado ya no es más su amo, porque ustedes ya no viven bajo las exigencias de la ley. En cambio, viven en la libertad de la gracia de Dios (Romanos 6:12-14 NTV).

Tu cuerpo es como un equipo de computación; tu pensamiento es como los programas informáticos. Con la antigua programación, tu cuerpo era un instrumento de pecado. Con la nueva programación, tu cuerpo puede liberarse de la adicción.

> *Por lo tanto, permitir que la naturaleza pecaminosa les controle la mente lleva a la muerte. Pero permitir que el Espíritu les controle la mente lleva a la vida y a la paz. Pues la naturaleza pecaminosa es enemiga de Dios siempre. Nunca obedeció las leyes de Dios y jamás lo hará. Por eso, los que todavía viven bajo el dominio de la naturaleza pecaminosa nunca pueden agradar a Dios. (Romanos 8:6-8 NTV).*

Esto es lo que hace la adicción. Da fuerza a la "vieja programación" a través del cuerpo físico.

> *Quiero hacer lo que es bueno, pero no lo hago. No quiero hacer lo que está mal, pero igual lo hago. Ahora, si hago lo que no quiero hacer, realmente no soy yo el que hace lo que está mal, sino el pecado que vive en mí. He descubierto el siguiente principio de vida: que cuando quiero hacer lo que es correcto, no puedo evitar hacer lo que está mal. Amo la ley de Dios con todo mi corazón, pero hay otro poder dentro de mí que está en guerra con mi mente. Ese poder me esclaviza al pecado que todavía está dentro de mí. ¡Soy un pobre desgraciado! ¿Quién me libertará de esta vida dominada por el pecado y la muerte? ¡Gracias a Dios! La respuesta está en Jesucristo nuestro Señor. Así que ya ven: en mi mente de verdad quiero obedecer la ley de Dios, pero a causa de mi naturaleza pecaminosa, soy esclavo del pecado (Romanos 7:19-25 NTV).*

No quiero decir que no haya un elemento demoníaco en la adicción. Cualquiera que haya visto la fealdad y el poder destructivo de cualquier adicción puede decir que ciertamente hay un elemento demoníaco en ella. Pero no podemos minimizar lo crucial que es la naturaleza pecaminosa en cualquier adicción.

Así funciona la adicción:

**Engaño > Tentación > Pecado >
Pecado Habitual > Adicción**

Así que aunque el engaño demoníaco puede tentarnos a pecar, es solo cuando respondemos a esa tentación que se puede formar una adicción. Es el ceder a la naturaleza pecaminosa lo que nos lleva a la trampa de la adicción.

El papel del cuerpo en la adicción

Una vez que el cuerpo físico ha sido "programado" para desear los placeres pecaminosos con los que ha sido alimentado rutinariamente, lo llamamos "adicción". Puede tratarse de comida, sexo, alcohol, drogas, porno, cualquier cosa que el cuerpo y el cerebro puedan adaptar para desear violentamente. Es un hecho que el cuerpo y el cerebro pueden ser alterados, reestructurados hasta el punto en que sus ansias pecaminosas pueden ser tan fuertes como el hambre, si no más. En el caso de las drogas y el alcohol, el cuerpo se vuelve dependiente de la sustancia. En ese punto, en casos extremos, la necesidad del cuerpo por su vicio puede incluso llegar a amenazar la vida.

Una vez que la adicción ha llegado a este punto, la fuerza de voluntad y la disciplina por sí solas empiezan a perder su fuerza. El cuerpo empieza a actuar según lo que ha sido entrenado para hacer y desear. Tristemente, estas ansias son tan fuertes que hombres y mujeres renuncian a todo lo que aman para satisfacerlas. He visto a padres abandonar a sus hijos, a cónyuges abandonar a sus esposas, y a personas renunciar a todo lo que han trabajado para lograr por solo "una probada más» de lo que anhelan.

Así que la naturaleza de la adicción es la siguiente: comienza en el engaño. Ese engaño te hace más vulnerable a la tentación. Eliges ceder a esa tentación. Ese ceder a la tentación se convierte en un hábito. Ese hábito afecta al cerebro y al cuerpo lo suficientemente profundamente como para convertirse en una adicción. En el momento en que la esclavitud se ha convertido en una adicción, hay elementos físicos en ella. La adicción es la consecuencia física de ceder constantemente a la tentación.

Aborda la adicción

Debemos recordar que Dios puede hacer lo que quiera. He visto a adictos de todo tipo liberarse instantáneamente, sin volver a tocar o siquiera desear su vicio preferido. Luego hay veces que he visto adictos liberados progresivamente, perdiendo sus ansias con el tiempo, a medida que se rinden más y más al Señor. Independientemente de cómo llegue la libertad, hay capas de esta fortaleza que deben tenerse en cuenta.

Se trata de un tema enorme. Especialmente cuando se trata de la adicción a sustancias, el tema requeriría un libro en sí mismo. No soy un profesional médico, así que no podré cubrir cada aspecto de la adicción. Sin embargo, soy un maestro de la Palabra, así que quiero equiparte con algunas verdades bíblicas que pueden actuar como un fundamento espiritual para la libertad.

Recurramos a las Escrituras.

Afróntala pronto

Llegado cierto punto, algunas adicciones, como la drogadicción, afectan al cuerpo y al cerebro hasta tal punto que la disciplina y la fuerza de voluntad por sí solas pierden su eficacia. Después de hablar con muchos que han luchado contra la adicción a las drogas o al alcohol, he descubierto que la atracción de una adicción total puede ser tan poderosa que sacrifican todo lo que aman para alimentarla. Así que, como con cualquier problema, lo mejor es abordarlo lo antes posible.

Tal vez todavía no has superado la fortaleza de la tentación y has caído bajo la fortaleza de la adicción. Tal vez tus hábitos sean solo hábitos, ciclos de desobediencia voluntaria. Detente ahí mientras puedas, no sea que los hábitos influyan profundamente en el cuerpo y el cerebro.

La Escritura habla de un efecto progresivamente creciente del pecado que comienza en el deseo pero termina en la muerte.

> *La tentación viene de nuestros propios deseos, los cuales nos seducen y nos arrastran. De esos deseos nacen los actos pecaminosos, y el pecado, cuando se deja crecer, da a luz la muerte* (Santiago 1:14-15 NTV).

Lo que empieza como un deseo de placer o alivio o escape acabará convirtiéndose en algo letal. Como encender la mecha de un artefacto explosivo, ceder a la tentación inicia un proceso que continúa desarrollándose, te guste o no. Mientras estés cediendo al pecado, estarás fortaleciendo las cadenas de los hábitos pecaminosos. El pecado no hace excepciones. Lo que siembras es lo que cosechas.

> *No se dejen engañar: nadie puede burlarse de la justicia de Dios. Siempre se cosecha lo que se siembra* (Gálatas 6:7 NTV).

Si se le da tiempo suficiente, el pecado siempre destruye.

> *Atrapen todos los zorros, esos zorros pequeños, antes de que arruinen el viñedo del amor, ¡porque las vides están en flor!* (Cantares 2:15 NTV).

El Cantar de los Cantares trata del encuentro de dos amantes. La viña representa su amor mutuo. Las pequeñas zorras representan esas pequeñas cosas que traen la destrucción si no se tratan de inmediato.

"Solo un sorbo" se convierte rápidamente en "una copa más". "Una copa más" se convierte rápidamente en un estilo de vida de borrachera. "Solo una mirada" se convierte rápidamente en "un vídeo más". "Solo un amigo" se convierte rápidamente en "espero que no se enteren". Cuanto antes se aborde una adicción de cualquier tipo, mejor.

Afróntala de forma práctica

> *Él perdona todos mis pecados y sana todas mis enfermedades* (Salmo 103:3 NTV).

Dios puede curar tu adicción milagrosamente, instantáneamente. Eso lo sabemos. Eso es en lo que debemos creer, en todos y cada uno de los casos de adicción. Pero aunque tengamos la esperanza de un milagro, también debemos tomar medidas prácticas para trabajar contra la adicción. Del mismo modo que una persona enferma cree en su sanidad, pero también toma medidas de salud prácticas, una persona que sufre una adicción debe creer en su milagro instantáneo y, al mismo tiempo, tomar medidas prácticas para combatir su adicción. Esto no es falta de fe. Al contrario, es fe en acción.

Si su liberación de la adicción no es instantánea, no te preocupes ni te consideres abandonado. Demasiados cristianos renuncian a un milagro simplemente porque no llegó de la manera que esperaban o cuando esperaban que sucediera.

Ahora, he escrito mucho sobre como los demonios deben responder inmediatamente a la autoridad de Cristo en ti. Así que en este punto, algunos lectores pueden preguntarse, *¿Por qué Dios no sana los aspectos físicos de la adicción instantáneamente también?* En primer lugar, a veces lo hace. Y debemos creer por eso cada vez que oramos contra la adicción. Simplemente me estoy refiriendo a lo que debemos hacer si el milagro no ocurre tan rápidamente como quisiéramos. Segundo, bíblicamente hablando, demonios y enfermedad no son la misma cosa. Hay muchos ejemplos bíblicos de cristianos luchando contra enfermedades persistentes pero nunca contra ataduras demoníacas persistentes. Puedes leer más acerca de la enfermedad en el Capítulo 12.

El punto que estoy tratando de hacer es que debemos abordar todo con fe. Cree en un milagro instantáneo con fe. Si eso no sucede cuando crees que debería suceder, entonces continúa tomando medidas prácticas, con fe. Y recuerda que no estás luchando solo contra la adicción. El Espíritu Santo está involucrado en la superación de tu adicción. De hecho, la Biblia nos dice claramente que el Espíritu Santo ayuda a nuestros cuerpos físicos.

Pero ustedes no están dominados por su naturaleza pecaminosa. Son controlados por el Espíritu si el Espíritu de Dios vive en ustedes. (Y recuerden que los que no tienen al Espíritu de Cristo en ellos, de ninguna manera pertenecen a él). Y Cristo vive en ustedes; entonces, aunque el cuerpo morirá por causa del pecado, el Espíritu les da vida,[a]porque ustedes ya fueron hechos justos a los ojos de Dios. El Espíritu de Dios, quien levantó a Jesús de los muertos, vive en ustedes; y así como Dios levantó a Cristo Jesús de los muertos, él dará vida a sus cuerpos mortales mediante el mismo Espíritu, quien vive en ustedes (Romanos 8:9-11 NTV).

Muchos leen ese pasaje de la Escritura y suponen que se refiere a los cuerpos glorificados que recibiremos algún día. No, se refiere a los cuerpos físicos que tenemos aquí en la tierra: cuerpos mortales. El Espíritu Santo vivifica nuestros cuerpos físicos. Los capacita para la santidad. El mismo poder de resurrección que le devolvió la vida al cuerpo de Cristo obra en ti, dándote poder para resistir la programación de la naturaleza pecaminosa. Hay un toque tangible, físico del poder de Dios en ti. No puedes hacer esto sin ese poder. Usa ese poder mientras das pasos diarios hacia la libertad.

Diariamente, debes hacer uso de cualquier cosa que se alinee con la voluntad de Dios para tu vida. Sabemos que el Señor no quiere que vivas con una adicción, por lo que los tratamientos médicos que trabajan para sanar esa adicción y que no contradicen las enseñanzas de las Escrituras deben ser aceptados. Ahora, hay algunas filosofías, tratamientos, y prácticas que pueden empeorar el problema. Por eso debemos basarnos principalmente en la verdad de la Palabra de Dios. Evita cosas como las prácticas de la Nueva Era y el humanismo.

Pero, en términos generales, Dios no está en contra de la idea de un tratamiento médico útil, ni buscar un tratamiento médico legítimo es de algún modo una demostración de falta de fe. De hecho, hay clínicas cristianas de tratamiento para todo tipo de adicciones.

Piensa que Jesús habló de la práctica médica en un contexto positivo.

Al oír esto, Jesús les dijo: Los sanos no tienen necesidad de médico, sino los enfermos (Mateo 9:12 RVR1960).

Jesús no habría utilizado la práctica médica bajo una luz positiva en Su analogía si pensara que era impía. No habría utilizado lo que consideraba una práctica malvada como parábola de Su ministerio a los pecadores.

Siempre que se sugiere tratamiento médico o asesoramiento, cristianos celosos pero equivocados posiblemente te digan: "¡Están tratando de sacarlo con consejería porque no pueden echarlo fuera!". Ahora bien, no tengo ningún problema con esa frase en sí. A veces pienso que es usada apropiadamente, porque a veces los cristianos niegan y evaden la realidad de la guerra espiritual. Estoy de acuerdo en que muchas veces la gente tiende a olvidarse de las realidades espirituales. Sin embargo, muchos dicen esas cosas como si nunca hubiera nada más que elementos demoníacos que considerar. Sin embargo, incluso después de tratar con lo demoníaco, que es relativamente sencillo, todavía existe la necesidad de abordar nuestra forma de pensar, nuestros hábitos, y en el caso de la adicción, los aspectos físicos de la fortaleza. Esto puede ser tratado milagrosamente al instante, pero si eso no sucede, no debemos simplemente sentarnos y permitir que la adicción permanezca sin resistencia.

Confía en el poder del Espíritu Santo, para que tu cuerpo sea vivificado para el ejercicio de una vida santa. Y al mismo tiempo, no te avergüences de aplicar también soluciones materiales bíblicamente consistentes, tales como tratamiento médico, rehabilitación y, sí, incluso consejería. Los demonios deben desaparecer instantáneamente, pero los problemas físicos pueden persistir. No luches contra el milagro progresivo mientras sigues creyendo en el milagro instantáneo.

Afróntala con agresividad

Imagina a dos amigos de pie a las orillas de un pozo oscuro y profundo, mirando hacia abajo. No pueden ver el fondo, pero saben que debe de estar muy abajo. Uno de ellos, nervioso, advierte: "¡No te acerques demasiado! Podrías caerte". Confiado, el otro alardea: "Soy bastante cuidadoso". Empieza a caminar por el borde mismo de la bajada, equilibrando su cuerpo con los brazos. "Esto no es buena idea. Por favor, aléjate del borde. Me estás poniendo nervioso". Le suplica su amigo. "Yo me encargo. Estaré bien". Justo cuando habla de su capacidad para mantener el equilibrio, resbala y cae por la abertura. Lo único que puede hacer su amigo es mirar horrorizado, sin saber si sobrevivirá.

Eso es la adicción. La gente toma decisiones que les acercan al borde, porque o están totalmente convencidos de su capacidad para mantener el control o no les importa si caen. En cualquier caso, aunque fue su elección acercarse al borde, una vez que empiezan a caer, se convierte menos en una elección y más en una consecuencia. Ellos son los que se acercaron al borde, pero una vez que caen en el hoyo, necesitan ayuda para salir.

La naturaleza pecaminosa desea hacer el mal, que es precisamente lo contrario de lo que quiere el Espíritu. Y el Espíritu nos da deseos que se oponen a lo que desea la naturaleza pecaminosa. Estas dos fuerzas luchan constantemente entre sí, entonces ustedes no son libres para llevar a cabo sus buenas intenciones (Gálatas 5:17 NTV).

Tienes que tratar la naturaleza pecaminosa como si fuera otra persona trabajando contra ti. Se necesita mucho para someterla. Comienza por admitir que tú, de hecho, tienes un problema. Entonces no dejes que el hombre de pecado tenga oportunidad.

Sino vestíos del Señor Jesucristo, y no proveáis para los deseos de la carne (Romanos 13:14 RVR1960).

Ataca este asunto desde todos los ángulos. No le des al hombre de pecado la oportunidad de crecer en fuerza o de complacer sus antojos. Di "no" a la carne.

> *Si uno cae, el otro puede darle la mano y ayudarle; pero el que cae y está solo, ese sí que está en problemas* (Eclesiastés 4:10 NTV).

Establece un sistema de rendición de cuentas con otros creyentes. No dejes que la vergüenza te impida pedir ayuda. Sé honesto con ellos y dales acceso a una conexión verdadera y significativa contigo. Respeta su papel de desafiarte e investigar cómo vas en tu camino. La adicción solo se fortalece en el aislamiento.

> *Huye de todo lo que estimule las pasiones juveniles. En cambio, sigue la vida recta, la fidelidad, el amor y la paz. Disfruta del compañerismo de los que invocan al Señor con un corazón puro* (2 Timoteo 2:22 NTV).

Si realmente quieres ser libre y realmente ya no quieres nada con la adicción, entonces aunque tu cuerpo esté "programado" para trabajar temporalmente en tu contra, necesitas ejercer tu voluntad en cualquier capacidad posible. Esto significa que si estás lo suficientemente desesperado, harás grandes cambios para matar de hambre al hombre de pecado. No le dejes tener una oportunidad. Borra tus contactos. Consigue un nuevo teléfono. Cambia de domicilio si es necesario. Desconéctate completamente de la influencia impía. Deja de mentirte a ti mismo sobre lo capaz que eres de manejar tu adicción. Huye de la tentación o incluso de la oportunidad de ser tentado. Toma esto en serio.

Y luego no bajes la guardia.

Si ustedes piensan que están firmes, tengan cuidado de no caer (1 Corintios 10:12 NTV).

Una vez que empiece a irte bien, debes darte cuenta de que el hombre de pecado está esperando la oportunidad de recuperar fuerzas. Cuando naciste de nuevo, fuiste liberado del castigo del pecado; esta es la posición de la justificación (Romanos 5:1). Como creyente, eres continuamente liberado del poder del pecado; este es el proceso de santificación (Filipenses 1:6). Pero no será hasta que recibas tu cuerpo celestial que serás liberado de la presencia del pecado; esa será la promesa de la glorificación cumplida (Filipenses 3:20-21).

Mantente vigilante contra la aparición de la carne. Sé consciente de las situaciones en las que decides ponerte, de las personas de tu entorno y de los pensamientos que te permites tener. Examina las recaídas y sigue adelante. La victoria sobre uno mismo no es un acontecimiento de una sola vez, es un estilo de vida de vigilancia.

Resiste a los poderes demoníacos. Enfréntate al engaño que hay detrás de la tentación. Y luego debilita al hombre de pecado abordando los aspectos físicos de la adicción a través de medios saturados de oración y prácticos. Trata al hombre de pecado como una persona diferente. Quítale toda oportunidad de satisfacer sus antojos. Toma acciones agresivas contra él. Es engañoso, manipulador, prepotente y egoísta. No le des lo que quiere.

En lugar de eso, da pasos audaces y agresivos en el Espíritu.

12

El ataque de la enfermedad

Los problemas de enfermedad y dolencias no pueden clasificarse como una fortaleza, porque no son necesariamente siempre el resultado de un engaño. Sin embargo, quería abordar el problema de la enfermedad porque sé que muchos se preguntan sobre los aspectos potencialmente demoníacos de la enfermedad. La enfermedad puede ser demoníaca, pero no toda enfermedad es demoníaca. El ataque de la enfermedad es similar a la fortaleza de la adicción en que afecta al cuerpo físico. A diferencia de la adicción, no siempre es el resultado de las decisiones que tomamos. Claro, muchas de las decisiones de salud y dieta que tomamos pueden hacernos más vulnerables a la enfermedad. Pero la enfermedad también puede venir al azar. La enfermedad puede ser un ataque demoníaco, pero también puede ser de origen natural. Así que es importante entender las diferencias entre la enfermedad que es completamente un ataque demoníaco y la enfermedad que se produce como resultado de la simple existencia en el mundo natural.

Ataque demoníaco

Los demonios no pueden dañar físicamente a los creyentes nacidos de nuevo, excepto de dos maneras. Los demonios pueden atacar físicamente al creyente con enfermedad, y los demonios pueden atacar físicamente al creyente por medio de un individuo influenciado por el demonio.

En cualquier caso, para atacar físicamente a un cristiano, un demonio debe usar algo que exista físicamente en este mundo. Los demonios no pueden tocar directamente al creyente, como en el caso de la posesión demoníaca. Si ellos quieren traer daño a nuestros cuerpos físicos, los demonios deben usar una de estas dos extensiones: enfermedad o una persona que es influenciada demoníacamente.

Primero, veamos cómo los demonios pueden usar la enfermedad. La enfermedad es una realidad del mundo caído. Aunque no todas las enfermedades son causadas directamente por un pecado especifico, la enfermedad solo existe en primer lugar porque el pecado ha venido a este mundo. Los demonios pueden usar la existencia de la enfermedad en este mundo para venir contra el cuerpo físico de un creyente. Aunque es un ejemplo del Antiguo Testamento, la enfermedad de Job ilustra cómo puede presentarse:

> *Satanás respondió al Señor: —¡Piel por piel! Cualquier hombre renunciaría a todo lo que tiene para salvar su vida. Así que extiende tu mano y quítale la salud, ¡ten por seguro que te maldecirá en tu propia cara!*
>
> *—Muy bien, haz con él lo que quieras—dijo el Señor a Satanás—, pero no le quites la vida.*
>
> *Entonces Satanás salió de la presencia del Señor e hirió a Job con terribles llagas en la piel, desde la cabeza hasta los pies* (Job 2:4-7 NTV).

Debemos tener en cuenta que aunque los demonios pueden usar la enfermedad contra los creyentes, una enfermedad es diferente de un demonio. La Biblia establece una clara distinción entre ambos. Los demonios son seres sensibles, mientras que la enfermedad es simplemente un trastorno del cuerpo. Posesión sucede cuando un ser demoníaco toma residencia en tu cuerpo y se apodera de algunas de tus capacidades físicas; como un parasito. Cuando alguien está poseído, se dice que tiene un demonio dentro. Por otro lado, cuando alguien está enfermo, se dice que tiene una enfermedad. Pero una enfermedad no es lo mismo que un demonio.

Adicionalmente, un demonio no necesita poseer, oprimir o entrar en un creyente para causar enfermedad en un creyente. La enfermedad es un ataque que puede ser usado contra uno desde afuera. Las enfermedades pueden ser enviadas al cuerpo, pero esto no significa que el demonio entre con ella.

En segundo lugar, veamos cómo los demonios pueden utilizar a una persona influenciada demoníacamente. Para ilustrar esto, simplemente necesito señalar a varios mártires en las Escrituras. Esteban fue apedreado. Juan fue decapitado. Jesús fue crucificado. Estos actos asesinos fueron llevados a cabo por personas que estaban bajo la influencia del poder demoníaco. Los cristianos no son inmunes a la violencia, a menos que Dios intervenga milagrosamente, como lo hace soberanamente en algunos casos.

En conclusión, si un demonio quiere dañar físicamente a un cristiano, debe usar su influencia sobre un individuo atado demoníacamente o usar una enfermedad. Ambas son cosas que existen en el mundo físico. Ni ser atacado por un demonio violento ni estar enfermo es equivalente a estar poseído.

¿Qué ocurre con la parálisis del sueño?

Entonces, si los seres demoníacos solo pueden dañar físicamente a los creyentes indirectamente a través de enfermedades y personas influenciadas demoníacamente, ¿qué hay de la parálisis del sueño? Muchos creyentes reportan historias similares de estar descansando en la cama y de repente ser sujetados o incluso ahorcados por un demonio, solo para ser liberados al declarar el nombre de Jesús. Hay innumerables reportes como estos, por lo que no podemos simplemente descartar esta impactante realidad. Lo que podemos hacer es describirla de una manera que sea consistente con las Escrituras.

Primero, ¿no crees que es extraño que si los demonios pueden dañar físicamente o agarrar a los cristianos llenos del Espíritu que siempre parecen hacerlo exactamente de la misma manera, una y otra vez? ¿Por qué solo ahorcan al creyente? ¿Por qué no lo matan de una vez? ¿Por qué parecen esperar hasta que el creyente está en la cama? ¿Por qué no atacan el cuerpo del creyente de otras maneras? Quiero decir, si los demonios realmente tuvieran el poder de dañar directamente el cuerpo físico del creyente nacido de nuevo, entonces ¿por qué solo parecen hacerlo mientras el creyente está en un estado medio dormido?

He aquí por qué: la parálisis del sueño es en parte demoníaca y en parte biológica. Sé que no suena bien, pero permíteme explicarte. Te voy a mostrar lo engañoso y astuto que es el enemigo.

Abordemos primero el aspecto biológico. Para evitar que te muevas mientras sueñas, tu cuerpo de hecho se paraliza cada noche. Puedes investigar este hecho. Esto no siempre se logra, como sabrás si te mueves o pataleas mientras duermes. Pero es el intento natural de tu cuerpo de evitar que te alteres mientras duermes, para que cuando sueñes que corres, saltas, luchas o algo parecido, no te agites y te despiertes. Sí, cada noche tu cuerpo se paraliza mientras duermes.

A veces, tu cerebro cree que sigues dormido aunque te estés despertando. Es en ese momento cuando tomas conciencia mientras sigues sin poder moverte.

Un estudio realizado por la Universidad A&M de Texas explica que "la parálisis del sueño es un episodio en el que el cerebro indica al cuerpo que aún está en la fase REM (movimientos rápidos de los ojos) del sueño, en la que las extremidades se paralizan temporalmente (para evitar la actuación física de los sueños), el ritmo cardíaco y la presión sanguínea aumentan y la respiración se vuelve más irregular y superficial. Esta es la fase del sueño en la que se producen los sueños más vívidos, lo que puede explicar por qué algunas personas pueden alucinar durante la parálisis del sueño."[1]

Cuando te despiertas antes de que tu cuerpo pueda salir del modo de sueño REM, la parálisis permanece, y sigues sufriendo conscientemente el terror de la misma. Dado que se trata de la fase de sueño, es muy probable que veas cosas a tu alrededor que no están realmente en el ámbito físico.

Así que la parálisis en sí, junto con el aumento del ritmo cardíaco y la respiración superficial, son biológicos. Esto ocurre simplemente porque te has despertado y estás alerta mientras tu cuerpo aún está en modo de sueño profundo.

Es entonces cuando comienzan los ataques demoníacos. Recuerda, a los demonios les encanta exagerar su poder sobre ti, y esperan para atacarte hasta que estés en un estado vulnerable. Cuando estás experimentando parálisis del sueño, tu mente está despierta, pero tu cuerpo todavía está dormido. Es en este momento cuando el enemigo puede decir mentiras, provocando proyecciones y sonidos engañosos. Es en este momento aterrador que el enemigo puede hacer que veas y escuches entidades demoníacas. Así que aunque estés siendo "sujetado" por el propio estado de sueño natural de tu cuerpo, el enemigo puede hacer que parezca que estás siendo sujetado por un ser demoníaco, exagerando así su poder. Así que el aspecto biológico es la parálisis en sí, pero el aspecto demoníaco se encuentra en las proyecciones que el enemigo crea durante la parálisis del sueño.

Sé que esta no es la explicación popular para la parálisis del sueño, pero es la bíblicamente consistente.

Considera también esto: una de las formas conocidas de salir de la parálisis del sueño es tomar el control de tu respiración. Dado que la respiración es una función corporal tanto voluntaria como involuntaria, cuando tomas el control de tu respiración, tu cuerpo recibe la señal de que estás despierto. Esta es en parte la razón por la que la parálisis se rompe en el momento en que por fin eres capaz de abrir la boca para orar.

Entonces el diablo se ríe de nosotros por creer que todo era él. En parte fue él, pero solo la parte del miedo. Los demonios que te mienten celebran el hecho de que ahora crees que tienen más poder del que realmente tienen. Entonces te preocupas. Piensas: *"¡Oh, no! ¡El demonio me atacó físicamente! Su poder está aumentando sobre mí. ¿Qué puerta he abierto? ¿Dónde me equivoqué? ¿Me ha quitado Dios su protección?"*

¿Y luego qué pasa? Te preocupas. Te obsesiona la idea de que te has vuelto más susceptible a los ataques. Te pones a ver vídeos de YouTube y a leer artículos que provocan miedo sobre cómo el diablo tiene ahora más poder sobre ti. Debido al miedo, te agotas más, y el agotamiento es uno de los principales factores que contribuyen a la parálisis del sueño. Así que el ciclo continúa. Te hundes más y más en la madriguera del conejo. Este es un ejemplo perfecto de cómo el diablo *realmente* ataca a los Cristianos : usa el engaño.

Debido a mi grave ansiedad, hubo una época de mi vida en la que experimentaba parálisis del sueño casi todas las noches. Descubrí que el agotamiento, comer demasiado cerca de la hora de acostarme y dormir boca arriba eran factores naturales. También descubrí que el miedo y creer las mentiras del enemigo eran factores espirituales. De hecho, superé el aspecto demoníaco antes que el físico. Cuando me di cuenta de que el enemigo no podía tocarme, las imágenes y los sonidos demoníacos dejaron de acompañar mis episodios de parálisis del sueño. De hecho, hacia el final de la lucha, experimentaba parálisis del sueño sin miedo ni imágenes demoníacas. Recuerdo que me quedaba congelado en la cama y pensaba: *"Bueno, ya estamos a punto de pasar por esto otra vez. Es hora de tomar el control de mi respiración".* No luché contra la parálisis ni intenté moverme, lo que en realidad solo la empeora. En lugar de eso, mantuve la calma, di gracias al Señor por Su protección y lentamente empecé a tomar el control de mi respiración. La paz y la fe hicieron que la parálisis desapareciera. Finalmente se detuvo por completo, pues ya no estaba agotado por el miedo a la propia parálisis del sueño.

Natural y demoníaco

Así que la enfermedad es una de las únicas opciones del enemigo para atacar el cuerpo físico del creyente. Sabemos que la enfermedad puede ser el resultado de un ataque demoníaco, pero ¿hay ejemplos bíblicos de enfermedades de origen natural? Consideremos a Epafrodito.

> *Mientras tanto, pensé que debería enviarles de vuelta a Epafrodito. Él es un verdadero hermano, colaborador y compañero de lucha. Además, fue el mensajero de ustedes para ayudarme en mi necesidad. Lo envío porque, desde hace tiempo, tiene deseos de verlos y se afligió mucho cuando ustedes se enteraron de que estaba enfermo. Es cierto que estuvo enfermo e incluso a punto de morir; pero Dios tuvo misericordia de él, como también la tuvo de mí, para que yo no tuviera una tristeza tras otra* (Filipenses 2:25-27 NTV).

Epafrodito no se recuperó del todo inmediatamente, aunque es probable que el propio Pablo orara por él. De hecho, Epafrodito estuvo a punto de morir antes de ser sanado. Timoteo también sufrió una enfermedad natural. Pablo escribió a Timoteo acerca de cómo ayudar su problema estomacal.

No bebas agua solamente. Deberías tomar un poco de vino
por el bien de tu estómago, ya que te enfermas muy seguido
(1 Timoteo 5:23 NTV).

Así que en el caso de Timoteo, no hubo sanidad divina. Pablo le dijo que usara un método medicinal. Pablo no se puso en el caso de Timoteo diciéndole que se deshiciera de una influencia demoníaca en su vida; le instruyó que usara un remedio natural para una enfermedad que era de origen natural. Así que, obviamente, la enfermedad no era de naturaleza demoníaca.

Esto plantea la pregunta: "¿Cómo puedo saber la diferencia entre una enfermedad de naturaleza demoníaca y una enfermedad de origen natural?". Discernir la diferencia entre la enfermedad demoníaca y la enfermedad natural es tan sencillo como abordar la enfermedad desde ambos ángulos. He aquí cómo hacerlo:

La enfermedad demoníaca

Sabemos que los demonios deben obedecer a la autoridad de Cristo en ti, y si no obedecen inmediatamente, el remedio que nos da la Escritura es la oración y el ayuno.

Pero este género no sale sino con oración y ayuno (Mateo 17:21 RVR1960).

Así que si sospechas que una enfermedad es de naturaleza demoníaca, pronuncia una orden llena de fe contra la entidad demoníaca. Ningún ritual, truco o técnica puede expulsar al demonio; es simplemente la autoridad de Cristo en ti.

Si la enfermedad persiste, ayuna y ora. Entonces reprende el ataque demoníaco otra vez. Ahora, puede que no te guste lo que estoy a punto de decirte, pero eso es realmente todo lo que hay que hacer para tratar con la enfermedad de raíz demoníaca. Si quieres estar seguro, puedes ayunar y orar unas cuantas veces más, pero no te permitas quedar atrapado en la frustración de creer que el enemigo está ganando.

Debido a que la enfermedad a veces puede persistir incluso después de haber reprendido al enemigo, es tentador etiquetar esa enfermedad como "demoníaca". Pero la capacidad de la enfermedad para persistir es en realidad evidencia de que es de origen natural. ¿Por qué? Porque los demonios tienen que obedecer a la autoridad de Cristo ejercida a través de ti. Eso no significa que tengas que dejar de creer en un milagro, pero sí significa que puedes liberarte de la agobiante idea de que estás haciendo algo para permitir que el enemigo gane. Por supuesto, si estás viviendo en pecado, esa es otra historia. Sin embargo, si eres un creyente lleno de fe, lleno del Espíritu que está caminando con Dios y reprendes a un demonio, el demonio tiene que obedecer. Así que lo que quede en ese punto no puede ser demoníaco.

Especialmente cuando parece que tienes un problema de salud tras otro, puede llegar a ser frustrante. Ten cuidado de que en tu estado vulnerable y desesperado no te enfoques en métodos religiosos e impotentes que acaban haciendo más mal que bien. Eres un hijo de Dios. Una simple palabra contra el ataque espiritual bastará.

Una vez más, si vives en pecado, incursionando en supersticiones ocultas, o implementando prácticas de la Nueva Era, te estás abriendo al ataque. Sin embargo, en el momento en que te arrepientes del pecado y reprendes al enemigo, eso es todo. En ese momento estás viviendo correctamente. Si estas viviendo correctamente y ejerciendo la autoridad de Cristo, entonces los ataques demoníacos absolutamente tienen que cesar. Si, en ese punto, no cesan, no es posible que sean ataques demoníacos. Todo vuelve a los fundamentales: vivir correctamente, ejercer autoridad, y luego ayunar y orar. Después de haber hecho esas cosas, si la enfermedad se va, entonces fue un ataque demoníaco. Por otro lado, después de haber hecho esas cosas, si permanece, puedes concluir que la enfermedad es de origen natural.

¿Cómo tratar entonces las enfermedades de origen natural?

Enfermedades naturales

Entonces, ¿cómo debemos proceder para recibir nuestra sanidad, una vez que se ha abordado la posibilidad de que sea demoníaca? Bíblicamente hablando, hay algunas cosas que pueden bloquear tu sanidad. Ya sabes que uno de esos bloqueos puede ser un ataque demoníaco. La Biblia también enseña que la desobediencia puede, en algunos pero no todos los casos, causar enfermedad.

> *Pues, si alguno come el pan y bebe de la copa sin honrar el cuerpo de Cristo, come y bebe el juicio de Dios sobre sí mismo. Esa es la razón por la que muchos de ustedes son débiles y están enfermos y algunos incluso han muerto* (1 Corintios 11:29-30 NTV).

¿Significa esto que toda enfermedad es siempre un resultado directo del pecado personal? En ningún sentido.

> —*Rabí ¿por qué nació ciego este hombre?*—*le preguntaron sus discípulos*—. *¿Fue por sus propios pecados o por los de sus padres?*
>
> —*No fue por sus pecados ni tampoco por los de sus padres* —*contestó Jesús*—. *Nació ciego para que todos vieran el poder de Dios en él* (Juan 9:2-3 NTV).

La Biblia también demuestra claramente que la duda puede impedir la sanidad. Así ocurrió incluso con las personas a las que Jesús quería sanar:

Y, debido a la incredulidad de ellos, Jesús no pudo hacer ningún milagro allí, excepto poner sus manos sobre algunos enfermos y sanarlos (Marcos 6:5 NTV).

Una y otra vez, vemos que la fe es un factor en recibir sanidad.

Y él le dijo: "Hija, tu fe te ha sanado. Ve en paz. Se acabó tu sufrimiento" (Marcos 5:34 NTV).

Y Jesús le dijo al hombre: "Levántate y sigue tu camino. Tu fe te ha sanado" (Lucas 17:19 NTV).

Jesús le dijo: —Bien, recibe la vista. Tu fe te ha sanado (Lucas 18:42).

Por supuesto, esto no significa que en todos los casos en los que la gente no se sana sea por su falta de fe. Solo significa que a veces la duda es lo que impide el milagro. Aquellos que ministran sanidad son a menudo acusados de crueldad y acusados de culpar a los enfermos con tal de cuidar su propia reputación cuando una sanidad no ocurre. Eso puede ser cierto en algunos casos. Pero tampoco podemos ignorar las claras verdades que vemos en las Escrituras. Así que, aunque la falta de fe no siempre es la razón por la que alguien no se sana, al menos tenemos que considerarla como un posible factor.

Así que, bíblicamente hablando, los demonios, la desobediencia y la duda pueden en algunos casos impedir que alguien reciba sanidad. Así que si honestamente estás buscando respuestas bíblicas, ahí las tienes. De acuerdo a las Escrituras, esas pueden ser razones por las cuales algunos no son sanados.

Como ya sabrán, creo en la sanidad. Predico apasionadamente la sanidad. Cada vez que oro por alguien que está enfermo, creo plenamente que Dios lo sanará. Pero eso no significa que la sanidad vaya a suceder siempre. No es una declaración de duda. Es la realidad. Debemos recordar que tener fe en un milagro no niega la soberanía de Dios. Debemos aprender a confiar en Su tiempo y Su voluntad.

Así que siempre ora y cree como si el milagro fuera a suceder, y luego confía en el tiempo de Dios sin importar el resultado. Acércate a la petición del milagro con fe; acércate al resultado con confianza en Dios. ¿Qué debes pensar si tienes fe, reprendes a todos los demonios y te arrepientes del pecado, pero aún no te has sanado? Bueno, todo lo que podemos hacer es orar y creer y luego confiar en Dios por los resultados. Esta no es la respuesta que muchos quieren escuchar pero es la realidad. Nosotros no somos los sanadores. Nosotros hacemos lo posible. Dios hace lo imposible.

¿Por qué Pablo permitió que su amigo estuviera al borde de la muerte si podía sanarlo por su propia voluntad? ¿Por qué no sanó la enfermedad de Timoteo? De nuevo, vemos la soberanía de Dios como un factor. Piensa también en Lázaro. La gente le rogó a Jesús que lo sanara, pero no era el momento oportuno. Jesús esperó hasta que estuviera muerto para hacer un milagro.

Sí, Dios quiere sanar. Yo no estaría en el ministerio de la sanidad si no pensara que los milagros pueden resultar de poner fe en el poder de Dios. Sin embargo, el tiempo de Dios es un factor que rara vez se tiene en cuenta. E incluso si se considera Su tiempo, rara vez se acepta con esperanza. Estas verdades pueden no ser emocionalmente satisfactorias, pero son las realidades de las Escrituras.

A menudo se me acercan cristianos enfadados o preocupados que están emocionalmente angustiados y mentalmente en conflicto porque sus peticiones no se han concedido. "David, no lo entiendo", suelen explicarme. "He creído en Dios para mi sanidad, ¡y sigo enfermo! Tengo fe. Me arrepentí del pecado. Me libré de toda influencia demoníaca. ¿Qué es lo que pasa? ¿Por qué Dios no ha hecho lo que se supone que debe hacer? Estoy decepcionado. Puse mi fe en Su Palabra y no funcionó".

Tal respuesta es el resultado de un malentendido fundamental de cómo funciona Dios. Tal visión de Dios lo trata como una máquina expendedora: "Si pongo la cantidad correcta de fe, entonces debo obtener el milagro que quiero". De hecho, muchos han dejado la fe o incluso el mover lleno del Espíritu como resultado de este malentendido. Este malentendido hace que la gente se sienta engañada, ignorada o rechazada por Dios. Esta es parte de la razón por la que me apasiona no solo ministrar sanidad sino también la enseñanza bíblica alrededor del tema.

Sí, la fe en el poder de Dios puede dar lugar a la sanidad, pero eso no significa que podamos controlar a Dios.

Entonces, ¿por qué no se sanan algunos? Por las mismas razones que la gente no se sanaba, incluso en los días de Jesús y los apóstoles. A veces es demoníaco. A veces es desobediencia. A veces es la duda. Una vez que abordas y descartas esos factores, te quedas con el tiempo y la soberanía de Dios. ¿Significa eso que no debemos creer en la sanidad? De ninguna manera. Sigue creyendo en su sanidad con gran esperanza y expectación. Confía mientras esperas.

> "Sigue pidiendo y recibirás lo que pides; sigue buscando y encontrarás; sigue llamando, y la puerta se te abrirá. Pues todo el que pide, recibe; todo el que busca, encuentra; y a todo el que llama, se le abrirá la puerta" (Mateo 7:7-8 NTV).

Trata cada día como si pudiera ser el día en que ocurra el milagro, y si no ocurre, entonces da gracias a Dios porque el milagro podría llegar mañana. Prefiero pasar el resto de mi vida en un estado de esperanza. Prefiero seguir creyendo el resto de mis días que rendirme demasiado pronto. Esta, por cierto, es una de las grandes esperanzas del Cielo, que también debemos esperar con anticipación mientras seguimos creyendo en la sanidad.

En conclusión, es una cuestión de deducción basada en la fe y en la Biblia. La enfermedad puede ser un ataque demoníaco, puede ser enteramente de origen natural, y puede ser una combinación de los dos. Si sospechas que tu enfermedad puede ser un ataque demoníaco, ordena al poder demoníaco que se vaya y la enfermedad se irá con él. Si la enfermedad no se va en ese momento, entonces ayuna y ora. Si la enfermedad no se va en ese momento, entonces es tiempo de tratarla como si fuera de origen natural. Si la tratas como una enfermedad de origen natural, abordarás los problemas potenciales de la duda y la desobediencia.

También podrías, al mismo tiempo, tratar de mejorar tu salud por medios terrenales, como Pablo instruyó a Timoteo. Esto no es falta de fe. Y si abordas los posibles problemas de duda y desobediencia y la enfermedad aún no se va, entonces confía en el tiempo de Dios mientras continúas creyendo. Pero no caigas en la angustiosa trampa mental y emocional de obsesionarte con soluciones no bíblicas. Sí, el Espíritu Santo puede instruirte con algo que sea muy específico para tu situación, pero si lo hace, lo dejará absolutamente claro.

Después de hacer lo que prescribe la Biblia, todo se reduce a la confianza y la esperanza. Confía mientras esperas.

Nota final

1. Universidad A&M de Texas. "Sleep Paralysis: Fully awake and unable to move", ScienceDaily, 19 de septiembre de 2016; www.sciencedaily.com/releases/2016/09/160919151320.htm; consultado el 19 de diciembre de 2022.

13

Los cristianos y la posesión demoníaca

En el capítulo 14, veremos la fortaleza del tormento. De todas las fortalezas bajo las que puede estar un creyente, el tormento es la que más se asemeja a la posesión demoníaca. Debido a esto, muchos creyentes tratan la fortaleza del tormento como si fuera posesión demoníaca. Al aplicar el diagnóstico equivocado, el creyente nunca implementa la cura espiritual adecuada. Esto explica por qué los atormentados son los que a menudo quedan atrapados en ciclos. Ellos pueden experimentar la libertad por días, meses, o incluso años a la vez solo para volver a ser afligidos en la mente. Antes de que podamos centrarnos en la solución adecuada, necesitamos tener claridad sobre el problema real. Es necesario saber qué no es el tormento. Es necesario un diagnóstico acertado si queremos encontrar la cura adecuada. Para diagnosticar correctamente el problema, necesitamos la verdad.

Así que, en este capítulo, abordaremos el popular y poderoso engaño de que los cristianos pueden estar poseídos por demonios. Esto, más que la mayoría de los otros conceptos erróneos acerca de la guerra espiritual, mantiene a los creyentes en una esclavitud perpetua. Esta idea marginal de que los cristianos pueden ser poseídos por demonios no es creída por la mayoría de los cristianos y maestros serios de la Biblia, pero es lo suficientemente popular como para ser un problema en una subsección muy pequeña de una subsección del cristianismo. Es por el bien del uno que escribo un capítulo que puede no aplicarse a los noventa y nueve. Normalmente, son los más desesperados y vulnerables los que caen presa de esta poderosa mentira.

Afortunadamente, esta doctrina está perdiendo terreno, pero escribo este capítulo para ayudar a asegurar que esa siga siendo la tendencia. La próxima generación tiene que estar equipada con doctrinas sólidas y fundamentales de la guerra espiritual y la liberación. Hago esto porque amo al pueblo de Dios y el ministerio de liberación. El ministerio de liberación es sagrado y hermoso. Debemos mantenerlo completamente puro si queremos mantenerlo verdaderamente poderoso. Que este capítulo sirva para abrir los ojos a aquellos que están atados por esta poderosa mentira del enemigo, y que esto sirva como referencia para aquellos que desean conocer y propagar la verdad.

Vamos a ver las verdades bíblicas que revelan que los cristianos no pueden estar poseídos por demonios, e incluso vamos a abordar algunas de las Escrituras más a menudo mal aplicadas sobre este tema. Veremos la explicación de por qué a veces vemos cristianos que parecen manifestar demonios. En resumen, vamos a buscar la verdad bíblica.

Y después de tratar este mito, trataremos la fortaleza del tormento en el próximo capítulo.

La verdad confronta

Cuando nos enfrentamos a la verdad, nos vemos obligados a tomar una decisión. Por eso resulta incómodo escuchar la verdad, sobre todo cuando contradice lo que nos han dicho a menudo, en voz alta, con firmeza y durante mucho tiempo. Cuando la verdad contradice nuestras creencias más arraigadas, nos ponemos inmediatamente a la defensiva. Así que quiero que te comprometas ahora mismo. Comprométete a creer lo que dice la Biblia por encima de lo que dice la gente. Comprométete a creer en las Escrituras por encima de las historias, en la verdad por encima de la tradición. Recuerda que las fortalezas tienen mentiras que las refuerzan, así que ten cuidado de que en tu intento de defender tus propias creencias, no estés cayendo en las tácticas sutiles de satanás y en realidad estés defendiendo tu esclavitud. Discutir con la Palabra de Dios es discutir en contra de la libertad. No discutas en contra de tu liberación.

Debido a su naturaleza intensa, el tormento es la fortaleza que más a menudo se confunde con la posesión demoníaca, pero el enemigo no tiene que poseerte para atormentarte. En el caso del creyente nacido de nuevo, el enemigo debe atormentarlo desde afuera. Muchos creyentes pasan demasiado tiempo buscando el exorcismo para lo que ellos piensan que es posesión demoníaca cuando deberían estar buscando la liberación de una fortaleza, que es un poderoso engaño.

Para establecer esta verdad, necesitamos explorar la gran pregunta, "¿Pueden los cristianos ser poseídos por demonios?" Sabemos que la posesión demoníaca es real. Sabemos que los no creyentes pueden ser poseídos por demonios. Además, sabemos que los cristianos pueden ser atacados, afectados, influenciados y engañados por demonios. Pero, ¿pueden los cristianos ser poseídos por demonios? ¿Pueden los demonios literalmente habitar o adherirse al ser del creyente? Los cristianos necesitan liberación, pero ¿necesitan alguna vez los cristianos exorcismo?

Solo hay dos enfoques para responder a esta pregunta. Una forma de responder a esta pregunta es mirar tu experiencia o las experiencias de otros. Aquí está el único problema con mirar a la experiencia como el principal medio de autoridad. Diferentes personas tienen diferentes experiencias que se contradicen entre sí. Así que algunos pueden decir, "En mi experiencia, he encontrado que todos los que han sido poseídos por demonios no han nacido de nuevo". Y otros podrían decir: "¡Oh, yo he visto cristianos manifestarse!" Incluso podrían decir: "Como cristiano, yo mismo fui liberado de la posesión demoníaca". Ahora, la experiencia cuenta, así que no debemos descartar la experiencia por completo. La pregunta es: "¿Cómo interpretas tus experiencias a la luz de la Palabra?". Es posible que algunos confundan una intensa liberación de una atadura o fortaleza espiritual con la liberación de una posesión demoníaca.

Así que para evitar la confusión, buscamos una mejor manera de responder a la pregunta de la posesión demoníaca cristiana: Primero debemos mirar a la Palabra de Dios. La Escritura tiene más autoridad que nuestras historias. Debemos recordar que la Biblia es nuestra máxima autoridad. No me malinterpretes. Las experiencias cuentan, y las experiencias pueden ser muy buenas, pero las experiencias deben ser interpretadas a través de las verdades de la Escritura. Así que primero debemos responder a esta pregunta basándonos en las Escrituras y luego tratar de explicar nuestras experiencias a través de lo que la Biblia enseña claramente.

Hay mucho en juego en la respuesta a esta pregunta. Si los cristianos pueden ser poseídos por demonios, entonces vivir llenos del Espíritu no es suficiente para mantenernos en libertad. Si los cristianos pueden ser poseídos por demonios, entonces ahora necesitamos un nuevo conjunto de enfoques para vivir en libertad. Esta es precisamente la razón por la que muchos se enfadan si cuestionas esta idea, porque subculturas enteras del cristianismo se han formado sobre esta noción.

Sea cual sea el lado de la cuestión en el que te encuentres actualmente, anímate a saber que tu identidad se encuentra en Cristo, no en lo que creas sobre las doctrinas de la guerra espiritual.

> Pero no se alegren de que los espíritus malignos los obedezcan; alégrense porque sus nombres están escritos en el cielo (Lucas 10:20 NTV).

Si crees que los cristianos pueden estar poseídos por demonios, entonces cuando escuches la verdad de las Escrituras, tu primera respuesta puede ser defender lo que crees, explicar tu punto de vista basado en alguna experiencia que tuviste, etiquetar al que te dice la verdad como alguien que necesita "profundizar" o "aprender más" sobre la guerra espiritual.

Lo sé porque así solía ser yo. Verás, yo solía enseñar que los cristianos pueden ser poseídos por demonios. Enseñaba eso junto con varias otras doctrinas antibíblicas de guerra espiritual. Cuando alguien trataba de corregirme, yo arrogantemente argumentaba, "Pero eso es porque ellos son religiosos. Ellos carecen de poder. Yo tengo experiencia, ellos no. Ellos no han expulsado tantos demonios como yo". O decía: "¡Bueno, los fariseos también atacaron a Jesús!".

"Mantienes a la gente en la esclavitud".

"La guerra espiritual no es tu especialidad".

"¡Quizás necesites la liberación de un demonio!"

Esos fueron los ataques que utilicé contra las personas que querían ayudarme a encontrar la verdad. Tenía que atacar a la persona que me decía la verdad, porque sabía que no tenía nada en contra de la verdad misma. Le decía a la gente: "La guerra espiritual no es tu área de especialización. Déjalo para los que se especializan en liberación". Pero piensa en la falla de tal respuesta. En este tipo de respuesta, se revela la parcialidad. En otras palabras, estaba diciendo: "Solo eres un experto si estás de acuerdo conmigo", o: "No puedes tener razón si no me dices lo que ya me han dicho". El hecho de que nos hayan dado información no significa que esa información sea cierta. Solo porque nos han dado Escrituras que parecen respaldar una idea no significa que esas Escrituras fueron usadas correctamente. Si todos los que no están de acuerdo con nosotros son inmediatamente desacreditados como "ignorantes", entonces ¿cómo exactamente recibiríamos corrección si estuviéramos equivocados?

El cambio vino para mí cuando empecé a estudiar las Escrituras específicamente sobre la guerra espiritual y a seguir la guía real del Espíritu Santo. Fui confrontado y corregido. En lugar de tratar de aferrarme a doctrinas innecesarias e inexactas, me incliné ante la verdad de la Palabra de Dios. Me arrepentí de la religión y de las tradiciones del hombre.

La demonización siempre significa posesión

Primero, necesitamos definir lo que entendemos por "posesión demoníaca". Estar poseído por el demonio es cuando un ser demoníaco toma control de un cuerpo. En los casos de posesión, los demonios se adhieren a un huésped y atormentan a la persona. Incluso tienen control sobre algunas de las capacidades físicas del individuo. Estar poseído por un demonio significa que un ser demoníaco ha tomado posesión de tu cuerpo y habita en él. La Biblia tiene una palabra para describir este estado: demonización. Se usa aquí:

> Y al atardecer, le trajeron muchos endemoniados; y expulsó a los espíritus con su palabra, y sanó a todos los que estaban enfermos (Mateo 8:16 LBLA).

En ese versículo de Mateo 8, la palabra griega para "endemoniado" es *daimonizomai*. *Daimonizomai* o "demonización" nunca se usa para describir la condición de un creyente nacido de nuevo, y literalmente significa "ser poseído por un demonio". Puedes buscar esto en el *Strong's Interlinear New Testament* ("Nuevo Testamento interlineal de Strong") bajo "definición". En la obra en inglés *A Greek-English Lexicon of the New Testament and Other Early Christian Literature*, la definición dada para "demonización" es "ser poseído por un espíritu hostil". Esta es la razón por la que casi todas las traducciones de la Biblia usan la palabra "endemoniado" cuando se trata de alguien poseído por un demonio. Porque eso es lo que significa. En pocas palabras, "demonización" es siempre una referencia a la posesión total.

A veces la palabra "demonización" se traduce como "bajo el poder de un demonio". Pero la frase "bajo el poder de un demonio" es simplemente otra forma de decir "poseído por el demonio". Son sinónimos. En resumen: solo hay una palabra para "posesión demoníaca" en el Nuevo Testamento, y esa palabra nunca significa otra cosa que posesión demoníaca total, no importa cómo se exprese.

He oído un ingenioso juego de palabras que a menudo se utiliza para intentar crear un debate sobre el significado de la palabra. A menudo se oye a la gente decir cosas como: "Bueno, la palabra 'poseído' ni siquiera se utiliza en el idioma original; en realidad es 'endemoniado'. Y demonizado no siempre significa 'poseído'".

El problema con ese razonamiento es que no es cierto. La palabra "endemoniado" es el equivalente griego de nuestro término "poseído por el demonio". Y no hay un espectro de estar "endemoniado", al menos no en términos bíblicos. O alguien está "endemoniado" en el sentido de estar "poseído" o no lo está. La demonización es "posesión", es ser el propietario. De nuevo, la palabra "demonización" es siempre una referencia a la posesión total. Nunca significa otra cosa que eso.

Además, algunos causan confusión tratando de crear nuevas frases para la posesión como "tener demonios", "tener un cónyuge espiritual" (que es una enseñanza de la Nueva Era), "estar oprimido", o, "tener ataduras demoníacas". Esta confusión se resuelve apegándose a la Palabra de Dios. Si alguien usa cualquier frase para significar que un cristiano puede tener un demonio en ellos o apegado a ellos, entonces están describiendo la realidad bíblica de la posesión. Y la posesión es siempre tomar la propiedad.

Posiblemente hayas oído la frase "un cristiano puede tener lo que quiera". Hay algo de verdad en eso, aunque la idea no hace exactamente un caso fuerte para la posesión del demonio cristiano. Querido lector, un cristiano puede tener lo que quiera, pero ¿puede un demonio tener lo que pertenece a Dios?

Cuestión de tomar la propiedad

Así que si posesión es tomar la propiedad, la pregunta entonces es: "¿Quién es el dueño del creyente?". Veamos lo que dice la Biblia:

> *El Espíritu es la garantía [el primer plazo, la prenda, un anticipo] de nuestra herencia hasta la redención de la posesión [adquirida] de Dios [Sus creyentes], para alabanza de Su gloria* (Efesios 1:14 traducción literal de *The Amplified Bible* (Biblia Amplificada en inglés).

> *Pero ustedes no son así porque son un pueblo elegido. Son sacerdotes del Rey, una nación santa, posesión exclusiva de Dios. Por eso pueden mostrar a otros la bondad de Dios, pues él los ha llamado a salir de la oscuridad y entrar en su luz maravillosa* (1 Pedro 2:9 NTV).

> *Y ustedes pertenecen a Cristo, y Cristo pertenece a Dios* (1 Corintios 3:23 NTV).

Está perfectamente claro que el creyente pertenece a Dios. Eso ni siquiera se discute entre los creyentes bíblicos serios. Entonces hay que preguntarse: "¿Puede un creyente ser propiedad de Dios y de un demonio al mismo tiempo?". Es decir, ¿puede el creyente tener tanto al Espíritu Santo como a un demonio morando en él? Esto es lo que dice la Biblia:

> *Pero ustedes, mis queridos hijos, pertenecen a Dios. Ya lograron la victoria sobre esas personas, porque el Espíritu que vive en ustedes es más poderoso que el espíritu que vive en el mundo* (1 Juan 4:4 NTV).

Toma nota de que la Escritura hace una distinción entre Dios en ti y un espíritu en el mundo. Enseña claramente que uno está en ti y luego afirma claramente que el otro no lo está. Así que es perfectamente claro que un cristiano no puede estar endemoniado o poseído. Si alguien dice, "La Biblia no dice abiertamente que los cristianos no pueden tener demonios," sabemos que ese versículo declara abiertamente lo contrario.

Si alguien esta verdaderamente poseído por el demonio, sus demonios se manifestaran cuando reciba la salvación. Pero después de que alguien nace de nuevo, la posesión simplemente queda descartada. Otras formas de ataque aún pueden afectar al creyente, pero la posibilidad de posesión simplemente no existe, al menos de acuerdo a las enseñanzas de las Escrituras. La demonización es posesión. La posesión es tener la propiedad. Y el creyente es propiedad de Dios, no de un demonio.

Ahora en este punto alguien podría decir: "Bueno, los cristianos no pueden ser poseídos pero pueden ser oprimidos". Si por "oprimido" simplemente quieres decir que un cristiano puede ser atacado o engañado, entonces estás en lo correcto. Eso ya lo hemos visto en la Escritura. Pero si por "oprimido" te refieres a una "versión cristiana de la posesión demoníaca", eso es incorrecto.

¿Y qué del cuerpo?

Además, el cuerpo del creyente no puede estar habitado por un demonio porque el cuerpo es la morada del Espíritu Santo:

> *¿No se dan cuenta de que su cuerpo es el templo del Espíritu Santo, quien vive en ustedes y les fue dado por Dios? Ustedes no se pertenecen a sí mismos, porque Dios los compró a un alto precio. Por lo tanto, honren a Dios con su cuerpo* (1 Corintios 6:19-20 NTV).

¿Y qué el alma?

Una vez que ha quedado claro que los demonios no pueden habitar en el espíritu ni en el cuerpo del creyente, parece que los demonios se quedan sin espacios donde esconderse. Es en este punto donde algunos podrían interponer: "Pero el hombre es cuerpo, alma y espíritu. Los demonios no pueden habitar en el cuerpo, donde habita el Espíritu Santo. Y los demonios no pueden morar en el espíritu, pero pueden morar en el alma si el creyente les da un derecho legal".

Sin duda, si un creyente vive en pecado y compromiso, hay profundas consecuencias. Ya he cubierto cómo las puertas abiertas pueden afectar al creyente en el capítulo 5.

Sin embargo, aparte del hecho de que esta idea de "posesión del alma" nunca se enseñó en el Nuevo Testamento, considera cuáles serían las implicaciones de tal realidad. El alma es la morada de la voluntad. Ni siquiera Dios tomará el control de la voluntad, y mucho menos permitirá que un demonio tome el control de la voluntad. ¿Pueden los demonios controlar el libre albedrío del hombre? Veamos al endemoniado de Marcos 5.

> *Cuando Jesús bajó de la barca, un hombre poseído por un espíritu maligno[a] salió de entre las tumbas a su encuentro* (Marcos 5:2 NTV).

¿Qué demonio llevaría a su cautivo hacia la libertad? ¿Realmente imaginamos que esto fue el ejercicio de la voluntad demoníaca? El hombre se vio atraído a Jesús y se acercó al Señor por su propia voluntad. Claramente, la voluntad del hombre estaba intacta, así que no era su alma la que estaba poseída.

Los demonios, por naturaleza, son parásitos. Buscan huéspedes. Se sienten bastante incómodos fuera de un ser físico. Por eso le rogaron a Jesús que les permitiera acceder a una piara de cerdos:

> *"Envíanos a esos cerdos—suplicaron los espíritus—. Déjanos entrar en ellos"* (Marcos 5:12 NTV).

Los demonios se cansan cuando son expulsados de su cuerpo anfitrión físico:

> *"Cuando un espíritu maligno[a] sale de una persona, va al desierto en busca de descanso, pero no lo encuentra"* (Mateo 12:43 NTV).

Así que esta noción de que los demonios pueden esconderse en el alma no es bíblica. Los demonios poseen cuerpos, no voluntades. Considera también el hecho de que cada caso de posesión demoníaca en las Escrituras vino con señales y síntomas severos y obvios. La Biblia no nos da ningún ejemplo de demonios escondidos o endemoniados asintomáticos. Sé que algunos podrían tener experiencias que parecerían contradecir este punto, pero trataremos eso un poco más adelante en este capítulo.

Versículos bíblicos mal aplicados

Hasta ahora hemos visto que:

+ La palabra "demonizado" y todas sus frases secundarias son siempre una referencia a la posesión demoníaca total.

+ La palabra "endemoniado" nunca se usa para describir a un creyente nacido de nuevo.

+ Los cristianos pueden ser atacados y engañados; pero esto no debe confundirse con la posesión.

+ Los creyentes no pueden ser propiedad de un demonio, porque son posesiones de Dios.

+ El espíritu del creyente no puede estar habitado por demonios.

+ El cuerpo del creyente no puede estar habitado por demonios.

+ Los demonios no poseen almas, solo cuerpos.

Cuando nos aferramos a las verdades de las Escrituras, los límites creados por esas verdades nos llevan a una conclusión ineludible: Los cristianos absolutamente no pueden estar poseídos por demonios, "endemoniados". Marcos 16 nos muestra que los creyentes son los que hacen los exorcismos, no los que los reciben.

Si alguien quiere que creas que un cristiano puede estar poseído por el demonio, la carga de la prueba recae sobre esa persona. El individuo tendrá que demostrar, con las Escrituras, que esta es la realidad. Hasta ahora, hemos visto que la Escritura enseña justamente lo opuesto; enseñando claramente que somos posesión de Dios. Entonces, ¿hay alguna buena razón para creer que un cristiano puede estar poseído o endemoniado? Aquí hay algunos intentos comunes de probar esta noción antibíblica.

¿Y Judas?

No hay duda de que el mismo satanás poseyó a Judas Iscariote. Esa es la aterradora realidad.

> *Cuando Judas comió el pan, Satanás entró en él...* (Juan 13:27 NTV).

Si nos fijamos en lo que la Biblia revela sobre Judas, queda claro que Judas no era un verdadero creyente, sino más bien un lobo entre las ovejas. El hecho de que Judas fuera discípulo de Cristo no significa que estuviera totalmente comprometido de corazón. Piensa en los mencionados en Mateo 7:

> *"No todo el que me llama: '¡Señor, Señor!' entrará en el reino del cielo. Solo entrarán aquellos que verdaderamente hacen la voluntad de mi Padre que está en el cielo. El día del juicio, muchos me dirán: '¡Señor, Señor! Profetizamos en tu nombre, expulsamos demonios en tu nombre e hicimos muchos milagros en tu nombre'. Pero yo les responderé: 'Nunca los conocí. Aléjense de mí, ustedes, que violan las leyes de Dios'"* (Mateo 7:21-23 NTV).

De hecho, varios de los discípulos de Jesús le abandonaron cuando sus enseñanzas se hicieron demasiado difíciles de recibir.

> *"Pero algunos de ustedes no me creen". (Pues Jesús sabía, desde un principio, quiénes eran los que no creían y también quién lo traicionaría). Entonces les dijo: "Por eso dije que nadie puede venir a mí a menos que el Padre me lo entregue". A partir de ese momento, muchos de sus discípulos se apartaron de él y lo abandonaron* (Juan 6:64-66 NTV).

Ya sea que creas que Judas era pecador reincidente cuando fue poseído o que creas que nunca nació de nuevo para empezar, el hecho es que Judas ciertamente no era un creyente nacido de nuevo en el momento de su posesión.

> *Esas personas salieron de nuestras iglesias, pero en realidad nunca fueron parte de nosotros; de haber sido así, se habrían quedado con nosotros. Al irse demostraron que no eran parte de nosotros* (1 Juan 2:19 NTV).

Además, Jesús no se refirió a Judas como hijo de Dios, sino como hijo de perdición, que significa "pérdida" o "destrucción".

> *Cuando estaba con ellos en el mundo, yo los guardaba en tu nombre; a los que me diste, yo los guardé, y ninguno de ellos se perdió, sino el hijo de perdición, para que la Escritura se cumpliese* (Juan 17:12 RVR1960).

Judas era un ladrón impenitente que seguía a Jesús por codicia. Esta codicia es lo que finalmente haría que Judas traicionara a Jesús.

No es que a Judas le importaran los pobres; en verdad, era un ladrón y, como estaba a cargo del dinero de los discípulos, a menudo robaba una parte para él (Juan 12:6 NTV).

Jesús sabía desde el principio que Judas no era un verdadero seguidor.

Entonces Jesús dijo: —Yo los elegí a ustedes doce, pero hay uno de ustedes que es un diablo (Juan 6:70 NTV).

De hecho, Jesús declaró muy claramente que Judas no estaba verdaderamente limpio, no había nacido de nuevo. Jesús dejó claro que aunque todos los discípulos necesitaban *algo de* limpieza, Judas era *completamente* impuro.

Jesús respondió: —Una persona que se ha bañado bien no necesita lavarse más que los pies[a] para estar completamente limpia. Y ustedes, discípulos, están limpios, aunque no todos.

Pues Jesús sabía quién lo iba a traicionar. A eso se refería cuando dijo: "No todos están limpios" (Juan 13:10-11 NTV).

Así que no, Judas no es un ejemplo de un cristiano poseído por el demonio.

¿No llamó Jesús a Pedro "satanás"?

Jesús reveló a sus discípulos que sería crucificado.

A partir de entonces, Jesús empezó a decir claramente a sus discípulos que era necesario que fuera a Jerusalén, y que sufriría muchas cosas terribles a manos de los ancianos, de los principales sacerdotes y de los maestros de la ley religiosa. Lo matarían, pero al tercer día resucitaría (Mateo 16:21 NTV).

Hasta ese momento, muchos habían creído que Jesús marcaría el comienzo de una nueva era de victoria terrenal. Cuando Jesús habló claramente de lo que realmente sucedería, Pedro se resistió.

Entonces Pedro lo llevó aparte y comenzó a reprenderlo por decir semejantes cosas. —¡Dios nos libre, Señor!—dijo—. Eso jamás te sucederá a ti (Mateo 16:22 NTV).

Pedro hablaba en contra de la voluntad de Dios. Por eso Jesús fue tan duro con él.

Jesús se dirigió a Pedro y le dijo: —¡Aléjate de mí, Satanás! Representas una trampa peligrosa para mí. Ves las cosas solamente desde el punto de vista humano, no desde el punto de vista de Dios— (Mateo 16:23 NTV).

¿Llamó Jesús a Pedro "satanás" porque satanás le había poseído? En realidad, Jesús explicó claramente por qué llamó a Pedro satanás: "*Ves las cosas solamente desde el punto de vista humano, no desde el punto de vista de Dios*". Jesús estaba corrigiendo la perspectiva de Pedro. Sin darse cuenta, Pedro había hablado en nombre de la voluntad del enemigo. Este versículo no dice nada sobre la posesión, como claramente ocurrió en el caso de Judas.

Además, y esta es la prueba concluyente, nunca vemos a Pedro más tarde teniendo que pasar por un exorcismo. Esta porción de la Escritura es ampliamente conocida por ser simplemente acerca de cómo Pedro había sido influenciado por su perspectiva mundana para finalmente hablar en nombre del enemigo. Esto es influencia pero ciertamente no posesión. Especialmente desde que sabemos que la Biblia enseña verdades que contradicen la idea de un creyente siendo poseído por un demonio, podemos descartar la afirmación de que Pedro estaba poseído por un demonio.

¿Qué de Ananías y Safira?

Al igual que en el caso de Pedro, la historia de Ananías y Safira se utiliza a menudo como supuesto ejemplo de cristianos endemoniados, cuando en realidad se trata de influencias. Ananías y Safira habían vendido algunas propiedades, se habían quedado con parte del dinero para ellos, pero luego intencionadamente dieron la impresión de que estaban donando toda la cantidad a la obra de los apóstoles. Su pecado no fue quedarse con parte del dinero. Su pecado fue mentir acerca de dar la cantidad total.

> *Había cierto hombre llamado Ananías quien, junto con su esposa, Safira, vendió una propiedad; y llevó solo una parte del dinero a los apóstoles pero afirmó que era la suma total de la venta. Con el consentimiento de su esposa, se quedó con el resto. Entonces Pedro le dijo: "Ananías, ¿por qué has permitido que Satanás llenara tu corazón? Le mentiste al Espíritu Santo y te quedaste con una parte del dinero. La decisión de vender o no la propiedad fue tuya. Y, después de venderla, el dinero también era tuyo para regalarlo o no. ¿Cómo pudiste hacer algo así? ¡No nos mentiste a nosotros sino a Dios!"* (Hechos 5:1-4 NTV).

No sabemos con certeza si Ananías y Safira eran realmente creyentes nacidos de nuevo. En capítulos anteriores, sabemos que muchos se salvaron y fueron llenos del Espíritu Santo; pero no se sabe con certeza si Ananías y Safira estaban entre los que se salvaron o si solo se afiliaron casualmente con los verdaderos creyentes. En Hechos capitulo 4, hay un registro acerca de la unidad de los verdaderos creyentes y como compartían todas las cosas. Note la frase al principio de Hechos 5: *"Había cierto hombre llamado Ananías "*. La frase parece establecer un contraste entre Ananías y los creyentes mencionados en el capítulo anterior. Hechos 4 describe a los verdaderos creyentes compartiendo desinteresadamente todas las cosas; Hechos 5 describe a un hombre y una mujer que mintieron sobre su compromiso con la Iglesia. Esta frase, este contraste, parece indicar que Ananías y Safira no se contaban realmente entre los verdaderos creyentes.

Es probable que Ananías y Safira fueran impostores. Podrían haber sido simplemente personas del mundo que estaban tratando de impresionar a los demás con sus donaciones o tal vez curiosos acerca de lo que estaba sucediendo con el nuevo movimiento. Simplemente no lo sabemos. Incluso he oído sugerir que el hecho de que Ananías y Safira vendieran sus propiedades y luego dieran dinero a la Iglesia era de alguna manera una prueba de su salvación. No estoy de acuerdo. Los verdaderos creyentes dan, pero no todos los que dan son verdaderos creyentes. Rechazo la idea de que se pueda comprar la devoción piadosa. Rechazo la idea de que puedes comprar tu salvación con una ofrenda en efectivo. De hecho, yo mismo he visto a gente mundana dar finanzas para causas piadosas.

Sin embargo, para responder a la pregunta de si estaban o no poseídos por el demonio, asumiremos por ahora que eran creyentes nacidos de nuevo.

Como consecuencia de sus mentiras, cayeron muertos.

> *En cuanto Ananías oyó estas palabras, cayó al suelo y murió. Todos los que se enteraron de lo sucedido quedaron aterrados. Después unos muchachos se levantaron, lo envolvieron en*

una sábana, lo sacaron y lo enterraron. Como tres horas más tarde, entró su esposa sin saber lo que había pasado. Pedro le preguntó: —¿Fue este todo el dinero que tú y tu esposo recibieron por la venta de su terreno?

—Sí—contestó ella—, ese fue el precio.

Y Pedro le dijo: —¿Cómo pudieron ustedes dos siquiera pensar en conspirar para poner a prueba al Espíritu del Señor de esta manera? Los jóvenes que enterraron a tu esposo están justo afuera de la puerta, ellos también te sacarán cargando a ti— (Hechos 5:5-9 NTV).

La palabra para "llenara" en el texto es *pléroó*, que significa "hacer lleno" o "completar". Esta no es la palabra para "demonización", que significa estar "poseído por un espíritu maligno". Si este hubiera sido un caso de posesión demoníaca, se habría usado la palabra para "demonización". También, si satanás hubiera entrado literalmente en ellos, la Escritura usaría una descripción flagrante de entrada demoníaca o satánica, como lo hizo en el caso de Judas. En este caso, lo que se está describiendo es a satanás llevando su influencia a la plenitud a través de la elección que Ananías y Safira hicieron para engañar.

Si digo: "David llenó el vaso de cristal", no me imaginas de pie en un pequeño vaso de cristal. Me imaginarías llenando el vaso con agua, tal vez de una jarra. De la misma manera, satanás llenó los corazones de Ananías y Safira, pero esto no significa necesariamente que llenó sus corazones literalmente con él mismo. Entonces, ¿con qué llenó satanás sus corazones? La Escritura nos dice que llenó sus corazones con engaño "para mentir". Ellos permitieron que sus corazones fueran llenados con engaño, no necesariamente con satanás mismo. Así, el trabajo de satanás fue "hecho completo" o "completado" a través de su acto rebelde de mentirle al Espíritu Santo.

La palabra *pléroó* se utiliza en otra escritura, y esto solidifica el punto. Es la misma palabra utilizada en Efesios para describir la influencia continua del Espíritu Santo en la vida del creyente, en contraposición a la llenura inicial.

> *No se emborrachen con vino, porque eso les arruinará la vida.*
> *En cambio, sean llenos del Espíritu Santo cantando salmos*
> *e himnos y canciones espirituales entre ustedes, y haciendo*
> *música al Señor en el corazón* (Efesios 5:18-19 NTV).

Efesios 5 se refiere a un creyente que ya ha sido lleno del Espíritu Santo en el momento de la salvación (Romanos 8, Efesios 1). Así que habla de la influencia continua, no de la llenura inicial. De la misma manera, con la misma palabra *pléroó*, vemos que la historia de Ananías y Safira habla de la influencia de satanás, pero no implica ningún lenguaje original que siquiera insinúe posesión o habitación.

Además, si Ananías y Safira estaban poseídos, ¿por qué Pedro no realizó un exorcismo? ¿Por qué no se les dio la oportunidad de arrepentirse? ¿Por qué las Escrituras no utilizan un lenguaje descriptivo de propiedad o posesión? Y lo más importante, ¿por qué cayeron muertos en lugar de ser liberados?

Si Ananías y Safira son ejemplos de posesión demoníaca cristiana, entonces esto no presagia nada bueno. Eso significaría que la muerte, no la liberación, es el resultado de esta noción antibíblica de posesión demoníaca cristiana. Agradezcamos a Dios que Ananías y Safira ciertamente no son ejemplos de esto. Agradezcamos a Dios que la muerte nunca es el plan de Dios para la persona poseída por un demonio.

El hecho de que Ananías y Safira ni siquiera son confirmados como creyentes nacidos de nuevo, junto con el hecho de que el lenguaje original no describe posesión y al considerar eso con la realidad de que la Escritura estaba describiendo influencia en la frase "llenara tu corazón", podemos concluir con seguridad que Ananías y Safira de ninguna manera son ejemplos de cristianos siendo poseídos por demonios.

¿No nos dijo Jesús que oráramos por la liberación?

Ser liberado significa simplemente ser puesto en libertad. Podemos ser liberados de todo tipo de engaños, ataduras y ataques. El exorcismo, sin embargo, es un tipo más específico de liberación. Es específicamente ser liberado de la posesión demoníaca. Esta sutil pero muy importante distinción es lo que causa tanta confusión. No siempre que se usa la palabra "liberación" significa "exorcismo". La liberación y el ministerio de liberación abarcan mucho más que el exorcismo.

Si, Jesús nos dijo que oremos por liberación, pero esta liberación no es liberación de posesión demoníaca. Mira el versículo:

> *Y no nos dejes caer en la tentación, mas líbranos del mal: Porque tuyo es el reino, y el poder, y la gloria para siempre Amén* (Mateo 6:13 NBLA).

Aquí, Jesús está hablando de la liberación del maligno que nos tienta. Se trata de la liberación de la tentación, no de la posesión. Los cristianos a menudo necesitan liberación porque pueden ser engañados y atacados. Pero los cristianos nunca necesitan exorcismo, porque no pueden ser habitados o poseídos por seres demoníacos. Los cristianos a menudo necesitan liberación, nunca exorcismo.

¿Y los samaritanos de Hechos 8?

Algunos señalan a los samaritanos del capítulo 8 de Hechos como ejemplo de cristianos sometidos a exorcismo. ¿Es este realmente el caso?

Felipe, por ejemplo, se dirigió a la ciudad de Samaria y allí le contó a la gente acerca del Mesías. Las multitudes escuchaban atentamente a Felipe, porque estaban deseosas de oír el mensaje y ver las señales milagrosas que él hacía. Muchos espíritus malignos fueron expulsados, los cuales gritaban cuando salían de sus víctimas; y muchos que habían sido paralíticos o cojos fueron sanados (Hechos 8:5-7 NTV).

A menos que alguien ya haya sido expuesto a una interpretación forzada de Hechos 8, no vería nada en esta porción de Hechos que pudiera apoyar la idea antibíblica de que los cristianos pueden estar poseídos por demonios. Entonces, ¿cómo se utiliza para apoyar la afirmación?

La explicación es más o menos así: "Los samaritanos escucharon atentamente el mensaje de Felipe, así que debieron nacer de nuevo. Y después de nacer de nuevo, les fueron expulsados espíritus malignos. Así que ese es un ejemplo de cristianos que tienen demonios expulsados de ellos."

Sin embargo, la Biblia no nos dice que todos los samaritanos habían nacido de nuevo, solo que "escuchaban atentamente" o "prestaban atención" a lo que se decía. El hecho de que alguien escuche atentamente lo que dices no significa que lo crea o lo acepte. Por ejemplo, se nos dice que "tengamos cuidado" de las falsas enseñanzas.

"¿Por qué no pueden entender que no hablo de pan? Una vez más les digo: 'Tengan cuidado con la levadura de los fariseos y de los saduceos'". Entonces, al fin, comprendieron que no les hablaba de la levadura del pan, sino de las enseñanzas engañosas de los fariseos y de los saduceos (Mateo 16:11-12 NTV).

En esa porción de la Escritura, la frase "tengan cuidado" es exactamente la misma palabra para la frase "escuchaba atentamente" utilizada en Hechos 8. ¿Nos estaba diciendo Jesús que abrazáramos y nos comprometiéramos con las falsas enseñanzas de los fariseos y saduceos? No. Nos está diciendo que estemos atentos a ellas; que les prestemos atención. Esto prueba que "escuchar atentamente" no equivale a aceptar y creer.

Además, aunque algunos de los samaritanos hubieran nacido de nuevo, todavía no habría indicios de que todos los presentes hubieran nacido de nuevo. Por lo tanto, no hay razón para suponer que fueron los samaritanos nacidos de nuevo los que recibieron el exorcismo, a diferencia de los que no habían nacido de nuevo. Así que aun estirado a un extremo inestable, esta porción de la Escritura ni siquiera se acerca a indicar que se expulsaron demonios de creyentes llenos del Espíritu.

¿Y los endemoniados de la sinagoga?

> *Así que recorrió toda la región de Galilea, predicando en las sinagogas y expulsando demonios* (Marcos 1:39).

Esta pregunta tiene una respuesta sencilla. El hecho de que la gente estuviera en la sinagoga no significa que hubieran nacido de nuevo. Tristemente, no todos los que pisan un edificio de la iglesia o que asisten regularmente a la iglesia son verdaderamente nacidos de nuevo. Así que los endemoniados en la sinagoga no son ejemplos de cristianos endemoniados.

¿No es como decir que los cristianos no pueden tener enfermedades?

Decir que los cristianos no pueden estar poseídos o tener demonios ¿no es lo mismo que decir que los cristianos no pueden estar enfermos? No, porque vemos ejemplos en el Nuevo Testamento de cristianos enfermos. Incluso vemos instrucciones de cómo ministrar sanidad a otros creyentes:

> *Y la oración de fe salvará al enfermo, y el Señor lo levantará; y si hubiere cometido pecados, le serán perdonados* (Santiago 5:15 RVR1960).

De hecho, hay incluso un don de sanidad que ha sido dado con el propósito de ministrar sanidad a otros creyentes.

> *A cada uno de nosotros se nos da un don espiritual para que nos ayudemos mutuamente. ... A otro el mismo Espíritu le da gran fe y a alguien más ese único Espíritu le da el don de sanidad* (1 Corintios 12:7,9 NTV).

En contraste, no vemos un don de "exorcismo" que deba usarse con el hermano creyente. ¿Por qué? Porque el exorcismo es para el no creyente. Algunos podrían sugerir que el exorcismo estaría cubierto bajo el "don de milagros". Pero claramente, vemos que la Biblia hace una distinción entre un exorcismo y un milagro, así como hace una distinción entre una sanidad y un milagro. Los milagros y los exorcismos se enumeran claramente por separado aquí:

> *"El día del juicio, muchos me dirán: '¡Señor, Señor! Profetizamos en tu nombre, expulsamos demonios en tu nombre e hicimos muchos milagros en tu nombre'"* (Mateo 7:22).

De hecho, ni siquiera vemos instrucciones en las Escrituras para expulsar demonios de los creyentes, ni vemos que se advierta a los cristianos en ningún libro del Nuevo Testamento sobre los peligros de la posesión. Esto es, por supuesto, de esperar, ya que la Escritura afirma claramente el hecho de que los cristianos no pueden ser poseídos (endemoniados).

Aunque parezca obvio, también hay que señalar que una enfermedad no es en absoluto lo mismo que un demonio. Ciertamente, los demonios pueden utilizar la enfermedad. Sin embargo, uno es un ser espiritual sensible; el otro es un trastorno en el cuerpo natural. Así que no, decir que los cristianos no pueden tener demonios no es similar a decir que los cristianos no se pueden enfermar.

¿Y la hija de Abraham?

> *Vio a una mujer que estaba lisiada a causa de un espíritu maligno. Había estado encorvada durante dieciocho años y no podía ponerse derecha. Cuando Jesús la vio, la llamó y le dijo: "Apreciada mujer, ¡estás sanada de tu enfermedad!". Luego la tocó y, al instante, ella pudo enderezarse. ¡Cómo alabó ella a Dios!* (Lucas 13:11-13 NTV)

La explicación aquí sería algo así: "La hija de Abraham estaba endemoniada, lo que demuestra que los hijos de Dios pueden estar endemoniados".

Hay que tener en cuenta dos cosas. Primero, no sabemos si este es un ejemplo de posesión demoníaca total, como lo demuestra el hecho de que Jesús no realizó un exorcismo. Jesús simplemente declaró que la mujer estaba sanada de su enfermedad. Se dirigió a la enfermedad, no al demonio. Sin embargo, lo que sí sabemos es que este espíritu demoníaco estaba haciendo uso de una enfermedad incapacitante. Esa enfermedad era el arma elegida por el demonio.

En segundo lugar, que la mujer fuera hija de Abraham significaba simplemente que era de ascendencia judía. Este suceso tuvo lugar antes de la crucifixión de Cristo, por lo que ella no podía haber sido una creyente llena del Espíritu, nacida de nuevo en el sentido del Nuevo Testamento. A los creyentes del Nuevo Testamento se les llama los "verdaderos hijos de Abraham" (ver Gálatas 3:7).

¿No dijo Pablo a los gálatas que habían sido hechizados o sometidos a un maleficio?

> *¡Ay gálatas tontos! ¿Quién los ha hechizado? Pues el significado de la muerte de Jesucristo se les explicó con tanta claridad como si lo hubieran visto morir en la cruz* (Gálatas 3:1 NTV).

Aquí está el versículo de nuevo en la RVR1960.

> *¡Oh gálatas insensatos! ¿quién os fascinó para no obedecer a la verdad, a vosotros ante cuyos ojos Jesucristo fue ya presentado claramente entre vosotros como crucificado?* (Gálatas 3:1).

Nuestra palabra "fascinó" procede del griego *baskainó*, que significa "calumniar" o "fascinar como en "engañar".

Aquí, Pablo simplemente se refiere al hecho de que los gálatas habían creído en otro evangelio; un evangelio de legalismo. Se les estaba diciendo que la circuncisión era necesaria para la salvación. El legalismo y la hechicería van de la mano. Así que Pablo no está diciendo que los gálatas tienen demonios en ellos. Simplemente los está corrigiendo por haber sido engañados. Noten que no les ordena que se sometan a algún proceso de protocolos o a un exorcismo. Ni siquiera menciona el ataque demoníaco. ¿Cuál es la solución que Pablo les da por haber sido "hechizados"? Simplemente les dice que crean en la verdad, que dejen de creer en la falsa enseñanza.

> *Confío en que el Señor los guardará de creer falsas enseñanzas. Dios juzgará a la persona que los está confundiendo, sea quien fuere* (Gálatas 5:10 NTV).

Así que este *"hechizo maligno" al que* Pablo se refiere no es posesión demoníaca, es engaño. Y eso es consistente con todo lo que hemos estado repasando en este libro.

¿Qué de sozo?

¿No significa la palabra griega *sozo* "salvar, sanar y liberar"? ¿Y no significa esto que nuestra salvación viene acompañada también de liberación y sanidad?

Sozo puede, de hecho, significar salvado, sanado o liberado, dependiendo del contexto en el que se utilice. Pero recuerda, "liberación" no siempre significa "exorcismo". Dios libera a los cristianos de cualquier cosa que pueda atarlos. Puesto que los cristianos no pueden ser poseídos, la posesión nunca es algo de lo que el creyente necesite ser liberado.

¿No es la liberación el pan de los hijos?

La respuesta más común que escucho cuando alguien es confrontado con la realidad de que los cristianos no pueden ser poseídos por demonios es la frase, "La liberación es el pan de los hijos". Muchos recurren a esta frase porque la han escuchado repetir muy a menudo. Por supuesto, los cristianos pueden ser liberados del engaño y ataque demoníaco. Por supuesto, el poder de Dios está disponible para el cristiano nacido de nuevo para liberarse de la esclavitud espiritual. Sin embargo, la mayoría probablemente se sorprendería al saber que esta frase no se encuentra en ninguna parte de las Escrituras.

He aquí el texto a menudo mal aplicado:

> *Enseguida una mujer que había oído de él se acercó y cayó a sus pies. Su hijita estaba poseída por un espíritu maligno y ella le suplicó que expulsara al demonio de su hija. Como la mujer era una gentil nacida en la región de Fenicia que está en Siria, Jesús le dijo: —Primero debo alimentar a los hijos, a mi propia familia, los judíos. No está bien tomar la comida de los hijos y arrojársela a los perros* (Marcos 7:25-27).

La explicación es más o menos así: "Esta mujer gentil trajo a Jesús a su hija poseída por un demonio. Cuando ella le pidió a Jesús un exorcismo para su hija, Jesús le dijo que primero debía alimentar a los hijos de Dios. Entonces, Jesús debe estar diciendo que el exorcismo es primero para los hijos de Dios. Por lo tanto, si los hijos de Dios necesitan exorcismo entonces los hijos de Dios pueden ser endemoniados. La liberación es el pan de los hijos".

Aparte del hecho de que la liberación no siempre significa exorcismo, hay algunas cosas que señalar aquí.

En primer lugar, esta historia trata de mucho más que del exorcismo. Trata de la obra ministerial de Jesús en su conjunto. Jesús simplemente le está explicando a la mujer cananea que Su ministerio era primero para los judíos, que todavía no era Su tiempo para ministrar a los gentiles.

En segundo lugar, Jesús mismo es el *"pan" al que se refiere* este pasaje.

> *"Yo soy el pan vivo que descendió del cielo. Todo el que coma de este pan vivirá para siempre; y este pan, que ofreceré para que el mundo viva, es mi carne"* (Juan 6:51 NTV).

La liberación no es el pan de los hijos, Jesús lo es. Jesús no da la liberación, Él es la liberación. Cuando recibes a Jesús, recibes liberación en cualquier forma que la necesites. Y como el creyente no puede ser endemoniado, la liberación para nosotros nunca toma la forma de exorcismo. Los cristianos solo necesitan ser liberados de lo que realmente puede afectarlos. La posesión demoníaca no puede afectarlos.

Aun así, uno podría insistir: "¡Pero esta es una historia específicamente sobre exorcismo!". Sin embargo, si insistimos en ser específicos con la forma en que interpretamos esta porción de la Escritura, entonces tendríamos que ser específicos sobre lo que Jesús quiso decir cuando se refirió a los hijos. Cuando Jesús se refiere a los hijos, está hablando específicamente de la nación de Israel, no de los creyentes nacidos de nuevo.

No podemos interpretar y aplicarla de ambas maneras. O somos específicos o generales en la interpretación y aplicación de esta porción de la Escritura. Si estamos siendo generales con nuestra interpretación, entonces debemos concluir que se trata de algo más que el exorcismo, se trata del ministerio más amplio de Jesús que está disponible primero para los judíos y luego para los gentiles. Si estamos siendo específicos con nuestra interpretación, entonces debemos concluir que el término "hijos" es una referencia específica de la nación de Israel, no de los creyentes del Nuevo Testamento. En cualquier caso, desde ambos ángulos de interpretación, está claro que Jesús no está diciendo que los creyentes del Nuevo Testamento puedan estar poseídos por demonios. Ni por asomo.

El texto no es un *pretzel*, no está hecho para que le demos la forma que queramos. Tenemos que tomarlo por lo que significa, no por lo que queremos que signifique. De todos los versículos bíblicos utilizados en un intento de demostrar la noción antibíblica de la posesión demoníaca cristiana, este es el que menos me convence, por lo que me sorprende que se utilice tan a menudo de esta manera. Esto era simplemente acerca de la asignación del ministerio de Jesús a Israel primero y la inclusión de los Gentiles. Esto no se trata de "salvos o no salvos" sino de "judíos y gentiles".

Esto no es ni remotamente sobre cristianos y posesión de demonios. De nuevo, me sorprende que se use en ese contexto, pero tenía que incluirlo ya que se hace referencia a él tan a menudo en esta conversación.

Cómo detectar las Escrituras mal utilizadas

Siempre que veas un versículo bíblico que advierte a los cristianos del enemigo o veas al enemigo atacando o afectando a un creyente en las Escrituras, nunca es una referencia a la posesión demoníaca. Un estudio cuidadoso de las Escrituras siempre revelará este hecho. Puede haber conceptos erróneos que no he cubierto en esta sección, pero ten la seguridad de que cualquier versículo que alguien te presente como un supuesto ejemplo de posesión demoníaca cristiana nunca resultará ser un ejemplo real de posesión demoníaca cristiana. Estudia la Palabra.

Todavía hay muchos ejemplos que podríamos repasar: Pablo siendo "obligado" a ir a Jerusalén; Santiago y Juan siendo de un "espíritu" diferente cuando querían invocar fuego sobre sus enemigos; las aves o el "maligno" arrebatando las semillas de la palabra en la parábola del sembrador; y así sucesivamente. No hay escasez de pasajes que puedan ser deformados en un intento de hacerlos encajar en la creencia deseada. Sin embargo, en todos los casos, si te comprometes a estudiar sin aferrarte a ideas preconcebidas, siempre prevalecerán las claras enseñanzas de las Escrituras.

Repasar minuciosamente cada versículo bíblico mal aplicado sobre el tema de los cristianos y la posesión demoníaca requeriría un libro en sí mismo. Ya he cubierto los textos mal aplicados más populares. Así que en este punto, es mejor que solo te dé dos hábitos comunes que a menudo causan que los creyentes lleguen a conclusiones erróneas e interpretaciones bíblicas incorrectas sobre este tema.

#1 - Malinterpretar palabras y frases clave

A menudo malinterpretamos el significado de palabras y frases clave. Por ejemplo, las nociones preconcebidas pueden tentarnos a forzar ciertos significados en frases como "llena tu corazón" y "apártate de mí, satanás". O podemos insistir en que la palabra "liberación" siempre significa "exorcismo". Por eso debemos estudiar el significado real, el contexto y la aplicación de estas palabras y frases, y luego compararlas con el trasfondo de la Escritura en su conjunto. Ningún versículo ambiguo debe ser usado para contradecir las claras enseñanzas de las Escrituras. No se debe forzar ninguna idea preconcebida sobre los textos bíblicos.

#2 - Confundir influencia con posesión

Cada vez que se da una advertencia a los creyentes sobre su enemigo espiritual, los que creen que los cristianos pueden estar poseídos por demonios saltarán sobre la oportunidad para afirmar que esto valida su creencia. Pero el hecho de que las Escrituras adviertan de la capacidad del enemigo para atacar, engañar, destruir y tentar no significa que siempre se refieran a la posesión demoníaca. Es posible que los cristianos sean atacados e influenciados pero nunca poseídos por un demonio. No confundas influencia o ataque con posesión.

Las Escrituras por encima de las historias

Darse cuenta de que la Biblia enseña que los cristianos no pueden ser endemoniados (poseídos) puede ser muy confuso para algunos. Debido a lo que se me había enseñado anteriormente, personalmente lo encontré bastante inquietante intelectual y emocionalmente. Sin embargo, no se debe culpar a la verdad por la confusión. La causa de la confusión es aferrarse a la creencia de que los cristianos pueden estar poseídos por

demonios, aunque esa creencia entre en conflicto con las claras enseñanzas de las Escrituras. Una vez que dejas ir esa idea, y esto puede
ser bastante difícil de hacer, las piezas caen en su lugar, y te quedas con
verdades claras, simples y aplicables que pueden ser usadas para experimentar tanto la libertad progresiva como la instantánea. Aquí es donde
tienes que estar totalmente comprometido a elegir creer en la Biblia por
encima de las enseñanzas inventadas por el hombre.

Para muchos, sin embargo, la discusión doctrinal no es realmente el
problema. No, el verdadero desafío se presenta para aquellos que han
sido testigos de cómo cristianos profesos manifiestan demonios. ¿Qué
hacer con estas historias y experiencias? No podemos hacer como si
no hubiéramos oído esos testimonios. Cada vez que enseño sobre este
tema, un pequeño puñado de creyentes me presionan sincera y amablemente con preguntas como estas:

- "Yo ya había sido cristiano nacido de nuevo
  durante casi diez años cuando manifesté
  un demonio. ¿Qué significa esto?"

- "¡Vi a nuestro líder de alabanza ser liberado,
  y los demonios hablaron a través de él!"

- "Los demonios pueden entrar en los
  cristianos. Lo he visto muchas veces. Entran
  cuando obtienen un derecho legal".

- "La esposa de mi pastor, que ni siquiera
  creía en la posesión demoníaca moderna,
  manifestó un demonio y fue liberada".

- "Durante años, mi abuelo tuvo pensamientos iracundos
  e intrusivos cada vez que oía predicar a alguien. Era
  definitivamente cristiano, pero manifestaba un demonio.
  Entonces se sometió a un exorcismo, ¡y ahora es libre!".

Es inevitable que cada vez que comparto la verdad sobre los cristianos y la posesión demoníaca que alguien apasionadamente comparte una historia que parece contradecir esa verdad.

¿Adónde vamos a partir de ahí? ¿Cómo lo explicamos? ¿Qué debemos hacer con nuestras experiencias? ¿Qué pasa con aquellos cristianos que se manifiestan como poseídos por demonios? ¿Qué pasa con los testimonios que oímos de cristianos que creen que les han expulsado demonios? La clave no está en rechazar estas experiencias sino en entender bíblicamente estas experiencias por lo que realmente son. ¿Es esto posible? Te daré algunas explicaciones bíblicamente consistentes. Ninguna de estas explicaciones se aplica a todos los casos, pero al menos una de ellas se aplica a todos los casos.

#1 - El creyente puede estar confundiendo liberación con exorcismo.

¿Alguna vez te has enfadado tanto que tu cuerpo ha empezado a temblar? ¿Alguna vez has sentido tanto miedo que apenas podías mantenerte en pie? ¿Alguna vez te has sentido tan frustrado que has soltado un gruñido o un grito de enfado? Nuestras emociones pueden ser muy poderosas. Nuestras emociones pueden provocar respuestas increíblemente intensas. Además, nuestras emociones pueden coincidir con auténticos encuentros espirituales.

- El profeta Isaías gritó cuando vio al Señor (Isaías 6:5).

- Pedro se emocionó de asombro ante la transfiguración del Señor (Mateo 17:4).

- Los guardias tuvieron una reacción física y cayeron al suelo (Mateo 28:4).

+ **Los pastores estaban aterrorizados por los ángeles (Lucas 2:9).**

En las Escrituras hay muchos ejemplos de reacciones humanas ante encuentros sobrenaturales. Incluso en encuentros muy reales, muy poderosos y muy santos con Dios, seguimos siendo muy humanos. Cada parte de nosotros fue creada para responder a Dios; esto incluye las emociones. Los encuentros con el poder de Dios pueden ciertamente causar respuestas emocionales en nosotros. Solo porque respondemos emocionalmente al toque de Dios no significa que el encuentro fue falso. Puedes tener emociones muy reales en respuesta a un encuentro muy real con Dios. Las emociones no son malas. Son parte de la respuesta humana. Cuando un creyente está siendo liberado de una fortaleza, en muchos casos, está siendo liberados de años y años de engaño. En un momento de avance, uno puede ser sobrecogido por la emoción. De nuevo, esta emoción no significa que el encuentro fue falso.

Los creyentes pueden temblar, sollozar e incluso llorar muy fuerte cuando son liberados o tienen un encuentro en la gloria de Dios. La liberación puede ser muy emocional, y eso es de esperarse. La liberación puede incluso inducir respuestas físicas. Puedo recordar por lo menos dos instancias donde sollozaba y temblaba en el piso cuando Dios me liberó de una esclavitud o de una manera engañosa de pensar. Cuando las personas son tocadas por el poder de Dios, pueden temblar y llorar.

Pero las reacciones intensas a la liberación no deben confundirse con la manifestación de demonios como en el exorcismo. Una cosa es ser liberado de una fortaleza durante una liberación intensa. Otra cosa es ser liberado de una posesión demoníaca, lo que significa que el demonio ha habitado en ti o se ha adherido a ti para poder hablar a través de ti, gritar a través de ti o controlar tus movimientos físicos.

Los cristianos pueden tener encuentros liberadores y poderosamente emocionales con Dios, pero tenemos que asegurarnos de que entendemos que esto no es lo mismo que un exorcismo. Cuando confundimos estas reacciones con una manifestación demoníaca, es cuando se produce la confusión. Una liberación altamente emocional puede muy fácilmente ser confundida con un exorcismo de posesión demoníaca.

Que los creyentes confundan la liberación intensa con el exorcismo es una explicación de por qué algunos creen que eran personas nacidas de nuevo y que simultáneamente estaban poseídos.

¿Y cuando un demonio parece hablar a través de un cristiano o controlar su cuerpo? ¿Como en los casos en que gruñen y demás? Para responder a estas preguntas, nos remitimos a la segunda explicación.

#2 - El creyente podría estar respondiendo a la programación que recibió de enseñanzas erróneas o reaccionando de una manera que cree necesaria para ser libre.

He oído a muchos creyentes confesar que se dejaron llevar por la emoción de un momento y mostraron un comportamiento que hacía parecer que estaban manifestando un demonio. Solo más tarde se dieron cuenta de que la programación de enseñanzas erróneas había contribuido a sus arrebatos. Es algo difícil de admitirse a uno mismo, pero ocurre.

Esto no significa que no estuvieran teniendo una experiencia espiritual o un encuentro genuino con Dios en ese momento. Esto solo significa que su respuesta a esa experiencia espiritual era de la carne.

Atrapados en el revuelo y la emoción de un momento, programados por enseñanzas inexactas, algunos están tan desesperados por liberarse de su esclavitud que aceptarán cualquier cosa que crean que funcionará. Esto no significa que sean intencionadamente engañosos. Pero pueden ver a otros dando vueltas y pensar para sí mismos, aunque solo sea inconscientemente, *Tal vez eso es lo que tengo que hacer para ser libre.* Tampoco ayuda que los ministros utilicen un lenguaje manipulador como: "A veces tienes que elegir entre tu dignidad o tu liberación". Ese tipo de lenguaje solo se aprovecha de los desesperados en un intento de conseguir una reacción y presiona a la gente para que adopte ciertos comportamientos.

Se puede ver la diferencia entre la manifestación demoníaca auténtica y la teatral. A veces, se puede ver que el individuo está muy emocionado, desesperado por liberarse, e intenta dar la mejor impresión de lo que cree que podría hacer un demonio. Cuando son interrogados, puedes verlos detenerse para tratar de pensar en lo que un demonio podría decir. Esta es la razón por la que una manifestación demoníaca real te pondrá los pelos de punta, mientras que las manifestaciones demoníacas falsas solo parecen una mala actuación en una obra teatral de escuela.

He hablado con muchos creyentes que me admitieron que actuaron como si estuvieran teniendo una manifestación demoniaca porque pensaban que eso era lo que se requería de ellos para ser libres. No estaban siendo necesariamente engañosos, pero estaban siguiendo lo que pensaban que les traería la libertad. Además, la mayoría de estos creyentes ni siquiera eran conscientes de lo que estaban haciendo en ese momento. No es hasta que aprenden la Palabra, maduran en el Espíritu, y llegan a conocer la verdad que pueden mirar hacia atrás en esos momentos y darse cuenta de lo que les estaba pasando. De nuevo, esto no es fácil de admitir. Pero si alguien es realmente un creyente nacido de nuevo, esta es una explicación legitima de por qué parecieron manifestar un demonio. La alternativa contradiría las claras enseñanzas de las Escrituras.

Esto no se aplica a todos los casos, pero sí sucede.

#3 - El creyente podría tener una enfermedad mental que está causando lo que parece una manifestación demoníaca.

Sí, hay aspectos espirituales de la enfermedad mental. Pero aquellos que luchan mentalmente están entre los más severamente abusados y afectados negativamente por enfoques no bíblicos de liberación para el creyente. Esta es también la razón por la que tenemos que orar fervientemente por aquellos que sufren de enfermedades mentales y están expuestos a enseñanzas erróneas sobre la guerra espiritual. Muchos acaban con problemas de salud mental mucho más graves.

Personalmente, sé que mi ansiedad fue tan grave en un momento dado que podía empezar a sentir los síntomas de un ataque al corazón con solo pensar en la insuficiencia cardíaca. Tenía respuestas fisiológicas a pensamientos y sugerencias. Mi cuerpo empezaba a sentir literalmente lo que yo temía.

Piensa en los que padecen de Trastorno Obsesivo-Compulsivo (TOC), ansiedad u otras enfermedades mentales. Siéntelos en una habitación llena de personas que creen que los cristianos pueden ser endemoniados, diles que el exorcismo es su única esperanza de libertad y luego házles escuchar enseñanzas bíblicas incorrectas. Que escuchen horas de enseñanzas que les dicen cosas como: "Puedes tener un demonio y no saberlo", "Los cristianos pueden estar poseídos", "Si te sientes inquieto en este momento, probablemente tienes un demonio" o "Si cometiste un error pecaminoso, probablemente tu demonio volvió a entrar".

Imagina que estas personas vulnerables están sentadas en una reunión en la que una figura de autoridad, con un micrófono en la mano, se acerca a ellas mientras dice algo así como: "Alguien a mi alrededor tiene un demonio. Puedo sentirlo". Piensa en cómo todas las sugerencias hechas podrían incitar una reacción. "Sentirás el demonio en la garganta". "Sentirás que tu corazón se acelera". "Es probable que sientas ganas de vomitar". Por supuesto, estos individuos sentirán respuestas fisiológicas a las sugerencias repetidas insistentemente. Especialmente si de alguna manera relacionan estas sugerencias con las Escrituras, las reacciones serán casi inevitables. A menudo confundimos cosas como el Trastorno de Estrés Postraumático (TEPT) en creyentes nacidos de nuevo con posesión demoníaca.

Toma a alguien con pensamientos intrusivos y dile que sus pensamientos son el resultado de una posesión demoníaca. Camina cerca de alguien con TOC mientras le dices: "Puedo sentir un espíritu oscuro a tu alrededor". O llena una habitación con gente que insiste en que la mayoría de los cristianos tienen demonios ocultos en ellos, y luego pon a alguien que lucha contra una enfermedad mental en medio de ellos. ¿Qué crees que ocurrirá? ¿Qué empezarán a sentir esas personas? ¿Cómo reaccionarán algunas de ellas?

Entonces estas personas desesperadas son exhibidas frente a otros y usadas como ejemplos de cristianos que supuestamente estaban poseídos. Se sienten mejor por unos días o incluso semanas; luego regresan a dónde empezaron porque nunca trataron los problemas de las fortalezas o de la carne. Sus ciclos se repiten, y sus situaciones empeoran cada vez más. Esto también explicaría por qué algunos tienen que pasar por múltiples liberaciones. Peor aún, muchos ministros involuntariamente usan tácticas de presión y frases altamente sugestivas que provocan lo que parece una manifestación demoniaca de aquellos que están mentalmente enfermos.

Creo en la liberación y la practico. Creo y practico el exorcismo. La posesión demoníaca es real. La guerra espiritual es real. Pero los cristianos no pueden ser poseídos, y los creyentes que sufren de enfermedades mentales pueden ser explotados en sus luchas, aunque sea involuntariamente, para hacer parecer que están poseídos.

#4 - El individuo podría estar actuando.

Esto es muy, muy raro. En algunos casos, las personas solo fingen estar endemoniadas. Cualquiera que practique la liberación te dirá que, en raras ocasiones, hay alguien que solo quiere atención y finge una manifestación demoníaca. De nuevo, muy raro.

#5 - El individuo podría ser un falso converso.

Esto es lo que sabemos de las Escrituras: Los cristianos no pueden ser poseídos por demonios.

O alguien es verdaderamente nacido de nuevo o verdaderamente poseído por el demonio. No pueden ser ambas cosas, y tienen que discernir por sí mismos cuál es. Tiendo a creer que es más a menudo una cuestión de cristianos reales que piensan que están poseídos que de endemoniados reales que piensan que son cristianos. La mayoría de las veces, el caso es que el individuo no estaba realmente poseído. Pero en algunos casos, podría muy bien ser que la persona era un falso converso que estaba realmente endemoniado.

Algunos dirán que es arrogante por mi parte cuestionar la salvación de alguien. Honestamente, eso no es lo que estoy haciendo porque ese no es mi lugar. Todo lo que puedo hacer es presentar verdades bíblicas. No estoy diciendo si son salvos o no. Todo lo que digo es que la Biblia es clara en el hecho de que alguien no puede ser a la vez "salvo" y "endemoniado". Cuál de los dos son en realidad es entre ellos y Dios.

> De modo que, si alguno está en Cristo, nueva criatura es; las cosas viejas pasaron; he aquí todas son hechas nuevas (2 Corintios 5:17 RVR1960).

Ese término "cosas viejas" se refiere a todo lo relacionado con el estado espiritual anterior.

> *El cual nos ha librado de la potestad de las tinieblas, y trasladado al reino de su amado Hijo* (Colosenses 1:13 RVR1960).

Ya no formamos parte, ni estamos unidos, ni habitados, ni poseídos, ni relacionados de ninguna manera con el reino de las tinieblas. "Cristiano poseído por demonios" es una contradicción en los mismos términos que "círculo cuadrado" o "soltero casado".

Cinco explicaciones

Tenemos cinco posibles explicaciones para lo que algunos creen que son relatos de cristianos endemoniados, y ninguna de estas explicaciones va en contra de la ortodoxia bíblica. Las cinco explicaciones explican y aclaran los supuestos casos de posesión demoníaca de cristianos. Entonces, si tenemos cinco explicaciones que dan cuenta de estas experiencias y que se adhieren a las Escrituras, ¿por qué buscaríamos la única explicación que contradice las Escrituras? Teniendo cinco maneras bíblicamente consistentes de ver la situación, no hay necesidad de aferrarse a la interpretación de que un cristiano real puede ser endemoniado. De todas las explicaciones posibles, me preocupa que nos aferremos a la que contradice las Escrituras.

Este obstinado aferramiento a esa creencia demuestra o bien la necesidad de tener razón, la incapacidad de conformar una creencia a la Biblia, o una falta de reverencia por la autoridad de la Palabra de Dios. Si no estamos dispuestos a ver las Escrituras por lo que enseñan, y no estamos dispuestos a aplicar sus verdades a nuestras experiencias y a corregir nuestras creencias, entonces no creemos las Escrituras, sino nuestras propias ideas preconcebidas. No necesitamos descartar nuestras experiencias; simplemente necesitamos entenderlas a la luz de la verdad. No elevemos nuestras ideas preconcebidas por encima de la realidad de las Escrituras. Las Escrituras tienen más autoridad que nuestras historias. Los cristianos no pueden estar poseídos por demonios.

Hay una historia sobre un psicólogo que intentaba tratar a un paciente que creía estar muerto. El psicólogo intentó todo lo que pudo: asesoramiento, medicación, explicación científica. Nada funcionaba. Cada vez que el psicólogo intentaba convencer al paciente de que estaba vivo, este encontraba la manera de rechazar la explicación y aferrarse a su creencia. Un día, el psicólogo preguntó al paciente: "Dígame. ¿Los muertos sangran?". El paciente respondió: "Por supuesto que no. Todo el mundo sabe que los muertos no sangran". "Cierto. Entonces, si le hacemos una pequeña cortada en la mano y sangra, ¿se convencerá por fin de que está vivo?". El paciente sostuvo: "Cuando me corte, no sangraré. No estoy vivo. Estoy muerto. Se lo he dicho muchas veces".

No tolerando más la insistencia de su paciente, el psicólogo rompió su profesionalidad, jaló la mano del paciente hacia él y le hizo una pequeño cortada en la mano. El paciente empezó a sangrar pequeñas gotas. El paciente miró la pequeña cortada de su mano, sus ojos se abrieron de par en par y se quedó boquiabierto: se había dado cuenta de algo. Al ver la cara de sorpresa de su paciente, el psicólogo estaba seguro de que había logrado un gran avance. El paciente miró al psicólogo y con la voz entrecortada dijo: "Estaba equivocado. ¡Los muertos sí sangran!".

Yo solo puedo guiar a alguien hacia la verdad; no puedo creer la verdad por ellos. Cuando los cristianos dicen cosas como: "Yo solía pensar que los cristianos no podían estar poseídos por demonios hasta que me pasó a mí", en realidad están diciendo: "Yo solía creer lo que enseña la Biblia hasta que tuve una experiencia que parecía contradecirla".

Entonces, ¿qué deben pensar los cristianos si creen que fueron poseídos y creen que sufrieron un exorcismo real? Recuerda, a veces los cristianos confunden la liberación de tormentos y fortalezas con el exorcismo. Pero si un cristiano está convencido de que estuvo totalmente poseído por un demonio y luego fue liberado, yo estaría de acuerdo en que sí fue liberado. ¿Pero liberado de qué? ¿De la posesión real del demonio? No. En el caso de los verdaderos creyentes, no es que hayan sido liberados de la posesión demoníaca; fueron liberados de la mentira de que estaban poseídos en primer lugar. La verdad los hizo libres.

Sin embargo, podrían haberse saltado el ritual que parecía un exorcismo e ido directamente a la parte de creer. Eso es lo que intento que hagan los creyentes: saltarse los protocolos y pasar directamente a creer la verdad. Después de su experiencia con lo que pensaban que era un exorcismo, finalmente llegaron a creer la verdad: que satanás ya no los tenía. El problema es que llegaron a esa creencia por el protocolo religioso, no por lo que dice la Biblia. Si fue el protocolo el que los convenció de que eran libres, entonces solo una continuación de los protocolos los mantendrá creyendo en esa libertad.

Por otro lado, si llegan a creer la verdad simplemente por lo que la Palabra de Dios enseña, entonces ningún sentimiento, emoción, pensamiento o experiencia volverá a convencerlos de que Dios los entregó para ser poseídos por un ser demoníaco. Entonces ellos vivirán en la libertad de esa verdad permanentemente.

Toda persona que se enfrenta a la verdad se enfrenta a la corrección. Lo que hagamos con esa corrección nos hará crecer o causará que quedemos estancados donde estamos. Si crees que los cristianos pueden ser demonizados, entonces puede ser tentador simplemente descartar lo que te he mostrado en la Escritura. Es fácil ignorar esto; es difícil considerarlo verdaderamente. Pero si vas a rechazar lo que estoy presentando, recházalo por las razones correctas. No lo rechaces solo porque es diferente de lo que has oído. No descartes esto solo porque puede que tengas una historia que parezca contradecirlo. No descartes esto solo porque otro maestro apasionado dice ser un experto en esta área y dice lo contrario. Estudia lo que te he mostrado. Comprueba si no es cierto. No estudies para probar un punto. Deja que las Escrituras hablen por sí mismas. Y luego no ignores esa verdad. Es cómodo volver a lo de siempre, pero el crecimiento puede ser incómodo.

Los demonios son reales. Los cristianos a veces necesitan liberación. Los creyentes deben practicar el exorcismo. Pero los cristianos nacidos de nuevo no pueden ser endemoniados.

¿Por qué es importante?

Siempre que digo que los cristianos no necesitan el exorcismo, muchos piensan que estoy diciendo: "Los cristianos no necesitan la liberación". Así que lo que acaba ocurriendo es que los cristianos se ponen a la defensiva porque piensan que estoy hablando en contra de su experiencia cuando, en realidad, solo estoy cuestionando la forma en que ellos la describen y entienden.

Aquí, algunos podrían bromear: "¿Y qué? Opresión, depresión, regresión, posesión, engaño, ataque o influencia: todo es lo mismo. ¿A quién le importan las palabras que usemos mientras la gente se libere?".

Tal sugerencia no tiene en cuenta que la creencia de que los cristianos pueden estar poseídos por demonios es en sí misma una esclavitud. Por eso me empeño en dejar claro este punto. Se ha dicho: "Una de las mayores mentiras de satanás es que los cristianos no pueden ser poseídos". No estoy de acuerdo. Creo que una de las mayores mentiras de satanás es que los cristianos pueden ser poseídos por demonios. Esa creencia abre la puerta al tormento perpetuo, la esclavitud y la confusión. Esa mentira:

+ Roba al creyente una vida de victoria.

+ Magnifica el poder demoníaco y minimiza
  el poder del Espíritu Santo.

+ Crea una subcultura de creencias cuyos adeptos
  deben someterse a un sinfín de protocolos, rituales,
  ritos, conjuros que llamamos oraciones, y a un
  enfoque paranoico y vacilante de la vida.

+ Obliga a creer que se necesita algo más
  que el poder del Espíritu Santo.

+ Pone el énfasis en la pericia humana, en lugar
  de la autoridad del Espíritu Santo.

+ Distrae de los problemas reales del
  engaño y la desobediencia.

He visto el tormento que crea esta creencia, y he visto la libertad y el alivio que vienen cuando un creyente se da cuenta de la verdad y comienza a elegir una vida de disciplina espiritual en lugar de una búsqueda supersticiosa constantemente exigente pero desalentadoramente infructuosa. Rompe el ciclo rompiendo el poder de esta mentira.

En todas sus advertencias sobre los demonios, en todas sus instrucciones sobre la guerra espiritual, en ninguna parte, en ningún lugar de todo el Nuevo Testamento, vemos instrucciones para expulsar a los demonios de los creyentes. Eso no quiere decir que no podamos ser atacados. Sin embargo, en ninguna parte del Nuevo Testamento vemos a cristianos sometidos al exorcismo. En ninguna parte del Nuevo Testamento vemos que los cristianos tengan que someterse a rituales y sesiones especiales para encontrar la libertad. Ahora que sabes la verdad, te enfrentas a una elección. Abrazar las Escrituras o aferrarse a la ideología religiosa. La elección es tuya, pero te recomiendo encarecidamente que te pongas del lado de la verdad de las Escrituras.

Mucho se ha levantado sobre esta simple pero efectiva mentira. Esta sola creencia, que los demonios pueden habitar en los hijos de Dios, ha llevado a complicar la libertad que Dios ha dado a aquellos que simplemente obedecen y viven por fe. Al hacernos creer esta mentira, el enemigo logra mantenernos distraídos de abordar nuestros problemas reales. El camino a la libertad está en los fundamentos de la vida cristiana—santidad, obediencia, disciplina, fe, oración, ejercicio de la autoridad—no en las supersticiones impotentes creadas por el hombre o tomadas de otros sistemas de creencias. La libertad llega viviendo en el Espíritu Santo.

Entonces, ¿quién recibe el exorcismo?

Muchos se preguntan: "Si no expulsamos demonios de los cristianos, ¿entonces para quién es el exorcismo?". Es para el no creyente. La razón principal por la que los cristianos dudan en expulsar demonios de los no creyentes es porque aplican mal esta porción de la Escritura:

Cuando un espíritu maligno sale de una persona, va al desierto en busca de descanso, pero no lo encuentra. Entonces dice: "Volveré a la persona de la cual salí". De modo que regresa y encuentra su antigua casa vacía, barrida y en orden. Entonces el espíritu busca a otros siete espíritus más malignos que él, y todos entran en la persona y viven allí. Y entonces esa persona queda peor que antes. Eso es lo que le ocurrirá a esta generación maligna (Mateo 12:43-45 NTV).

Encontramos muchas revelaciones útiles en ese texto de Mateo 12. Vemos que los demonios vagan por la tierra después de dejar a un individuo. Los demonios regresan en un intento de volver a entrar. Los demonios tienen voluntad propia. Los demonios son observadores.

Los demonios se comunican entre ellos e incluso piden refuerzos. Los demonios pueden variar en su nivel de maldad. Todas estas ideas son útiles.

Al punto, así es cómo esa porción de la Escritura es mal aplicada: "Si echamos demonios del incrédulo y no se salva, lo ponemos en riesgo de ser siete veces peor que antes. Por lo tanto, no debemos echar demonios del incrédulo".

La preocupación está bien fundada, pues la Biblia enseña, en efecto, que los demonios pueden volver con otros siete. Pero hay algunas razones por las que debemos liberar a los cautivos, aunque nuestra teología nos haga dudar. ¿Qué enseña la Biblia sobre expulsar demonios de los no creyentes?

Pablo expulsó un demonio de un incrédulo en Hechos 16:

Cierto día, cuando íbamos al lugar de oración, nos encontramos con una joven esclava que tenía un espíritu que le permitía adivinar el futuro. Por medio de la adivinación, ganaba mucho dinero para sus amos. Ella seguía a Pablo y también al resto de nosotros, gritando: "Estos hombres son siervos del Dios Altísimo y han venido para decirles cómo ser salvos". Esto mismo sucedió día tras día hasta que Pablo se exasperó de tal manera que se dio la vuelta y le dijo al demonio que estaba dentro de la joven: "Te ordeno, en el nombre de Jesucristo, que salgas de ella". Y al instante el demonio la dejó (Hechos 16:16-18 NTV).

Hay otras cuatro muy buenas razones por las que debemos expulsar a los demonios de los incrédulos:

#1 - La liberación es para hoy y esencial.

Si nos fijamos en el modelo de ministerio de Jesús, vemos que a menudo enseñaba, sanaba a los enfermos y expulsaba demonios. Expulsar demonios no es negociable. La liberación era tan parte del ministerio de Jesús como la sanidad y la enseñanza.

> *Aquella noche le llevaron a Jesús muchos endemoniados. Él expulsó a los espíritus malignos con una simple orden y sanó a todos los enfermos* (Mateo 8:16 NTV). (Ver también Mateo 4:23-25 y Hechos 10:38).

La siguiente Escritura habla de la continuación del ministerio de liberación de Jesús a través de aquellos que creen en Su mensaje.

> *Estas señales milagrosas acompañarán a los que creen: expulsarán demonios en mi nombre y hablarán nuevos idiomas* (Marcos 16:17).

¿Cuántos de los endemoniados que Jesús liberó imaginamos que eran creyentes nacidos de nuevo? De los miles que diariamente buscaban a Jesús antes de que terminara Su obra en la cruz, ¿cuántos habían nacido de nuevo a través de su fe en Su sacrificio?

Negar la liberación al incrédulo es rechazar una porción importante del ministerio de Jesús. Ya que solo el incrédulo puede ser poseído por demonios, estaríamos perdiendo una función mayor del ministerio si les negáramos la libertad. Es por esto que te he escrito que una de las mentiras más grandes de satanás es que los cristianos pueden ser poseídos por demonios. Esa mentira hace que los cristianos traten sus fortalezas como posesión y permanezcan atados; esa mentira también nos distrae de practicar el exorcismo para el beneficio de aquellos que realmente lo necesitan: los incrédulos. ¡Qué mentira tan tramposa!

Está claro que Jesús expulsó a los demonios de los incrédulos y nosotros también debemos hacerlo. La liberación es demasiado importante para dejarla sin hacer por una pobre aplicación de un solo versículo bíblico. La gente está en esclavitud. La gente está sufriendo y atormentada. No podemos permitir que una regla religiosa nos impida ministrar a la gente que lo necesita. ¿Qué podría ser más religioso que, en nombre de la tradición, rechazar a los cautivos? Jesús contradijo regularmente las tradiciones del hombre. Sanaba en sábado. Del mismo modo, podemos y debemos expulsar a los demonios de los no creyentes, a pesar de lo que dicten las supersticiones cristianas modernas.

#2 - El mañana no está prometido.

Ninguno de nosotros tiene la garantía de ver el mañana. Lo mismo ocurre con los endemoniados. Al rechazar a los atados, demostramos nuestra presunción.

> Presten atención, ustedes que dicen: "Hoy o mañana iremos a tal o cual ciudad y nos quedaremos un año. Haremos negocios allí y ganaremos dinero". ¿Cómo saben qué será de su vida el día de mañana? La vida de ustedes es como la neblina del amanecer: aparece un rato y luego se esfuma. Lo que deberían decir es: "Si el Señor quiere, viviremos y haremos esto o aquello" (Santiago 4:13-15 NTV).

La Escritura declara: "*Efectivamente, el 'momento preciso' es ahora. Hoy es el día de salvación*" (2 Corintios 6:2 NTV). No sabemos quién permanecerá en la tierra mañana, así que ¿por qué arriesgar un alma? ¿Por qué aplazar la liberación? Debemos echar los demonios fuera del incrédulo ahora, porque ahora puede ser todo lo que tienen.

#3 - El exorcismo puede llevar a la salvación.

Piensa en el endemoniado de Marcos 5. Fue liberado y luego decidió seguir a Jesús.

Cuando Jesús subía a la barca, el endemoniado le rogó que lo acompañara (Marcos 5:18).

Y María Magdalena también se entregó a Cristo después de haber sido liberada de la posesión demoníaca. La Biblia menciona que le fueron expulsados siete demonios.

> *Después de que Jesús resucitó el domingo por la mañana temprano, la primera persona que lo vio fue María Magdalena, la mujer de quien él había expulsado siete demonios* (Marcos 16:9 NTV).

Toma nota de que su exorcismo no tuvo lugar ese domingo por la mañana. Llevaba ya bastante tiempo liberada, desde poco antes de empezar a seguir a Jesús. Marcos tomó nota de su testimonio para distinguirla de la otra María. El punto es que ella siguió a Jesús como resultado de su exorcismo.

El exorcismo puede llevar a la salvación.

> *¿O tienes en poco las riquezas de su bondad, tolerancia y paciencia, ignorando que la bondad de Dios te guía al arrepentimiento?* (Romanos 2:4 LBLA).

Gritamos consignas como: "¡Libera a los cautivos! ¡La liberación es para hoy! Jesús todavía libera". Sin embargo, rechazamos a los que necesitan desesperadamente la libertad a causa de la teología. Esta es la carga del legalismo, la impotencia del pensamiento religioso. Sumamente enfocados en una estricta aplicación errónea de las Escrituras, demasiados creyentes dicen al incrédulo poseído por el demonio: "Tengo que dejarte en la esclavitud, porque mi doctrina me lo dice."

Sí, el incrédulo puede acabar peor si no se arrepiente después del exorcismo, pero el destino de su alma eterna será mucho peor si nos quedamos de brazos cruzados. Me pregunto cuántas personas poseídas por demonios ya habrían sido liberadas y luego habrían nacido de nuevo si no se les hubiera ignorado. Es posible que la liberación de alguien lo lleve a la salvación.

Esto puede suscitar la pregunta: "Entonces, ¿para qué necesitamos el ministerio de liberación? ¿Por qué no hacer que todos sean salvos? Entonces no tendríamos que echar demonios de nadie".

Esta forma de pensar no tiene en cuenta que el ministerio de liberación es más que un simple exorcismo. Además, es posible que muchos solo vengan a Cristo después de haber sido liberados de la posesión demoníaca. Cuando alguien experimenta tal libertad después de haber vivido bajo la desesperanza de la demonización, lo más frecuente es que se comprometa a seguir a Cristo. Es una victoria espiritual demasiado profunda como para no querer al Señor después de haberla experimentado. Así que debemos expulsar a los demonios de los no creyentes, porque podría ser lo que Dios utiliza para atraerlos a la salvación.

#4 - No decimos lo mismo del evangelismo.

La idea básica detrás de negarse a expulsar demonios de los no creyentes es que no queremos potencialmente empeorar su situación. Eso es comprensible. No queremos poner a la gente en posiciones en las que su demonización se multiplique por siete. Es sabio considerar si el endemoniado tiene al menos alguna voluntad de ser libre. Los endemoniados que Jesús liberó vinieron a Él o al menos se dejaron traer a Él. Aún así, esto no significa que nunca debamos expulsar demonios de los no creyentes, porque para eso es el exorcismo.

Debido a que la gente de Capernaúm vio los milagros de Jesús, fueron sometidos a un juicio más estricto por su incredulidad.

> "Y ustedes, los de Capernaúm, ¿serán honrados en el cielo? No, descenderán al lugar de los muertos. Pues, si hubiera hecho en la perversa ciudad de Sodoma los milagros que hice entre ustedes, la ciudad estaría aquí hasta el día de hoy. Les digo que, el día del juicio, aun a Sodoma le irá mejor que a ustedes" (Mateo 11:23-24 NTV).

¿Le impidió esto a Jesús hacer milagros? Imagina decirle al Señor: «Señor, no deberías hacer milagros, porque entonces podrías potencialmente traer un juicio más severo sobre la gente que ve los milagros y aún así elige no creer.»

Además, ¿qué pasa con los que conocen la verdad pero la rechazan? ¿No están en peor situación que si nunca hubieran conocido la verdad?

> Y cuando la gente escapa de la maldad del mundo por medio de conocer a nuestro Señor y Salvador Jesucristo, pero luego se enreda y vuelve a quedar esclavizada por el pecado, termina peor que antes. Les hubiera sido mejor nunca haber conocido el camino a la justicia, en lugar de conocerlo y luego rechazar el mandato que se les dio de vivir una vida santa (2 Pedro 2:20-21 NTV).

No les negamos el evangelio a los incrédulos por temor a que un día se alejen de la verdad y terminen peor. Entonces, ¿por qué retendríamos la liberación de los atados por miedo a que puedan recibir siete demonios más?

Aparte del hecho de que solo los no creyentes pueden ser endemoniados, esas son cuatro razones bíblicas de por qué debemos echar demonios de los no creyentes.

Una gran inconsistencia

Aun así, en realidad hay otra inconsistencia importante que necesita ser traída a tu atención. Aquellos que creen que los cristianos pueden ser endemoniados también creen que no debemos expulsar demonios de los no creyentes, para evitar que entren siete demonios más, por supuesto. Pero realmente piensa en esto: Si no debemos expulsar demonios de los no creyentes porque el demonio puede regresar con otros siete, entonces ¿por qué no se aplicaría lo mismo para expulsar demonios de los cristianos, ya que supuestamente ellos también pueden ser endemoniados?

Por supuesto, algunos podrían replicar: "Bueno, los cristianos solo pueden volverse a endemoniar si abren una puerta o dan un derecho legal al enemigo". Pero el peligro seguiría existiendo. El creyente, en ese caso, estaría a uno o dos errores de ser endemoniado siete veces.

Así que es inconsistente creer que debemos practicar el exorcismo en cristianos supuestamente endemoniados, a la vez que también decimos que no debemos practicar el exorcismo en no creyentes endemoniados. Si ambos pueden ser poseídos, entonces ambos podrían eventualmente terminar "siete veces peor". La misma verdad tendría que aplicarse tanto al creyente como al incrédulo.

Aquí, algunos podrían sugerir que los cristianos están protegidos por el Espíritu Santo para que el demonio no pueda volver a entrar con siete más. Pero esto es lo que he estado diciendo todo este tiempo.

Sin embargo, no creo que el Espíritu Santo solo nos proteja de la demonización "séptuple". Creo que Él previene la demonización por completo. No es que el Espíritu Santo tenga una cantidad mínima de demonios que permitirá. Imagínate: "No permitiré que entren siete más, pero haré una excepción con uno solo". Este es el tipo de contradicciones extrañas que surgen cuando no puedes dejar ir esta noción antibíblica de la demonización cristiana.

Así que o el Espíritu Santo protege al creyente de la posesión demoníaca o no. O el exorcismo es para el no creyente, o no es para nadie.

Por último, si uno está tan preocupado de que un demonio pueda volver a un incrédulo después del exorcismo, solo tiene que ordenar al demonio que nunca vuelva.

> Cuando Jesús vio que aumentaba el número de espectadores, reprendió al espíritu maligno. "Escucha, espíritu que impides que este muchacho oiga y hable —dijo—. ¡Te ordeno que salgas de este muchacho y nunca más entres en él!" (Marcos 9:25).

Incluso si el incrédulo "abriera una puerta" o diera un "derecho legal" al reino de las tinieblas, el demonio que expulsó aún tendría que obedecer la orden que se le dio de no volver jamás. Otro demonio podría tomar su lugar, pero como ese demonio solo estaría entrando por primera vez, no podría traer a otros siete con él.

Una reflexión final sobre este asunto

Si estas confundido ahora acerca de lo que crees, puedes saber que las cosas se aclaran a medida que elevas la Palabra de Dios. La confusión viene de la creencia no bíblica y de tratar de aferrarse a esa creencia no bíblica aún después de haber sido confrontado con la verdad. Este es mi consejo: ponte siempre del lado de las Escrituras. La gente religiosa se molestará contigo por no seguir sus protocolos y creencias hechas por el hombre. Los cristianos bien intencionados pueden molestarse contigo por no estar de acuerdo con ellos. Las voces de la verdad siempre molestan a la clase dirigente. No sé a ti, pero a mí no me importa sacudir un poco las cosas.

Por supuesto, no persigo la controversia. Persigo la verdad. Pero a veces, en el camino hacia la verdad, se encuentra la controversia. No busques la controversia. Tampoco la evites. Solo persigue la verdad y acepta lo que venga con ella. Sé valiente por la verdad. Sé diferente y apártate.

Yo también he recibido críticas sobre este tema. La gente me dice que esta verdad que comparto mantiene a la gente en esclavitud, lo cual es irónico ya que los cristianos que creen que pueden ser poseídos son los mismos que más luchan. Cualquier creyente que conozco que ha abrazado la verdad ha vivido en completa autoridad sobre seres demoníacos.

La conversación es tan intensa por lo que está en juego. Una vez que esta doctrina de la posesión demoníaca cristiana desaparece, hay mucho que se va con ella. Esta sola creencia abre al cristiano a un complicado mundo de acercamientos extra-bíblicos al reino espiritual. Permítete ser liberado. Entra en la verdad. Cree en la libertad que Dios te ha dado. No comprometas tu autoridad con creencias espiritualmente limitantes. Ponte del lado de las Escrituras. Confía en el poder del Espíritu Santo.

14

La fortaleza del miedo y el tormento

Tormento es un ataque despiadado del enemigo. Pesadillas. Voces. La sensación constante de una presencia oscura cerca de ti. Esto no es solo ansiedad; es aflicción de la mente. El sueño se interrumpe. Es difícil disfrutar de cualquier cosa. Ataques de pánico, comportamiento compulsivo y creer siempre que lo peor está a punto de suceder. Añade a esto la plétora de pensamientos intrusivos y a veces incluso pervertidos o blasfemos. Palabras airadas, malas palabras, palabras perversas pasan por tu mente.

Puede que incluso te sorprendas soñando despierto cosas horribles: visiones de seres queridos que sufren daños, de pérdidas, de dolor, de lesiones, de violencia, de imágenes perturbadoras. Pensamientos sexuales retorcidos y perversos pueden dominar tu mente, incluso a veces pueden culminar en sueños sexualizados.

Pueden ocurrir manifestaciones demoníacas a tu alrededor, cosas como objetos que se mueven. En casos graves, incluso puedes ver seres demoníacos, rostros malvados, figuras sombrías, o escuchar a estos seres clamando alrededor de la habitación; incluso puedes escuchar sus pasos.

He sabido de creyentes que de repente empezarían a tener pensamientos odiosos y blasfemos durante cualquier reunión de la iglesia o servicio de adoración. He sabido de líderes cristianos que escuchaban voces.

Todos estos son relatos de una cosa: tormento. El tormento adopta muchas formas diferentes, pero la raíz es siempre el miedo. El tormento puede ser tan simple como la ansiedad y tan intenso como las alucinaciones. Pero todo es miedo.

El tormento puede durar días, semanas o incluso años. He hablado y orado por algunos creyentes que incluso han lidiado con esta fortaleza durante décadas, sin saber cómo liberarse. Esta fortaleza es la que más a menudo se confunde con la posesión demoníaca, porque los síntomas son muy similares.

El tormento de la mente puede ser debilitante. Puede afectar todo acerca de ti: tu trabajo, tus relaciones, tu participación en el ministerio, tu salud física y, lo peor de todo, tu vida espiritual. Puede que hayas llegado al punto en que lo has intentado todo. Puede que estés en un punto en el que te resulte difícil disfrutar de algo en la vida. Esto, tristemente, lleva al aislamiento y ese aislamiento empeora el problema. También es una trágica realidad que el tormento de la mente puede causar tal desesperanza en las personas que incluso pueden considerar el suicidio.

El tormento de la mente es quizás una de las fortalezas más viciosas, porque viene con una fea sensación de desesperación y oscuridad. Aunque te cueste creerlo, debes saber que puedes ser libre.

Querido lector, al llegar ya a este capítulo, ya sabes que los cristianos no pueden estar poseídos por demonios. A lo que te enfrentas es a un ataque espiritual desde el exterior, aunque puede que no lo sientas así porque sin duda estás afectado (pero no habitado) por dentro. Entonces, ¿cómo vencemos la fortaleza del tormento?

Las Escrituras revelan que el apóstol Pablo fue atormentado por un mensajero de satanás:

Si quisiera jactarme, no sería ningún necio al hacerlo porque estaría diciendo la verdad; pero no lo haré, porque no quiero que nadie me atribuya méritos más allá de lo que pueda verse en mi vida u oírse en mi mensaje, aun cuando he recibido de Dios revelaciones tan maravillosas. Así que, para impedir que me volviera orgulloso, se me dio una espina en mi carne, un mensajero de Satanás para atormentarme e impedir que me volviera orgulloso. En tres ocasiones distintas, le supliqué al Señor que me la quitara. Cada vez él me dijo: "Mi gracia es todo lo que necesitas; mi poder actúa mejor en la debilidad". Así que ahora me alegra jactarme de mis debilidades, para que el poder de Cristo pueda actuar a través de mí. Es por esto que me deleito en mis debilidades, y en los insultos, en privaciones, persecuciones y dificultades que sufro por Cristo. Pues, cuando soy débil, entonces soy fuerte (2 Corintios 12:6-10 NTV).

Pablo usa la frase *"un mensajero de Satanás"*. Así que sabemos que estaba siendo acosado por un ser demoníaco. Al demonio se le permitió *"atormentarlo"*. Este ser demoníaco pudo haber usado perseguidores humanos para acosar a Pablo, o pudo haber hecho el acoso él mismo. En cualquier caso, estaba limitado a "atormentar". Se refirió a este espíritu como un mensajero debido a la naturaleza de sus ataques; hablaba, se comunicaba.

Este ser es descrito como una *"espina en la carne"*. En el idioma original, la palabra "espina" describe un objeto puntiagudo. La definición es "estaca" o "espina". Sabemos que Pablo no tenía literalmente una estaca atravesando su cuerpo físico. Así que si alguien quiere creer que Pablo estaba hablando de su "carne" literal, entonces también tienen que comprometerse a la creencia de que estaba hablando de una estaca de madera literal, lo cual es una tontería. En pocas palabras, el lenguaje figurado de "espina en la carne" se utilizó para describir la realidad literal de un *"mensajero de satanás."* La frase *"espina en la carne"* es la analogía, y el *"mensajero de satanás"* es el sujeto de la analogía. Por lo tanto, Pablo no estaba diciendo que el mensajero estaba en su cuerpo físico. Esto se evidencia además por el hecho de que Dios no quitó esta espina, a pesar de las súplicas de Pablo.

Basados en el testimonio escrito de Pablo, sabemos que es posible ser atormentado por un ataque demoníaco, aun sin estar poseído. También sabemos que es posible que el enemigo ataque con tormento, aun siendo creyente.

¿Cuál es la solución dada? «*Mi gracia es todo lo que necesitas*» (2 Corintios 12:9). Esta gracia es la presencia poderosa del Espíritu Santo. Entonces, ¿cómo cooperamos con Su obra?

RECORDATORIO

No olvides aplicar estos principios básicos en tu lucha contra la fortaleza de la adicción.

Engaños y puertas abiertas

- ✦ Vístete con la armadura de Dios (Capítulo 2)
- ✦ Confía en el Espíritu de la Verdad (Capítulo 4)
- ✦ Cierra puertas abiertas (Capítulo 5)
- ✦ Identifica las fortalezas mediante la Palabra de Dios, la voz del Espíritu y los buenos maestros (Capítulo 6)

Trata con lo demoníaco (Capítulo 7)

- Conoce la autoridad de Dios.
- Alinéate con la autoridad de Dios
- Da una orden
- Ayuna y ora para aumentar la fe

Trata lo mental y lo emocional (Capítulo 8)

- Respeta lo básico
- Elige creer en la verdad
- Combate las mentiras que refuerzan
- Renueva la mente

#1 - Que no cunda el pánico

La fortaleza del tormento conlleva sus propios retos. ¿Cómo puedes controlar tus pensamientos cuando parece que alguien está pensando por ti? Asumiendo que ya has lidiado con los potenciales aspectos demoníacos de esta fortaleza, ahora puedes pasar a este primer paso: no entres en pánico.

La raíz de la mentira detrás de la fortaleza del tormento es simplemente la ilusión del poder del enemigo sobre ti. Los ataques son tan intensos: las imágenes visuales, los sonidos, los sentimientos. Pero todos son exageraciones del poder del enemigo.

Hay una historia sobre un gran hombre de fe llamado Smith Wigglesworth. Después de varias horas de ministrar y orar por la gente en una reunión de avivamiento, el Sr. Wigglesworth quedó físicamente exhausto y se fue a casa a dormir unas horas. Aproximadamente media hora después de quedarse dormido, se despertó por el repentino temblor de su cama. Sintió que alguien se sentaba a los pies de su cama. Cuando se dio la vuelta para ver qué le había sacudido de su sueño, vio a un ser demoníaco sentado y mirándole fijamente. Aclaró los ojos para asegurarse de que realmente estaba viendo al demonio. Y así era. Sin embargo, tras apenas un momento de pausa, el Sr. Wigglesworth dijo: "Oh, solo eres tú". Sin inmutarse, volvió a su posición de sueño y se quedó dormido.

> Pues Dios no nos ha dado un espíritu de temor y timidez, sino de poder, amor y autodisciplina (2 Timoteo 1:7 NTV).

¿Qué haría la mayoría de los creyentes en esa situación? Lamentablemente, creo que la mayoría entraría en pánico. Me atrevería a decir que perderían el sueño en las noches siguientes. Ahí radica el problema. La mayoría de los cristianos se asustan cuando son atacados. Sé que los ataques demoníacos pueden ser atormentadores, y no quiero parecer indiferente al sufrimiento del pueblo de Dios. Sin embargo, ciertamente podemos aumentar el tormento por la forma en que respondemos a él. De hecho, muchos cristianos que sufren con esta fortaleza están simplemente atormentados por el hecho de que están siendo atormentados. No pueden superar la idea de que están siendo atacados. Permiten que los preocupe y consuma sus pensamientos.

Estaba ministrando en el norte de California y presentando un seminario sobre la guerra espiritual y la liberación. Cuando llegó el momento del segmento de preguntas y respuestas, una dama me dijo: "Hermano David, a veces cuando oro, veo la imagen de una serpiente". Le respondí: "Eso no es bueno. Suena demoníaco". Ella continuó: "Lo sé. Entonces, ¿qué debo hacer al respecto?". Le expliqué: "Parece un ataque demoníaco de distracción. Tienes que reprenderlo y luego seguir orando". Ella recalcó: "¡No, pero usted no entiende! Esto solo ocurre cuando estoy orando. ¿Qué significa? ¿Qué debo hacer? ¿Es una maldición generacional?"

"Señora, sea lo que sea, suena demoníaco, y si es demoníaco, usted tiene autoridad sobre él. Tiene que reprenderlo y luego seguir orando". No le gustó nada mi respuesta, así que repitió su pregunta unas cuatro veces más. Quería que ahondara en su historia familiar, que le hablara del simbolismo de las serpientes y que le diera oraciones especializadas para usar específicamente contra los "demonios serpiente".

Querido lector, el mismo poder que expulsa espíritus de enfermedad y espíritus de brujería y espíritus de todo tipo es el mismo poder que obra sobre los "demonios serpiente". Es simplemente el poder del Espíritu Santo. Intentando por todos los medios no ofenderla, utilicé el tono más amable que pude encontrar en mi voz: "Señora, sinceramente, el enemigo está intentando distraerla cuando ora y está funcionando".

Encuentro que este es un patrón con muchos del pueblo de Dios. Quieren soluciones ultra-específicas para sus problemas ultra-específicos. Hacen hincapié en los significados, orígenes y tipos de demonios. Es como si estuvieran atrapados en su propia versión cristianizada de calabozos y dragones. Algunos se obsesionan porque encuentran emoción, entretenimiento e identidad en la demonología. Otros se estresan porque se les ha enseñado que necesitan entender el poder demoníaco desde todos los ángulos diferentes antes de que el poder de Dios pueda actuar. Ambas respuestas son formas de obsesión. Insistimos en soluciones ultra específicas porque no confiamos en las verdades generales de la Palabra de Dios.

Cuando los creyentes se sienten atacados y atormentados, empeoran el problema obsesionándose con él y haciéndose preguntas autocondenadoras: "¿Está Dios enfadado conmigo? ¿He blasfemado contra el

Espíritu Santo? ¿Me ha rechazado Jesús?". Al hacer esto, ignoran la raíz del tormento y luego añaden algunos tormentos propios. Lo he visto demasiadas veces, y me rompe el corazón:

"David, creo que estoy lidiando con una maldición. He bostezado mientras leía la Biblia. Por favor, ayúdame".

"Pastor, por favor, tuve una pesadilla. Era tan demoníaca. Ayúdeme, no sé qué hacer".

"David, siento que todos a mi alrededor están en mi contra. ¿Es esto un castigo de Dios o estoy siendo atacado espiritualmente?".

Podría dar cientos de ejemplos más. Cuando oigo cosas así, me invade una justa indignación. En primer lugar, me enfado con el enemigo por atacar al pueblo de Dios con semejante engaño. En segundo lugar, me enfado con aquellos cuyas enseñanzas no hacen más que aumentar la confusión y el miedo.

Creyente, cuando estés siendo atacado por el enemigo, no ignores sus muchas artimañas engañosas, pero tampoco pierdas la paz por el mero hecho de que esté actuando contra ti. Eso forma parte de la vida cristiana. Eres un objetivo. Por supuesto, el enemigo va a atacar. Honestamente, yo estaría más preocupado si no me estuviera atacando. A menudo empeoramos nuestras luchas añadiendo preocupación al ya gran peso. Esta es en parte la razón por la que algunos no pueden liberarse. Agitan el problema con cosas que pensaban que eran soluciones.

Pasan horas en línea investigando la guerra espiritual. Se obsesionan con diferentes métodos de liberación creados por el hombre. Desafortunadamente, hay mucha información por ahí que solo empeora el problema. Más allá de las Escrituras, muchos simplemente se dedican a formular algunas adaptaciones a las enseñanzas del ocultismo y la Nueva Era y luego le ponen una etiqueta cristiana. Añadiendo instrucciones no basadas en las Escrituras y poniendo más cargas sobre los ya afligidos, algunos te harán creer que hay más criterios que tienes que cumplir antes de que puedas ser libre. Empeorando el problema, algunos incluso te enseñarán que todo es un demonio. Entonces tu tormento empeora aún más, porque sigues añadiendo más cosas a tu lista de preocupaciones.

Si vas a superar esta fortaleza, el primer paso es reaccionar al tormento con confianza en Dios. Esta es en realidad una de las claves que me dio una gran victoria con los ataques de pánico. Un ataque de pánico es, por supuesto, solo un ejemplo de un tormento, pero es una excelente ilustración para este punto.

Esto es lo que aprendí a hacer: En el momento en que sintiera un dolor o mareo o esa pesada sensación de temor, me permitía sentirlo. No lo ignoraba. Me enfrentaba a ello y me decía: "¿Es esto lo peor que puedes hacer, demonio? ¿Es esto todo lo que tienes? Hacía una pausa y me permitía sentir cómo se me aceleraba el corazón, me sudaban las manos y me latía la cabeza. En el mismo momento del ataque de pánico, decía: "Dios, gracias porque eres mi Protector. Gracias porque me amas y me cuidas". Al hacer esto, al no evitar lo que estaba sintiendo en ese momento, me di cuenta de que aunque se sentía real y se sentía peligroso, en realidad no podía hacerme daño.

Esa es la verdad sobre el tormento: da miedo, pero no puede hacerte daño.

Mi antigua forma de afrontar los ataques de pánico consistía en evitar pensar en las sensaciones físicas y fingir que no sucedían. Al hacerlo, solo conseguía acumular pavor. Sin embargo, al enfrentarme a lo que sentía y elegir la paz a pesar de lo que sentía, pude superar el poder que había detrás del ataque: el miedo.

Oré al Señor, y él me respondió; me libró de todos mis temores. Los que buscan su ayuda estarán radiantes de alegría; ninguna sombra de vergüenza les oscurecerá el rostro (Salmo 34:4-5 NTV).

El miedo es real; el peligro, no. Sé lo que es estar tan convencido del poder del enemigo que no puedo disfrutar ni un momento de la vida. Sé lo que es estar tan paralizado por el miedo que levantarme de la cama es una batalla. Desde tormentos leves como ansiedad social, pensamientos catastrofistas y desasosiego hasta tormentos intensos como pensamientos intrusivos, voces, compulsiones y alucinaciones, es importante que no respondas con pánico. Si lo haces, solo añadirás otra capa a la lucha.

No estoy diciendo que debamos negar nuestros problemas o que debamos ignorar el hecho de que podemos estar luchando. Tampoco estoy abogando únicamente por el pensamiento positivo. Simplemente quiero decir que el pánico no es la respuesta apropiada para el creyente cuando se trata de cualquier tipo de ataque o fortaleza.

En el momento del ataque o del pensamiento, eso es cuando necesitas invocar al Espíritu Santo. En los momentos clave, el Espíritu Santo nos capacita para afrontar nuestros desafíos. Cuando un hechicero interfirió con la predicación del evangelio de Pablo, el Espíritu Santo le dio poder para resistir el ataque demoníaco.

> Pero Elimas, el hechicero (eso es lo que significa su nombre en griego), se entrometió y trataba de persuadir al gobernador para que no prestara atención a lo que Bernabé y Saulo decían. Trataba de impedir que el gobernador creyera. Saulo, también conocido como Pablo, fue lleno del Espíritu Santo y miró al hechicero a los ojos. Luego dijo: "¡Tú, hijo del diablo, lleno de toda clase de engaño y fraude, y enemigo de todo lo bueno! ¿Nunca dejarás de distorsionar los caminos verdaderos del Señor? Ahora mira, el Señor ha puesto su mano de castigo sobre ti, y quedarás ciego. No verás la luz del sol por un tiempo". Al instante, neblina y oscuridad cubrieron los ojos del hombre, y comenzó a andar a tientas, mientras suplicaba que alguien lo tomara de la mano y lo guiara (Hechos 13:8-11 NTV).

Esa porción de la Escritura revela una de mis verdades favoritas sobre el Espíritu Santo. Él aparece en los momentos en que más lo necesitas. Sabemos que Pablo ya estaba lleno del Espíritu Santo cuando nació de nuevo. Así que en esta historia, Pablo no estaba recibiendo poder, estaba accediendo al poder que ya tenía. Este poder "repentino" es tuyo también. Tú ya tienes al Espíritu Santo viviendo dentro de ti. Siempre que seas atacado o desafiado, el Espíritu Santo te dará poder para lo que el momento requiera de ti.

Sea cual sea el tormento —intenso o leve—, tu reacción inicial debe ser invocar al Espíritu Santo, no dejarte llevar por el pánico ante lo que estás experimentando. Esto, como todo lo que vale la pena, puede requerir práctica. La oración, no el pánico, debe ser la respuesta inicial del creyente a cualquier pensamiento atormentador. Si estás sufriendo un mal o soportando una aflicción, clama al Espíritu Santo para que te rescate.

> *Está alguno entre vosotros afligido? Haga oración. ¿Está alguno alegre? Cante alabanzas* (Santiago 5:13 RVR1960).

Puede que oigas voces en tu cabeza o que tengas pensamientos intrusivos. Puede que estés lleno de ansiedad o simplemente angustiado mentalmente en general. Incluso en esos momentos intensos, puedes elegir la oración en lugar del pánico. Al permitir que tu primera respuesta sea la oración en lugar del pánico, al involucrar al Espíritu Santo en las primeras fracciones de segundo de un episodio de tormento mental, te haces cargo de la situación. Como cuando navegas en una tormenta, tienes que mantenerte concentrado en tu destino incluso cuando te zarandean. Estos tormentos son pura sombra, sin sustancia. Como proyecciones en una pantalla, estos ataques parecen más grandes y tangibles de lo que realmente son. Son elaborados espectáculos diseñados para distraerte e intimidarte. Esta teatralidad puede ser persuasiva si te dejas llevar por la ilusión de su poder.

Aquí es donde debemos invocar a nuestro Ayudador, el Espíritu Santo. Al hacerlo, creas un momento de pausa para que puedas recuperar el aliento y luego elegir creer la verdad. Esto te posiciona para dar el paso número dos, que es ser persuadido del amor de Dios.

#2 - Sé persuadido de Su amor

Incluso en tu sufrimiento, estás conectado con Dios. Tal vez una de las mentiras más emocionalmente agitadoras que vienen con estar mentalmente afligido es la idea de que el tormento es de alguna manera una prueba de que Dios te ha abandonado. Solo porque sufras de un problema de salud mental o de un patrón de pensamiento enfermizo o de dolor emocional o de un ataque demoníaco no significa que seas un falso cristiano o que Dios te haya dejado de lado. El hecho de que tengas sueños atormentadores, pensamientos intrusivos o miedos paralizantes no significa que Dios ya no te ame.

> *Y estoy convencido de que nada podrá jamás separarnos del amor de Dios. Ni la muerte ni la vida, ni ángeles ni demonios,[a] ni nuestros temores de hoy ni nuestras preocupaciones de mañana. Ni siquiera los poderes del infierno pueden separarnos del amor de Dios. Ningún poder en las alturas ni en las profundidades, de hecho, nada en toda la creación podrá jamás separarnos del amor de Dios, que está revelado en Cristo Jesús nuestro Señor* (Romanos 8:38-39 NTV).

Nada puede separarte del amor de Dios. Ni el miedo ni los ataques de pánico, ni el TOC ni los pensamientos intrusivos, ni las alucinaciones ni las voces, ni siquiera los sueños demoníacos y la angustia mental pueden separarnos del amor de Dios.

La paciencia de Dios no se ha agotado contigo solo por tu sufrimiento. No te ha rechazado. Dios no está a punto de abandonarte. Sus misericordias son nuevas cada mañana (Lamentaciones 3:23). Es paciente con nuestras debilidades y compasivo con nuestros sufrimientos. Afianzarte en la realidad del amor de Dios es una clave importante para que el tormento desaparezca.

Los demonios no pueden desconectarte del amor de Dios. El tormento no puede desconectarte del amor de Dios. Estar persuadido del amor de Dios es estar persuadido de la victoria y de la identidad.

> *Y al vivir en Dios, nuestro amor crece hasta hacerse perfecto. Por lo tanto, no tendremos temor en el día del juicio, sino que podremos estar ante Dios con confianza, porque vivimos como vivió Jesús en este mundo. En esa clase de amor no hay temor, porque el amor perfecto expulsa todo temor. Si tenemos miedo es por temor al castigo, y esto muestra que no hemos experimentado plenamente el perfecto amor de Dios (1 Juan 4:17-18 NTV).*

Los que son amados por Dios no tienen nada que temer. El Dios con poder ilimitado cuida de ti con amor eterno. Al final, ¿qué tienes que temer si todo para ti termina en última instancia en estar con Dios?

> *No teman a los que quieren matarles el cuerpo; no pueden tocar el alma. Teman solo a Dios, quien puede destruir tanto el alma como el cuerpo en el infierno (Mateo 10:28 NTV).*

En primer lugar, Jesús enseñó que solo Dios podía tocar el alma. Solo Dios puede destruir tanto el cuerpo como el alma. En otras palabras, solo Dios puede decidir tu eternidad. Piensa en todos los horrores y amenazas que el enemigo usa para atormentar tu mente. No importa lo que el enemigo amenace o lo que la mente natural se preocupe o lo que las emociones sientan, la verdad del amor de Dios es liberadora porque el amor de Dios es la última red de seguridad. No importa lo que te pase o lo que no te pase, eres eternamente amado.

Desde lejos el Señor se le[apareció, diciendo: Con amor eterno te he amado, por eso te he atraído con misericordia (Jeremías 31:3 LBLA).

Las amenazas y aflicciones son proyecciones, por muy atormentadoras que puedan ser. Los ataques —pensamientos, emociones, voces demoníacas, alucinaciones, etc.— nada de eso puede separarte del amor de Dios. Así que incluso en tu tormento, debes elegir pensar en lo que el Espíritu Santo está diciendo. No te ha rechazado. Él no te ha abandonado. Puedes ser victorioso. Eres amado por Dios. El Espíritu Santo no solo nos recuerda esa verdad, sino que la afirma. Convence, persuade y suplica. Mientras todas las otras voces gritan por tu atención, la voz del Espíritu Santo penetra el ruido, llamándote a creer cosas mejores. Él es quien derrama el amor de Dios en tu corazón.

Y la esperanza no avergüenza, porque el amor de Dios ha sido derramado en nuestros corazones por el Espíritu Santo que nos ha sido dado (Romanos 5:5 LBLA).

En el amor de Dios encuentras una base firme, una identidad segura y audacia.

#3 - No te identifiques con el tormento

Hay una gran diferencia entre reconocer que estás siendo atormentado e identificarte con esos tormentos. Reconocer que estás siendo atormentado es decir: "Esto me está pasando y necesito ayuda". Identificarte con tu tormento es decir: "Hay algo inherentemente malo en mí, por eso siempre atraeré tormento". Los creyentes nacidos de nuevo son nuevas creaciones.

> *Esto significa que todo el que pertenece a Cristo se ha convertido en una persona nueva. La vida antigua ha pasado; ¡una nueva vida ha comenzado!* (2 Corintios 5:17 NTV).

Tú no eres tus pensamientos intrusivos. No eres tus tormentos. No eres las voces, las alucinaciones ni los terrores nocturnos. No eres los miedos, ni las inseguridades, ni los ataques de pánico. No eres las compulsiones, los pensamientos blasfemos o las ideas perversas. No perteneces al enemigo. Eres hijo de Dios.

Tu mente simplemente está funcionando bajo su antiguo entrenamiento, y necesita ser renovada. Mientras estás siendo renovado, recuerda quién eres. La presencia del Espíritu Santo en ti es la afirmación de tu identidad.

> *Pues todos los que son guiados por el Espíritu de Dios son hijos de Dios* (Romanos 8:14 NTV).

Aprende a separar tu identidad de tus luchas. En lugar de decir cosas como: "Tengo una mente blasfema", di en su lugar: "Esos son los pensamientos blasfemos. Puedo elegir rechazarlos". Esto no significa que no tengas ninguna responsabilidad por tus decisiones, errores y pensamientos. Ciertamente, Dios nos hace a todos responsables de nuestras decisiones. Esto solo significa que no estás basando tu identidad en tu batalla.

Cuando aparezca el pánico, piensa algo como: "Esto es la ansiedad que está pasando. Siento el pánico en mi cuerpo, pero puedo elegir la paz". Cuando pensamientos intrusivos, ya sean blasfemos, perversos o atormentadores, recorran tu cabeza, reconoce esta realidad: "Estos pensamientos son perturbadores, pero elijo rechazarlos. Dios todavía me ama, y Él me ayudará a rechazar estos pensamientos". Cuando tengas noche tras noche terrores del sueño e incluso visitas demoníacas (diferente de posesión), recuerda: "Pertenezco a Dios. Ningún demonio puede poseerme o habitar en mí. Estos ataques son solo amenazas, pero el enemigo está limitado a lo que puede hacerme." Cuando tu inseguridad y tu dolor te hagan suponer que la gente piensa lo peor de ti, pregúntate: "¿De verdad me están maltratando? ¿Realmente les caigo mal? ¿O los estoy leyendo a través de la lente de heridas e inseguridades pasadas?".

Tu tormento no define quién eres. Tu diagnóstico no es tu identidad. Refiérete a estos ataques como "la ansiedad" o "el TOC" o "los pensamientos intrusivos" o "los tormentos". Esto te ayuda a ver los patrones de pensamiento desde una perspectiva diferente. Por ejemplo, cada vez que tengo la tentación de pensar demasiado o de imaginarme el peor escenario posible, me pregunto: "¿Esto es realista o es la ansiedad la que está hablando?".

No te estoy dando un guion, y estas no son oraciones especiales. Mira las verdades y los principios detrás de lo que te estoy explicando. El punto es que tienes que empezar a separar tus luchas de tu identidad. Tienes que empezar a ver los ataques, los pensamientos y los tormentos como intrusos, como extranjeros de paso, no como una parte esencial de quién eres.

Observa tus pensamientos desde la perspectiva del reino de los espíritus. ¿Quién está observando tus pensamientos? Piensa en esto. Cuando tienes un pensamiento que te perturba, ¿quién es el que está perturbado por el pensamiento? Es tu verdadero yo, tu ser espiritual interior.

Entonces no soy yo el que hace lo que está mal, sino el pecado que vive en mí (Romanos 7:17 NTV).

¿Cómo podría molestarte el pensamiento si viniera de tu verdadero yo? ¿Cómo podrías observar el pensamiento si el pensamiento fueras tú? Tu yo interior es el verdadero tú. Los tormentos externos no eres tú.

De nuevo, no quiero que malinterpretes este punto: no estoy diciendo, ni Pablo está diciendo, que no tengamos responsabilidad por el pecado o el pensamiento pecaminoso. Pablo simplemente está reconociendo que él no se identifica con esa naturaleza; no es el verdadero él.

Si luchas contra el tormento, es probable que lo hayas hecho durante un tiempo y que se base en realidades bastante duras y en dolorosas experiencias pasadas. Esto probablemente te ha llevado a verte como "el atormentado" o "el que no está bien de la cabeza" o "el dañado y roto". Pero si puedes empezar a verte desde la perspectiva del espíritu, sabrás que estás redimido. Porque eres redimido y perteneces a Dios, hay una separación entre tu identidad y los patrones de pensamiento caídos de tu naturaleza anterior.

Aquí de nuevo el Espíritu Santo te ayuda a ser libre, porque la presencia del Espíritu Santo en tu vida es la distinción, y Él te recordará esa distinción. Ve tus pensamientos atormentadores aparte de ti. Míralos como flechas incendiarias contra las que debes protegerte, no como componentes de lo que eres.

#4 - Adoración

En momentos de confusión emocional e inestabilidad mental, la adoración llama tu atención para que contemples la gloria de Dios. Ver a Jesús es conocer la paz.

> *¡Tú guardarás en perfecta paz a todos los que confían en ti, a todos los que concentran en ti sus pensamientos!* (Isaías 26:3 NTV).

Así es como la RVR1960 frasea el mismo versículo:

Tú guardarás en completa paz a aquel cuyo pensamiento en ti persevera; porque en ti ha confiado (Isaías 26:3).

La adoración capta la atención de la mente atareada. Magnifica al Señor y minimiza el caos. La adoración es el tributo en el que presentas tu asombro y adoración. Es difícil atormentarse por algo cuando estás maravillado por Dios.

La disciplina de la vida mental exige que elijas tus pensamientos, pero la adoración hace que sea casi imposible prestar atención a otra cosa que no sea la bondad de Dios. La adoración es algo más que cantar una canción. Es una celebración espiritual en respuesta a la revelación dada por el Espíritu Santo.

Pues Dios es Espíritu, por eso todos los que lo adoran deben hacerlo en espíritu y en verdad .(Juan 4:24 NTV).

La adoración es tanto de espíritu como de verdad.

Es de verdad porque requiere revelación. Puedes cantar sin una revelación, bailar sin una revelación, y gritar sin una revelación. Pero no puedes adorar sin una revelación. La adoración es tu ser respondiendo a lo que Dios te ha revelado. La adoración es una respuesta a algo que ves en tu persona o naturaleza. La adoración es dar gloria a Dios, al vislumbrar Su gloria.

En este sentido, es del Espíritu. Solo el Espíritu Santo puede revelarte a Dios. Por lo tanto, solo el Espíritu Santo puede inspirar la verdadera adoración dentro de ti.

En los momentos en que te sientas atormentado, retírate al lugar interior donde hay paz y estabilidad. Pon tu mente en Dios. Piensa en

Él. Luego adóralo. Pronto, el ruido del tormento será ahogado por el agudo sonido de la alabanza y la adoración. Puedes adorar para salir de la prisión.

> *Así que el carcelero los puso en el calabozo de más adentro y les sujetó los pies en el cepo. Alrededor de la medianoche, Pablo y Silas estaban orando y cantando himnos a Dios, y los demás prisioneros escuchaban. De repente, hubo un gran terremoto y la cárcel se sacudió hasta sus cimientos. Al instante, todas las puertas se abrieron de golpe, ¡y a todos los prisioneros se les cayeron las cadenas! (Hechos 16:24-26 NTV).*

Encarcelados por hacer lo correcto, perseguidos por caminar en la voluntad de Dios, Pablo y Silas no se hundieron en una mentalidad de víctimas. Sin prestar apenas atención a las cadenas que los ataban, estos siervos del Señor comenzaron a adorar. No se preocuparon por estar donde estaban ni entraron en pánico y asumieron que Dios los había abandonado. El entorno frío y oscuro del calabozo no podía perturbar las atmósferas celestiales que había en su interior. Estaban en prisión, pero la prisión no estaba en ellos. Adoraban, y su adoración sacudía los cimientos de su prisión.

#5 - Vivir limpio

Pocas cosas pueden robarte la paz como el pecado. No todo el tormento proviene directamente de errores pecaminosos, pero los errores pecaminosos pueden empeorar tu tormento. El pecado te vuelve paranoico.

> *Los perversos huyen aun cuando nadie los persigue, pero los justos son tan valientes como el león (Proverbios 28:1 NTV).*

La rectitud es la clave de la valentía. La valentía es necesaria si deseas enfrentarte al tormento desde la postura adecuada. El tormento es como un matón. Quiere que lo veas grande, malo y amenazador. Sin embargo, en el momento en que te enfrentas al tormento con valentía, comienza a acobardarse.

El creyente que está atrapado en una vida pecaminosa tiene dificultad para enfrentar el tormento, porque piensa que no merece tener autoridad sobre el tormento o puede pensar que el tormento tiene derecho a permanecer debido a sus propios errores. El pecado hace más probable que aceptes el tormento, porque te ves a ti mismo como indigno de la paz de Dios.

Una vez más, el Espíritu Santo nos ayuda aquí, pues es el Espíritu de santidad. Él capacita al cuerpo mortal para vivir libre de pecado.

> *El Espíritu de Dios, quien levantó a Jesús de los muertos, vive en ustedes; y así como Dios levantó a Cristo Jesús de los muertos, él dará vida a sus cuerpos mortales mediante el mismo Espíritu, quien vive en ustedes* (Romanos 8:11 NTV).

#6 - Compañerismo con los creyentes

El tormento aísla y el aislamiento atormenta. Se empeoran mutuamente. Cuando uno vive con una mente atormentada, le resulta difícil estar cerca de los demás, por desconfianza o timidez. Al sentirse rechazados o incomprendidos, algunos creyentes temen estar cerca de los demás. Aunque puede ser tentador evitar a los demás por miedo al rechazo, al ridículo o a la traición, debemos comprometernos a tener comunión con otros creyentes. La desconexión puede ser peligrosa.

> *El que vive aislado busca* su propio *deseo, contra todo consejo se encoleriza* (Proverbios 18:1 LBLA).

Cuando vivimos desconectados de otros creyentes, carecemos del beneficio de una perspectiva externa. Sin amigos cercanos, es difícil compartir tus pensamientos y, por lo tanto, recibir una retroalimentación honesta sobre tus pensamientos. En el aislamiento, los pensamientos exagerados quedan sin control, las creencias extrañas se solidifican y resulta difícil encontrar un punto de apoyo. Las personas nos ayudan a mantenernos equilibrados y con los pies en la realidad.

Por orgullo, algunos defienden su aislamiento alegando que de alguna manera pueden ser "contaminados" por quienes no son tan espirituales como ellos. Por miedo a que les hagan daño, algunos defienden su desconexión afirmando que todo el mundo les va a hacer daño. Aunque puede ser cierto que otros no sean tan espirituales o que otros puedan hacerte daño, los beneficios del compañerismo superan cualquier contra. Esto no quiere decir que debemos pasar nuestro tiempo siendo influenciados por "cristianos carnales" o permitir que otros abusen de nosotros. Esto significa, sin embargo, que necesitamos tomar riesgos en las relaciones hasta que encontremos la verdadera amistad. La Biblia habla muy bien de la amistad.

> *En todo tiempo ama el amigo, y el hermano nace* para tiempo *de angustia* (Proverbios 17:17 LBLA).

Aquí, uno puede encontrarse con un dilema. Los amigos pueden ayudar a superar el tormento, pero el tormento dificulta encontrar verdaderos amigos.

En este punto, me parece necesario desafiar a todos los creyentes a estar dispuestos a correr riesgos con las personas que consideramos extrañas. Debido a mi lucha pasada con la ansiedad y la depresión, me he vuelto más consciente en esta área. Con la ayuda de Dios, intento intencionadamente entablar amistad con quienes tienen dificultades para conectar con los demás. Y como resultado, he encontrado algunas personas increíbles escondidas, enterradas y atrapadas bajo la lucha mental. De hecho, he visto a personas que han pasado de estar a punto de perder la cabeza a tener los pies en la tierra y estar alegres en cuestión de meses, simplemente por volver a conectarse con los demás. Hay una razón por la que la Biblia nos anima a estar juntos.

> *No dejando de congregarnos, como algunos tienen por costumbre, sino exhortándonos* unos a otros, *y mucho más al ver que el día se acerca* (Hebreos 10:25 LBLA).

Así que puede que estés en este dilema de tratar de encontrar personas piadosas para ser tus amigos. Este es un lugar difícil para estar, de hecho. La verdad es que para conectarte con otros, probablemente tendrás que experimentar el dolor del rechazo y el ridículo. Hay muchos que no entienden el tormento mental. Sus respuestas no son tanto un reflejo de ti como de ellos mismos. Algunos bromean inofensivamente o hacen comentarios insultantes sin querer, mientras que otros son directamente crueles. Pero luego encontrarás a algunos que comprenden lo que enfrentas o al menos están dispuestos a ayudarte a afrontarlo. Date cuenta también de que incluso los que nos quieren mucho nos harán daño, así que ten un poco de gracia y estate dispuesto a perdonar los errores. No deseches amistades verdaderas por ofensas.

Acércate a una comunidad de creyentes. Sé honesto acerca de tus inseguridades, miedos y luchas contra el tormento. Luego estate dispuesto a sufrir el rechazo hasta que encuentres una relación. Es la única manera de avanzar, por incómodo que parezca. Si quieres ser libre en serio, es necesario que vuelvas a conectarte con otras personas. Asegúrate de que estos individuos con los que te conectas no están alimentando tu paranoia, doctrinas extrañas o tormento.

El Espíritu Santo te acercará a las personas adecuadas.

*Hagan todo lo posible por mantenerse unidos en el Espíritu y
enlazados mediante la paz* (Efesios 4:3 NTV).

El Espíritu Santo que hay en ti conectará con el Espíritu Santo que
hay en ellos. Puede haber conflicto y malentendidos en las capas externas de la personalidad, la cultura, el tono o la apariencia. Pero la parte
más íntima de lo que eres está unida al Espíritu Santo, y esa es la parte
de ti que se sentirá atraída a conectar con otras personas llenas del Espíritu. No juzgues el exterior.

Sé de creyentes que eran polos opuestos, personas que no se caían
bien en lo más mínimo, que se convirtieron en los mejores amigos porque estaban dispuestos a superar sus diferencias exteriores.

#7 - Descanso

El descanso no es pereza. El descanso no es carnal. El descanso puede
ser una demostración de confianza. Lo creas o no, el descanso puede ser
espiritualmente beneficioso. Incluso el Señor Jesús descansó.

*Entonces Jesús les dijo: "Vayamos solos a un lugar tranquilo
para descansar un rato"* (Marcos 6:31 NTV).

El estado de tu ser físico puede repercutir enormemente en tu bien-
estar mental y emocional. Aquellos que viven atormentados a menudo
informan de patrones de sueño inconsistentes, malos hábitos alimen-
ticios y un estilo de vida con muy poco ejercicio. El tormento mental
puede ser de naturaleza espiritual, pero también puede empeorar por
un mal estado físico.

Una vez más, puede que te encuentres en un dilema. Después de
todo, ¿cómo puede descansar una mente atormentada? ¿Cómo pueden dormir cuando están asustados? ¿Cómo pueden desear dormir

cuando tienen pesadillas influenciadas por el demonio? ¿Cómo pueden descansar cuando oyen voces o no pueden controlar los pensamientos intrusivos?

Por difícil que parezca, tendrás que hacer todo lo posible por encontrar momentos de descanso. Al principio, esto resultará difícil. Pero a medida que pongas en práctica las claves bíblicas que se te dan, te encontrarás cada vez más cerca de la paz. Así que al principio, haz lo que puedas. Deja a un lado los aparatos electrónicos. Programa una hora adecuada para acostarte. No asumas demasiados proyectos o responsabilidades. Toma medidas prácticas para descansar más. No te sientas culpable por descansar, y no te preocupes por lo que pueda pasar mientras descansas. Confía en Dios.

Me refiero a dormir, pero también a descansar en la presencia del Señor a través de la oración, la adoración y la lectura de la Palabra. Por ejemplo, poner música cristiana ungida y simplemente descansar.

> *Cada vez que el espíritu atormentador de parte de Dios afligía a Saúl, David tocaba el arpa. Entonces Saúl se sentía mejor, y el espíritu atormentador se iba* (1 Samuel 16:23 NTV).

Descansar en el Señor tranquiliza la mente. Aunque Saulo estaba atormentado por un demonio, encontró la paz cuando se detuvo a descansar y escuchar música ungida.

Mientras descansas, evita los pensamientos intrusivos que te lleguen de forma positiva. He sabido de creyentes que interrumpieron su propio tiempo de descanso convenciéndose a sí mismos de que Dios les estaba enviando mensajes al azar. Por ejemplo, algunos incluso han tenido pensamientos que confundieron con la voz del Espíritu Santo diciendo: "¡Levántate y ora ahora mismo, en este segundo! Date prisa!" Incluso distracciones aparentemente positivas como esta ocurren y pueden interrumpir el descanso. Al Espíritu Santo no le molesta que descanses. El Espíritu Santo no te presiona como te presionan tus pensamientos intrusivos o tus tormentos. Así que sé consciente del hecho de que incluso los pensamientos intrusivos positivos pueden interrumpir el descanso.

Esta es la naturaleza de los pensamientos intrusivos. No es que los pensamientos intrusivos sean siempre negativos; es que solo nos centramos en los pensamientos intrusivos negativos porque nos preocupan mucho. Así que no captamos los pensamientos intrusivos aparentemente positivos que impiden el descanso.

Relájate. Mientras descansas, deja de intentar entenderlo todo. Deja de intentar ser profundo. Mientras descansas, deja de obsesionarte con cada pensamiento que pasa por tu mente, ya sea negativo o positivo. Simplemente abraza la presencia del Señor.

Cuida el cuerpo y empezarás a progresar en la mente.

#8 - Sé selectivo con lo que oyes y ves

Si ves o escuchas cosas violentas, pervertidas o perturbadoras, ¿cómo puedes esperar tener tranquilidad? Habrá algunas películas y canciones que dejen huellas perturbadoras en tu mente. Apágalas. Habrá enseñanzas extrañas de guerra espiritual y liberación de ministros bien intencionados que te dejarán paranoico, confundido y obsesionado con el poder demoníaco. Deje de escuchar ese tipo de enseñanzas. Habrá conversaciones que causarán pensamientos impíos. Deja de tener esas conversaciones.

Te sorprenderías de cómo la mente y las emociones se ven afectadas por las cosas que consumes cada día. Por eso la vigilancia es clave. Los pensamientos intrusivos, las pesadillas, las voces e incluso las alucinaciones adquieren más poder y realismo a medida que los alimentamos con lo que permitimos que entre en nuestra mente. Una vez que dejas de alimentar el tormento mental, empieza a debilitarse, aunque puede tardar en desaparecer por completo. La privación total es un proceso. Priva totalmente a la naturaleza carnal de lo que utiliza para fortalecer el tormento.

> *Mas vestíos del Señor Jesucristo, y no proveáis para los deseos de la carne* (Romanos 13:14 RVR1960).

En lugar de eso, permite que el Espíritu Santo llene tu mente de verdad. Esto resulta en paz, entre otras cosas.

> *Pues el reino de Dios no se trata de lo que comemos o bebemos, sino de llevar una vida de bondad, paz y alegría en el Espíritu Santo* (Romanos 14:17 NTV).

15

La fortaleza de la acusación

¿Alguna vez has estado pasando tu día con paz en el corazón pero luego empiezas a sentirte mental y emocionalmente abatido por el mero recuerdo de un pecado? Tal vez estés constantemente atormentado por tus muchos errores, o tal vez hay un pecado que cometiste por el que no puedes perdonarte.

Muchos creyentes son incapaces de disfrutar de su vida en Cristo porque están llenos de vergüenza por su pasado o temen que si empiezan a permitirse sentir la alegría del perdón de Dios que de repente sus pecados pasados volverán a visitarlos. Algunos no pueden superar la idea de que su pasado volverá para destruirlos o que simplemente no merecen ser completamente libres de lo que hicieron. Aunque se hayan arrepentido de sus pecados y hayan pedido perdón a Dios, muchos siguen definiéndose a sí mismos por su pasado o nunca permiten que el recuerdo del error se desvanezca por completo. Aunque ciertamente podemos aprender de los errores del pasado, aquellos que son hechos nuevos en Cristo no están destinados a morar en sus errores pasados. Si Dios lo quita de Su mente, nosotros también debemos hacerlo.

Yo, yo soy el que borro tus rebeliones por amor de mí mismo, y no me acordaré de tus pecados (Isaías 43:25 RVR1960).

Cuanto está lejos el oriente del occidente, hizo alejar de nosotros nuestras rebeliones (Salmo 103:12 RVR1960).

La Biblia llama al enemigo "el acusador".

> *Luego oí una fuerte voz que resonaba por todo el cielo: "Por fin han llegado la salvación y el poder, el reino de nuestro Dios, y la autoridad de su Cristo. Pues el acusador de nuestros hermanos —el que los acusa delante de nuestro Dios día y noche— ha sido lanzado a la tierra"* (Apocalipsis 12:10 NTV).

Satanás es el acusador, pero Cristo es el Abogado Defensor.

> *Mis queridos hijos, les escribo estas cosas, para que no pequen; pero si alguno peca, tenemos un abogado que defiende nuestro caso ante el Padre. Es Jesucristo, el que es verdaderamente justo* (1 Juan 2:1 NTV).

No es Dios quien te recuerda tus pecados pasados, sino satanás. Las mentiras acusadoras del enemigo son la base sobre la que se construye la fortaleza de la acusación:

+ "Tu pasado vuelve para causar estragos en tu vida".
+ "En el momento en que te permitas estar en paz y empieces a disfrutar de tu vida en Cristo, ahí es cuando todo se derrumbará".
+ "No deberías disfrutar demasiado de la bondad de Dios, por tus errores del pasado".
+ "Sí, estás perdonado, pero este error siempre será al menos una parte de lo que eres".
+ "Sabías que no debías pecar, así que Dios no va a perdonar este pecado como perdonó los otros".

+ "¡Has pedido perdón demasiadas veces!"

Todas estas son mentiras acusatorias del enemigo. La fortaleza de la acusación deja al creyente incapaz o no dispuesto a dejar ir sus propios errores. Debido a esto, sufren innecesariamente y cargan con pesadas cargas emocionales.

RECORDATORIO

No olvides aplicar estos principios básicos en tu lucha contra la fortaleza de la adicción.

Engaños y puertas abiertas

+ Vístete con la armadura de Dios (Capítulo 2)
+ Confía en el Espíritu de la Verdad (Capítulo 4)
+ Cierra puertas abiertas (Capítulo 5)
+ Identifica las fortalezas mediante la Palabra de Dios, la voz del Espíritu y los buenos maestros (Capítulo 6)

Trata con lo demoníaco (Capítulo 7)

+ Conoce la autoridad de Dios.
+ Alinéate con la autoridad de Dios
+ Da una orden

+ **Ayuna y ora para aumentar la fe**

Trata lo mental y lo emocional (Capítulo 8)

+ Respeta lo básico
+ Elige creer en la verdad
+ Combate las mentiras que refuerzan
+ Renueva la mente

El papel de la culpa

Por supuesto, algo de culpa es bueno. Debemos sentir vergüenza cuando hacemos cosas vergonzosas, y debemos sentir culpa cuando somos culpables.

> *Pues la clase de tristeza que Dios desea que suframos nos aleja del pecado y trae como resultado salvación. No hay que lamentarse por esa clase de tristeza; pero la tristeza del mundo, a la cual le falta arrepentimiento, resulta en muerte espiritual* (2 Corintios 7:10 NTV).

Debemos arrepentirnos de nuestros actos lamentables. La conciencia es para la mente lo que el dolor es para el cuerpo. Por la conciencia, que es un regalo de Dios, sabemos cuándo hemos violado la norma de santidad. La culpa te informa de que algo está mal. Deja que la culpa sirva su propósito, es decir, permite que te revele que has hecho algo realmente malo. Luego, arrepiéntete y sigue adelante.

Condenación versus convicción

Aquí es donde tenemos que reconocer la diferencia entre condenación y convicción. La condenación *no* es de Dios. La convicción *es de Dios*. La condena te dice que *eres* un error. La convicción te dice que *cometiste* un error. La condenación *te aleja de Dios* en la vergüenza y el miedo. La convicción *te lleva a Dios* en arrepentimiento y humildad.

Cuando no cumplimos la norma de justicia, el Espíritu Santo nos convence de esta realidad:

> *Y cuando él venga, convencerá al mundo de pecado y de la justicia de Dios y del juicio que viene* (Juan 16:8 NTV).

Pero después de que te hayan perdonado y hayas superado el problema, tienes que seguir adelante.

> *Por lo tanto, ya no hay condenación para los que pertenecen a Cristo Jesús* (Romanos 8:1 NTV).

Me imagino que nuestras conversaciones con Dios a veces van más o menos así: "Dios, lo siento. Por favor, perdóname. Me arrepiento". El Señor responde amablemente: "Te perdono. Vete y no peques más". Entonces volvemos a sacar el tema: "Señor, de verdad, lo siento mucho. No puedo creer lo que hice. De verdad, me siento terrible. Por favor, perdóname". El Señor, habiendo optado por olvidar el pecado pregunta: "¿Perdonarte por qué?".

El creyente se ve envuelto en lo que yo llamo Confesión Obsesivo-Compulsiva. No es un juego de palabras ingenioso. Lo digo en serio. Como el germofóbico que se lava las manos una y otra vez, aunque estén limpias, así algunos cristianos se confiesan una y otra vez, aunque estén perdonados.

O creemos en el Evangelio o no creemos. Si creemos en el Evangelio, entonces sabemos que el perdón de Dios también se aplica a nosotros. Y, sí, el perdón de Dios se aplica incluso a aquellos que ya sabían que no debían cometer tal o cual pecado.

Autocastigo

Seguir adelante puede ser difícil porque hay un sentido de virtud en sentir remordimiento por los pecados que han sido perdonados. Algunos cristianos creen la mentira de que solo se les perdona hasta cierto punto y que tienen que cargar al menos con algo de culpa como forma de pago por su maldad. Como si se azotaran a sí mismos en la espalda, muchos se golpean emocional y mentalmente, una y otra vez, con el recuerdo y el dolor de su pasado pecaminoso. Se permiten superar parcialmente su pasado, pero se aferran a la creencia silenciosa de que no merecen gozar de la bondad de Dios.

> *Purifícame de mis pecados, y quedaré limpio; lávame, y quedaré más blanco que la nieve. Devuélveme la alegría; deja que me goce ahora que me has quebrantado* (Salmo 51:7-8 NTV).

Muchos cristianos se niegan a abrazar esa alegría porque siguen castigándose por pecados de los que creen tener una deuda.

Por ejemplo, muchos pastores nunca se recuperan del todo de sus errores pecaminosos, no porque Dios o la gente no les hayan perdonado, sino porque no se han perdonado a sí mismos y siguen viéndose como los que "cayeron". Proyectan su propia vergüenza y asumen que los demás tienen una mala opinión de ellos.

Muchos creyentes simplemente no pueden olvidar sus pecados. Obtienen la victoria durante unas semanas o días y luego vuelven a preocuparse por el error. Viven paranoicos por el regreso del pasado. Sus pecados están siempre en sus mentes. No pueden disfrutar de la bendición de Dios. No se permiten disfrutar demasiado. Rechazan el logro, porque creen que están descalificados para el logro. Rechazan la bendición, porque se castigan por el pasado.

> *Ten misericordia de mí, oh Dios, debido a tu amor inagotable; a causa de tu gran compasión, borra la mancha de mis pecados. Lávame de la culpa hasta que quede limpio y purifícame de mis pecados. Pues reconozco mis rebeliones; día y noche me persiguen* (Salmo 51:1-3 NTV).

Querido lector, si ese eres tú, entonces es hora de enfrentarte a las mentiras. Dios perdona el pecado. Dios perdona a los mentirosos, a los asesinos, a los adúlteros y a las peores clases de pecados. No hay oscuridad que pueda ocultar Su luz, no hay distancia que puedas ir que Él no pueda alcanzar. No importa lo lejos que hayas ido, un solo momento de verdadero arrepentimiento puede traerte de vuelta a casa.

Libres, de una vez por todas

Puedes empezar a vivir tu vida en la alegría del perdón. Puedes dejar de mirar por encima del hombro y preguntarte si llegará el día del juicio final. Puedes empezar a vivir en la alegría del Señor, sin culpa ni sentimiento de indignidad.

> *No sigas mirando mis pecados; quita la mancha de mi culpa. Crea en mí, oh Dios, un corazón limpio y renueva un espíritu fiel dentro de mí (Salmo 51:9-10 NTV).*

> *Oh, qué alegría para aquellos a quienes se les perdona la desobediencia, a quienes se les cubre su pecado! Sí, ¡qué alegría para aquellos a quienes el Señor les borró la culpa[b] de su cuenta, los que llevan una vida de total transparencia! Mientras me negué a confesar mi pecado, mi cuerpo se consumió, y gemía todo el día. Día y noche tu mano de disciplina pesaba sobre mí; mi fuerza se evaporó como agua al calor del verano. Finalmente te confesé todos mis pecados y ya no intenté ocultar mi culpa. Me dije: "Le confesaré mis rebeliones al Señor", ¡y tú me perdonaste! Toda mi culpa desapareció (Salmo 32:1-5).*

> *Él perdona todos mis pecados y sana todas mis enfermedades.. ... No nos castiga por todos nuestros pecados; no nos trata con la severidad que merecemos (Salmo 103:3,10 NTV).*

El Espíritu Santo da testimonio

Esa es la alegría y la belleza de la cruz. Cristo absorbió la ira de Dios y te dejó con los beneficios de Su perfección sin pecado. El Espíritu Santo es quien te da testimonio de esto.

Pues mediante esa única ofrenda, él perfeccionó para siempre a los que está haciendo santos. Y el Espíritu Santo también da testimonio de que es verdad, pues dice: "Este es el nuevo pacto que haré con mi pueblo en aquel día, dice el Señor: Pondré mis leyes en su corazón y las escribiré en su mente" (Hebreos 10:14-16 NTV).

Cuando el enemigo te presione para que mires a tu pasado, mira lo suficientemente atrás como para ver la cruz. Cuando el enemigo te recuerde tus errores pecaminosos, el Espíritu Santo testifica de la única ofrenda que te hizo perfecto a los ojos de Dios, en el registro de Dios.

Escucha al Abogado Defensor, no al acusador. El diablo es un mentiroso, y el Espíritu Santo siempre dice la verdad.

16

La fortaleza de la depresión

El engaño trae depresión

La depresión puede manifestarse de muchas formas: tristeza persistente, fatiga física, angustia mental o apatía, sensibilidad emocional o entumecimiento, cinismo y negatividad, desesperanza y vacío. Algunos viven bajo el peso de la depresión durante meses, años o incluso en oleadas en distintos momentos de la vida. En muchos casos, la depresión puede hacer que uno se sienta vacío, desinteresado, cansado o, en general, desconectado de la vida.

En última instancia, la depresión es el resultado del engaño. Las mentiras que creemos se convierten en los pesos que llevamos en el alma. Hay muchas mentiras que pueden estar en el corazón de la depresión: "No eres amado ni deseado". "No tienes valor ni propósito". "No hay esperanza de que la vida mejore". "Estarías mejor muerto, y tus seres queridos estarían mejor sin ti". "Nada te saldrá bien". "Mereces que te maltraten". "Atraes el caos y la tragedia".

Hay miles de mentiras posibles que pueden constituir la raíz de la depresión. Las mentiras que creemos se convierten en los sentimientos que sentimos y los pensamientos que pensamos. Esos pensamientos y sentimientos forman patrones mentales y emocionales, baluartes de la depresión. Una vez que abrazas la mentira, empieza a afectar a todo lo que te rodea.

Ahora, por supuesto, esto no significa que si estás triste es que estás engañado. Incluso Jesús lloró.

Entonces Jesús lloró (Juan 11:35 NTV).

Así que no todos los que experimentan dificultades y angustia desarrollarán depresión, pero el enemigo ciertamente puede usar las dificultades y la angustia en un intento de persuadirte para que creas lo que él dice. Todos experimentaremos pérdidas, tragedias y angustias, pero la clave está en cómo respondemos a ellas. Todos nosotros experimentaremos temporadas de tristeza, pero el estado de nuestras vidas espirituales depende de si caemos o no en el engaño durante esas temporadas de tristeza.

La diferencia entre un momento o una temporada de tristeza y la fortaleza de la depresión es el engaño. Solo cuando elegimos creer las mentiras del enemigo, nuestras respuestas naturales de tristeza pueden convertirse en verdaderas fortalezas de depresión.

Por supuesto, hay aspectos de salud mental en algunos casos de depresión crónica, pero incluso aquellos con problemas de salud mental pueden vivir en victoria si abrazan la verdad. Clínicamente hablando, puedes tener depresión. Espiritualmente hablando, la depresión no tiene que tenerte.

El poder del respaldo

Piensa en el poder del respaldo. Si una figura política importante respalda públicamente a alguien nuevo y prometedor pero prácticamente desconocido, el político desconocido puede conseguir suficientes votos para ganar unas elecciones. Si un autor desconocido recibe el respaldo público de un autor superventas, el autor puede verse catapultado al éxito. Si un atleta famoso respalda una marca de ropa, esa marca puede aumentar sus ventas. Un patrocinio aporta credibilidad y credibilidad.

De la misma manera, el enemigo utilizará tus emociones y circunstancias negativas para hacer sus mentiras más creíbles. El enemigo también puede utilizar tu crianza, abuso, traición, tragedia, pérdida, decepción e incluso trauma para respaldar sus mentiras.

Por ejemplo, podría decirte: "No vales nada". Si has experimentado un trauma, el enemigo puede usar ese trauma como evidencia para el caso que está levantando en contra de tu valor. Podría decir algo como: "Si realmente valieras algo para Dios o para alguien, alguien habría evitado que ese trauma ocurriera".

Este es solo un ejemplo de cómo el enemigo puede utilizar tus emociones o circunstancias negativas para respaldar sus engañosos argumentos.

Considera también que incluso los patrones de pensamiento existentes pueden respaldar las mentiras del enemigo. Cuando te enfrentas a una prueba o decepción, la mentalidad negativa ya existente puede hacer que pienses en esa prueba y decepción en el peor de los casos. Las fortalezas preexistentes pueden causar que veas una mala situación como la peor situación. Las fortalezas de depresión ayudan a formar fortalezas adicionales de depresión. Es por eso que esta fortaleza puede ser tan difícil de romper.

Los seres demoníacos y la carne pueden aprovechar nuestros momentos de tristeza para plantar las semillas del engaño. Utilizan el poder de nuestras emociones y la persuasión de las circunstancias negativas para hacernos pensar de maneras no bíblicas. Es más fácil creer que eres rechazado por Dios cuando te sientes solo. Es más fácil creer que nunca te sucede nada bueno cuando te enfrentas a una dificultad. Así que las tribulaciones de la vida presentan oportunidades para que la depresión eche raíces, especialmente si no respondemos a la tragedia personal de una manera espiritual.

RECORDATORIO

No olvides aplicar estos principios básicos en tu lucha contra la fortaleza de la adicción.

Engaños y puertas abiertas

+ Vístete con la armadura de Dios (Capítulo 2)
+ Confía en el Espíritu de la Verdad (Capítulo 4)
+ Cierra puertas abiertas (Capítulo 5)
+ Identifica las fortalezas mediante la Palabra de Dios, la voz del Espíritu y los buenos maestros (Capítulo 6)

Trata con lo demoníaco (Capítulo 7)

+ Conoce la autoridad de Dios.
+ Alinéate con la autoridad de Dios
+ Da una orden
+ Ayuna y ora para aumentar la fe

Trata lo mental y lo emocional (Capítulo 8)

+ Respeta lo básico
+ Elige creer en la verdad

- Combate las mentiras que refuerzan
- Renueva la mente

Cómo liberarte de la depresión

#1 - Está preparado

La gente te ofenderá y te traicionará. La vida te deparará tragedias y pruebas. Todos experimentaremos pérdidas y decepciones. Acepta el hecho de que Dios nunca nos prometió circunstancias perfectamente ideales en este lado de la eternidad. El propio apóstol Pablo experimentó circunstancias gratas y desagradables.

> *No es que haya pasado necesidad alguna vez, porque he aprendido a estar contento con lo que tengo. Sé vivir con casi nada o con todo lo necesario. He aprendido el secreto de vivir en cualquier situación, sea con el estómago lleno o vacío, con mucho o con poco (Filipenses 4:11-12 NTV).*

Si quieres evitar que la fortaleza de la depresión tenga cabida, tienes que determinar de antemano cómo vas a elegir percibir las experiencias negativas de la vida.

> *Amados hermanos, cuando tengan que enfrentar cualquier tipo de problemas, considérenlo como un tiempo para alegrarse mucho porque ustedes saben que, siempre que se pone a prueba la fe, la constancia tiene una oportunidad para desarrollarse. Así que dejen que crezca, pues una vez que su*

*constancia se haya desarrollado plenamente, serán perfectos
y completos, y no les faltará nada* (Santiago 1:2-4 NTV).

Antes de que surjan los problemas, comprométete a no dejarte llevar
por mentiras tales como: "Esto siempre me pasa a mí. Esto nunca mejo-
rará. Dios me ha abandonado".

Conoce la Palabra antes de que la tragedia golpee, para que tu fundamento esté en su lugar antes de la tormenta. Antes de enfrentar una
pérdida, traición o cualquier circunstancia negativa, prepárate espiritualmente. Determina dentro de ti que no te permitirás abrazar las
mentiras del enemigo acerca de ti o acerca del amor de Dios por ti solo
por los sucesos negativos de la vida. Esto no significa que no experimentarás las emociones de tristeza, pero sí significa que no permitirás que la
carne o el diablo usen tus pruebas como una oportunidad para levantar
los cimientos de la fortaleza de la depresión.

#2 - Cuida el cuerpo

Puede que esto no suene espiritual, pero necesitas cuidar tu cuerpo
si quieres ganar la batalla contra la depresión. Tus patrones de sueño,
dieta, rutinas de ejercicio y salud física en general pueden afectar cómo
te sientes. Esto no significa que quienes luchan contra otras enfermedades crónicas no puedan superar la depresión. Esto solo significa que
debemos hacer lo que podamos para cuidar el templo del Espíritu Santo.

Sé que puede ser frustrante que la gente te preste sus curas, que suenan simples y desdeñosas, para la depresión. Superar la depresión no
es solo cuestión de "tomar más el sol" o "hacer algo de ejercicio" o "salir
más", como algunos sugieren despreocupadamente. Aun así, también
debemos reconocer que el cuidado del cuerpo físico es un componente
clave para vencer en la guerra contra la depresión.

Piensa en el profeta Elías. Después de ganar un enfrentamiento sobrenatural contra los falsos profetas de Jezabel, Elías huyó temiendo por su vida. Elías estaba probablemente cansado y agotado, emocionalmente agotado por el trabajo que estaba haciendo para el Señor. Fue entonces cuando Jezabel amenazó con matarlo. ¿Qué hizo este poderoso profeta? ¿Cómo respondió el hombre que clamó para que bajara fuego del cielo a las amenazas de una mujer malvada? Entró en pánico.

> *Elías tuvo miedo y huyó para salvar su vida. Se fue a Beerseba, una ciudad de Judá, y dejó allí a su sirviente. Luego siguió solo todo el día hasta llegar al desierto. Se sentó bajo un solitario árbol de retama y pidió morirse: "Basta ya, Señor; quítame la vida, porque no soy mejor que mis antepasados que ya murieron". Entonces se acostó y durmió debajo del árbol. Mientras dormía, un ángel lo tocó y le dijo: "¡Levántate y come!". Elías miró a su alrededor, y cerca de su cabeza había un poco de pan horneado sobre piedras calientes y un jarro de agua. Así que comió y bebió, y volvió a acostarse. Entonces el ángel del Señor regresó, lo tocó y le dijo: "Levántate y come un poco más, de lo contrario, el viaje que tienes por delante será demasiado para ti". Entonces se levantó, comió y bebió, y la comida le dio fuerza suficiente para viajar durante cuarenta días y cuarenta noches hasta llegar al monte Sinaí, la montaña de Dios* (1 Reyes 19:3-8 NTV).

Elías estaba deprimido hasta el punto de querer morir. Creía la mentira de que no era mejor que sus antepasados. Se compadecía de sí mismo. En respuesta, Dios no sugirió que el profeta estaba endemoniado. Dios no le dijo a Elías que se sometiera a un exorcismo. En este caso concreto, ¿qué necesitaba el profeta? La verdad, una siesta y algo de comida. Necesitaba descansar, cuidar su propio cuerpo.

#3 - Cree en la verdad

Ya he tratado esta clave en el capítulo 8, pero creo que es necesario mostrarte cómo es creer en la verdad, concretamente en la lucha contra la depresión.

Cuando el salmista se sintió desanimado, cuando su corazón se llenó de tristeza, decidió dar un giro a su forma de pensar.

> *¿Por qué estoy desanimado? ¿Por qué está tan triste mi corazón? ¡Pondré mi esperanza en Dios! Nuevamente lo alabaré, ¡mi Salvador y mi Dios!* (Salmo 43:5 NTV).

Aunque a veces la depresión puede parecer ser solo una sensación que no podemos explicar o una pesadez para la que no podemos identificar una fuente, hay que recordar que el engaño es, de hecho, la fuente de la depresión. Puede que no seas capaz de identificar inmediatamente la mentira o que no puedas señalar la fuente, pero el engaño es la raíz, aunque esté oculto. Las pruebas pueden provocar la emoción de la tristeza, pero solo el engaño puede formar la fortaleza de la depresión.

En realidad, puede haber varias mentiras en las que creas y que puedan estar contribuyendo a la fortaleza de la depresión en tu vida.

Te mostré cómo identificar estas mentiras en el Capítulo 6. También te escribí sobre lo que significa elegir creer la verdad y luego renovar la mente en el capítulo 8. Esta es la dinámica que quiero revisar: resistir a las mentiras que refuerzan.

Tal vez ninguna fortaleza tenga mentiras de refuerzo más eficaces que la depresión. La depresión a menudo engendra cinismo, y el cinismo rechaza la esperanza. El cinismo dice:

- "Ya lo intentaste; no funcionará".

- "Esto es demasiado simple; tus problemas son más complejos".

- "Aunque funcione, acabarás deprimido otra vez".

Si vas a resistir efectivamente las mentiras primarias de la depresión, entonces también necesitas resistir las mentiras secundarias que te distraen y te desaniman de siquiera intentarlo. Creer consistentemente y caminar en la verdad es realmente la clave para la libertad. No permitas que ningún contratiempo o retraso te disuada de atacar la fortaleza en sus puntos débiles. La única manera en que el enemigo puede evitar que derribes la fortaleza es haciéndote creer que no se puede hacer.

El gozo del Espíritu Santo

Vi a un hombre ponerse detrás del podio en el funeral de su propia hija y decir: "Padre, celebramos Tu voluntad sobre nosotros". El discurso fúnebre que pronunció fue hermoso y reflexivo, pero lo que me impresionó fue la alegría que llevaba mientras lo pronunciaba. Cantó. Bailó. Alabó a Dios. Todo ello delante del ataúd de su hija. Yo no era padre en aquel momento, pero al recordar ese momento ahora como padre, estoy aún más asombrado por lo que presencié.

¿Qué fue lo que dio fuerzas a aquel hombre para cantar en el funeral de su hija? ¿Qué fue lo que hizo que el apóstol Pablo celebrara su propia persecución? ¿Qué tenía la Iglesia primitiva que les hacía alegrarse cuando eran martirizados por su fe en Cristo? Era el gozo sobrenatural del Espíritu Santo. Para que no pienses que te estoy soltando el discurso de "otros lo tienen peor", déjame que te lo diga claramente: No estoy diciendo que no puedas estar triste porque otros lo tengan peor;

estoy diciendo que puedes estar gozoso incluso en los peores momentos, porque tienes lo que ellos tenían.

Y vosotros vinisteis a ser imitadores de nosotros y del Señor, recibiendo la palabra en medio de gran tribulación, con gozo del Espíritu Santo (1 Tesalonicenses 1:6 RVR1960).

Y los creyentes se llenaron de alegría y del Espíritu Santo (Hechos 13:52 NTV).

La alegría del Espíritu Santo es sobrenatural. Habrás oído decir: "El mundo da felicidad, pero el Espíritu Santo da alegría". En realidad, las palabras "felicidad" y "alegría" son sinónimas. La diferencia es que el creyente obtiene su alegría del Espíritu Santo, y el incrédulo obtiene su alegría de las cosas de este mundo. Nada puede durar más que su fuente. La diferencia entre la felicidad mundana y la felicidad piadosa es que una se desvanece, la otra no. La fuente del gozo del mundo es temporal. La fuente de nuestra alegría es eterna.

Somos seres sobrenaturales, ciudadanos del Cielo e hijos de Dios. Puede que haya caos en el exterior, pero tienes acceso a la alegría del Espíritu en el interior. Accedes a esa alegría creyendo en la verdad, viviendo en la verdad, centrándote en la verdad e insistiendo en la verdad incluso cuando tienes razones para dudar.

Somos seres celestiales. Somos de la luz. Somos de otro reino. Es puramente sobrenatural. Es la alegría del Espíritu Santo. Recuerda quién eres realmente en el Espíritu Santo.

17

Otras fortalezas

Todas las claves básicas para la libertad pueden aplicarse a todas las fortalezas mencionadas en este libro. También puede resultarle útil aplicar algunas de las claves que di para vencer fortalezas específicas a otras fortalezas. Todas las verdades espirituales y tácticas bíblicas pueden potencialmente tener algún impacto en todas las fortalezas.

Debido a que ahora has sido equipado con lo esencial de la libertad, utilizo este capítulo para cubrir brevemente fortalezas adicionales. Te muestro sus síntomas, sus fuentes y luego las soluciones o verdades que se pueden usar para combatirlas. Estas son las fortalezas que cubro en este capítulo:

+ **La fortaleza de la distracción**
+ **La fortaleza de la ofensiva**
+ **La fortaleza de la confusión**

La fortaleza de la distracción

Si el enemigo no puede destruirte con la desobediencia, intentará retrasarte con la distracción. La fortaleza de la distracción se basa en la mentira de que lo sagrado o lo espiritual no es tan valioso o tan interesante como lo inmediato o lo secular. Esa es la mentira de origen: que las cosas de este mundo serán más satisfactorias que las cosas del reino celestial. Creer esta mentira resulta en apatía hacia cosas como la asistencia a la iglesia, la oración, la devoción a la Palabra y la adoración. Causa que el creyente priorice cosas como el dinero, la carrera, y el entretenimiento por encima de las cosas de Dios.

Lo que hace que esta fortaleza sea especialmente engañosa es el hecho de que no elimina por completo las prácticas espirituales de tu vida. Solo las minimiza. Así, el creyente que ora diez minutos al día podría conformarse con su compromiso a medias con la oración mientras usa la excusa: "Al menos estoy haciendo algo".

El creyente que está atrapado en esta fortaleza por lo general pasa demasiado tiempo en su teléfono, navegando por las redes sociales, o buscando lo que entretiene más que lo eterno. No están en pecado, pero tampoco están profundizando con el Señor.

> *Piensen en las cosas del cielo, no en las de la tierra* (Colosenses 3:2 NTV).

Cuando empiezas a creer la mentira de que lo inmediato merece tu atención más que lo eterno, o que las cosas de esta tierra son más interesantes que las del Cielo, empiezas a vivir tu vida contento en la complacencia.

El Espíritu Santo contrarresta este engaño revelándonos las cosas profundas de Dios.

Pero fue a nosotros a quienes Dios reveló esas cosas por medio de su Espíritu. Pues su Espíritu investiga todo a fondo y nos muestra los secretos profundos de Dios. Nadie puede conocer los pensamientos de una persona excepto el propio espíritu de esa persona y nadie puede conocer los pensamientos de Dios excepto el propio Espíritu de Dios. Y nosotros hemos recibido el Espíritu de Dios (no el espíritu del mundo), de manera que podemos conocer las cosas maravillosas que Dios nos ha regalado (1 Corintios 2:10-12 NTV).

El Espíritu Santo nos muestra las realidades más profundas de Dios. Conocer a Dios no es como estudiar un libro de texto; conocer a Dios es como viajar por el cosmos a la velocidad de la luz, como saltar a las profundidades desde una gran altura, como descubrir un raro tesoro.

A mí, que soy menos que el más pequeño de todos los santos, me fue dada esta gracia de anunciar entre los gentiles el evangelio de las inescrutables riquezas de Cristo (Efesios 3:8 RVR1960).

Me encanta: ¡las *inescrutables riquezas de Cristo!* El Espíritu Santo llama nuestra atención sobre la gloriosa aventura que es la búsqueda de Dios. El tiempo y la eternidad descansan en Su mano. Misterios y más misterios esperan ser descubiertos en Su naturaleza y Su mente. La Fuente de la vida misma puede ser conocida por el Espíritu Santo. ¿Y cambiamos esto por ver series de televisión? ¿Ignoramos esto a cambio de que les guste y compartan lo que ponemos en las redes?

Permite que el Espíritu Santo rompa la fortaleza de la distracción capturando tu mente y tu corazón, iluminando la imaginación, atrayéndote a las profundidades de Dios Todopoderoso, colorido, vibrante y glorioso.

La fortaleza de la ofensa

La fortaleza de la ofensa deja al cristiano con una vida de oración seca, una postura de adoración sin pasión, y una mente incapaz de recibir completamente lo que Dios habla a través de Su Palabra. Sabes que estás bajo esta fortaleza si vives en el recuerdo de una ofensa. Y ese recuerdo de la ofensa hace que sea más fácil ofenderte. Los cristianos que ya están ofendidos son los más fáciles de ofender de nuevo. La ofensa te da una lengua afilada, un comportamiento malhumorado, y una perspectiva cínica. Puede manifestarse en sarcasmo, comentarios pasivos agresivos, bromas con insultos sutiles, e incluso una mente hipercrítica. Cuando la gente está cerca de alguien que se siente ofendido, se sienten como si estuvieran caminando sobre cáscaras de huevo. Los ofendidos suelen crear una atmósfera tensa e incierta a su alrededor.

Al escribir sobre un hombre que había causado bastante confusión y dolor a la Iglesia, Pablo escribió sobre el perdón. Dejó claro que el perdón del ofensor era necesario para evitar las artimañas del enemigo.

> No exagero cuando digo que el hombre que causó todos los problemas los lastimó más a todos ustedes que a mí. La mayoría de ustedes se le opusieron, y eso ya fue suficiente castigo. No obstante, ahora es tiempo de perdonarlo y consolarlo; de otro modo, podría ser vencido por el desaliento. Así que ahora les ruego que reafirmen su amor por él. Les escribí como lo hice para probarlos y ver si cumplirían mis instrucciones al pie de la letra. Si ustedes perdonan a este hombre, yo también lo perdono. Cuando yo perdono lo que necesita ser perdonado, lo hago con la autoridad de Cristo en beneficio de ustedes, para que Satanás no se aproveche de nosotros. Pues ya conocemos sus maquinaciones malignas (2 Corintios 2:5-11 NTV).

Como creyentes, hemos muerto a nosotros mismos. No puedes ofender a un hombre muerto. No puedes ofender a una mujer muerta. Tú y yo ya no vivimos. Cristo vive en nosotros.

> *Mi antiguo yo ha sido crucificado con Cristo. Ya no vivo yo, sino que Cristo vive en mí...* (Gálatas 2:20 NTV).

La fortaleza de la ofensa se basa en la mentira de que tenemos derecho a cargar con la falta de perdón. La verdad es que debemos perdonar tal como Dios nos ha perdonado.

> *Por el contrario, sean amables unos con otros, sean de buen corazón, y perdónense unos a otros, tal como Dios los ha perdonado a ustedes por medio de Cristo* (Efesios 4:32 NTV).

Somos seres de la luz y el amor de Dios. Nuestra capacidad de perdonar debe asombrar al mundo y derretir el corazón de los infractores más atroces.

Por supuesto, esto no significa que aceptemos abusos de ningún tipo. Solo significa que practicamos el perdón a los demás como Dios nos ha perdonado a nosotros. ¿Nos castiga Dios según nuestros pecados? ¿Nos echa en cara Dios el recuerdo de nuestros pecados? ¿Nos acusa Dios constantemente de nuestras malas acciones pasadas? No.

Uno podría preguntarse: "Pero, ¿cómo? ¿Cómo perdono? Lo he intentado y sigo sintiendo rabia y dolor". El perdón no es un sentimiento; es una elección para liberar al individuo. Liberas al individuo eligiendo apartar de tu mente su maldad. No se trata de negar que te ha hecho daño, sino de negarte a ti mismo el derecho a reprochárselo.

> *Hagan todo lo posible por mantenerse unidos en el Espíritu y enlazados mediante la paz* (Efesios 4:3 NTV).

El perdón comienza cuando rechazas la mentira de que es correcto que guardes ofensas en tu corazón. Sé que no es popular decir esto, y hasta cierto punto, incluso la cultura de la iglesia está empezando a suavizar su postura al respecto. Sin embargo, bíblicamente hablando, no tenemos derecho a guardar una ofensa, nunca.

Luego Pedro se le acercó y preguntó :—Señor, ¿cuántas veces debo perdonar a alguien que peca contra mí? ¿Siete veces?

—No siete veces—respondió Jesús—, sino setenta veces siete.

"Por lo tanto, el reino del cielo se puede comparar a un rey que decidió poner al día las cuentas con los siervos que le habían pedido prestado dinero. En el proceso, le trajeron a uno de sus deudores que le debía millones de monedas de plata. No podía pagar, así que su amo ordenó que lo vendieran—junto con su esposa, sus hijos y todo lo que poseía—para pagar la deuda. El hombre cayó de rodillas ante su amo y le suplicó: 'Por favor, tenme paciencia y te lo pagaré todo'. Entonces el amo sintió mucha lástima por él, y lo liberó y le perdonó la deuda. Pero cuando el hombre salió de la presencia del rey, fue a buscar a un compañero, también siervo, que le debía unos pocos miles de monedas de plata. Lo tomó del cuello y le exigió que le pagara de inmediato. El compañero cayó de rodillas ante él y le rogó que le diera un poco más de tiempo. 'Ten paciencia conmigo, y yo te pagaré', le suplicó. Pero el acreedor no estaba dispuesto a esperar. Hizo arrestar al hombre y lo puso en prisión hasta que pagara toda la deuda. Cuando algunos de los otros siervos vieron eso, se disgustaron mucho. Fueron ante el rey y le contaron todo lo que había sucedido. Entonces el rey llamó al hombre al que había perdonado y le dijo: '¡Siervo malvado! Te perdoné esa tremenda deuda porque me lo rogaste. ¿No deberías haber tenido compasión de tu compañero así como yo tuve compasión de ti?'. Entonces el

rey, enojado, envió al hombre a la prisión para que lo tortura-
ran hasta que pagara toda la deuda. Eso es lo que les hará mi
Padre celestial a ustedes si se niegan a perdonar de corazón a
sus hermanos" (Mateo 18, 21-35).

El perdón no es cosa de una sola vez. A veces, no es solo la ofensa lo que necesitamos perdonar, sino el recuerdo de la ofensa. Debemos perdonar cada vez que recordamos cómo nos han herido. Esto se hace más fácil cada vez que eliges renunciar a la ira, cada vez que eliges dejar de imaginar la venganza, cada vez que eliges dejar de formar el caso contra tu ofensor. Puede que tú tengas razón. Ellos pueden estar equivocados. Puede que te moleste que se salgan con la suya. Pero tienes que aceptar esta verdad: no tenemos derecho a sentirnos ofendidos.

Puede que tú no seas capaz de perdonar, pero Dios sí. El perdón es una obra sobrenatural del Espíritu. Solo Él puede transformarte de tal manera que puedas perdonar como Dios perdona. Pídele, y luego elije comprometer tu mente a las verdades que son consistentes con la naturaleza perdonadora de Dios. Para perdonar cómo Dios perdona, necesitas Su Espíritu.

Ora por tu ofensor. Bendice verbalmente al ofensor. Rechaza la ira. Puede que tengas que hacer esto repetidamente, pero tienes que estar comprometido con el perdón si quieres liberarte. Rechaza la mentira de que tienes derecho a guardar rencor, persiste en bendecir al que te hirió, y luego libéralo al Señor a través de la oración. Recuerda cómo Dios perdonó tu deuda, y luego ve y haz lo mismo.

La fortaleza de la confusión

Muchos creyentes se sienten atrapados en la confusión sobre su vocación, sus vidas y sus creencias. Al escuchar tantos mensajes de tantas fuentes, empiezan a preguntarse dónde pueden encontrar certeza y tierra firme. Es en este lugar de no saber a dónde ir o qué hacer, esta temporada espiritual de "entremedio", lo que hace que demasiados cristianos se queden paralizados en la perplejidad.

¿Cuál es el origen de la confusión?

La confusión es el conflicto que se produce cuando no puedes negar la verdad pero tampoco quieres negar las mentiras que has abrazado. La confusión surge cuando te aferras a la mentira y a la verdad al mismo tiempo. Si quieres librarte de la confusión, debes resolver este conflicto. Si quieres resolver este conflicto, debes dejar de aferrarte a las mentiras. Aunque no sea inmediatamente identificable, el engaño se esconde detrás de toda confusión. El engaño es la raíz de toda confusión.

Por ejemplo, digamos que hay un hombre que busca esposa. En su desesperación, empieza a salir con una no creyente. La mentira que cree es que los cristianos pueden salir con no creyentes. Pero él entierra esa mentira profundamente, en algún lugar en el fondo de su mente donde no pueda incomodarlo o entrar en conflicto con sus pasiones. Después de semanas de salir con esta mujer, comienzan a surgir grandes conflictos. Así que finalmente empieza a orar sobre su relación. Suprimida en su subconsciente está la verdad que enterró—la verdad de que no debería estar en esta relación.

Luego, mientras ora, sus pasiones empiezan a luchar contra él. Ahora va de un lado a otro. "Debo estar en esta relación. No debería estar en esta relación". Incluso puede comenzar a orar para que Dios bendiga su desorden. Ahora está confundido. Una parte de él piensa que debería "resolverlo". Otra parte de él siente que "necesito terminar con esto". Pero hasta que no admita la mentira que se dijo a sí mismo, seguirá confundido.

Como otro ejemplo, digamos que una mujer está orando sobre lo que debe hacer por Dios. Ella cree en la mentira basada en el miedo de que si hace algo que Dios no le ha ordenado que haga, será duramente juzgada. Así que en vez de usar sus talentos y habilidades para el avance del Reino de Dios, se queda esperando alguna instrucción ultra clara y ultra específica sobre lo que debe hacer para Dios. No es consciente del hecho de que la Biblia ya da mandamientos generales: vivir santamente, evangelizar, servir en una iglesia local, estudiar la Palabra, adorar, orar, etcétera.

Está esperando que se abran los cielos y que una voz audible le dé instrucciones. Tampoco se da cuenta de que Dios revela progresivamente Su voluntad; Él guía a medida que avanzamos. ¿Qué hace entonces? Nada. Se queda esperando a que Dios le dé un manual paso a paso para cada día. Cuando eso no sucede, se siente confundida. "¿Qué debo hacer para Dios? No sé cuál es mi vocación. Estoy esperando que Él me la revele". Se siente desanimada, ignorada, frustrada y, sí, muy confundida sobre qué hacer. Todo esto se solucionaría si dejara de creer la mentira de que tiene que esperar instrucciones ultra claras. Una vez que se dé cuenta de la verdad, de que simplemente debe vivir según la Palabra y hacer algo con lo que Dios le ha dado, se libera de la confusión. Y al empezar a hacer algo, Dios le revela claramente sus próximos pasos.

Podemos estar confundidos acerca de las relaciones, los llamados, la doctrina y muchos otros aspectos de la vida. Si estás confundido, Dios no te puso ahí.

Porque Dios no es Dios de confusión, sino de paz, como en todas las iglesias de los santos (1 Corintios 14:33 LBLA).

Cuando no puedes ver un camino claro hacia delante o no estás seguro de en qué creer, en quién confiar o adónde ir, eso es confusión. Por eso necesitamos tanto al precioso Espíritu Santo. El Espíritu Santo habla claramente a través de las Escrituras. Las Escrituras son "inspiradas por Dios", son de Su Espíritu.

*Toda la Escritura es inspirada por Dios y útil para enseñar,
para redargüir, para corregir, para instruir en la justicia, a fin
de que el hombre de Dios sea perfecto, enteramente preparado
para toda buena obra* (2 Timoteo 3:16-17 RVR1960).

Cuando estés atrapado en la confusión, busca en las Escrituras. Allí encontrarás las instrucciones del Espíritu Santo. Haz lo que la Palabra dice claramente, y el Espíritu Santo te revelará Sus instrucciones específicas para tu vida. Tu obediencia a lo que está escrito en la Palabra te facilitará escuchar los susurros del Espíritu Santo a tu corazón.

Cómo mantenerte libre

Fuiste creado para vivir en victoria. Para aprovechar esta victoria, para ganar en la batalla por la verdad, necesitas aplicar la armadura de Dios y luego apoyarte en la fuerza del precioso Espíritu Santo. Él te ayudara a apuntalar los puntos débiles espirituales (cerrar puertas), identificar fortalezas, y luego comenzar a derribarlas.

Primero, debes tratar con los aspectos demoníacos de la fortaleza al conocer la autoridad de Dios, alinearte con la autoridad de Dios, y luego ejercer un mandato divino. Si esto no hace que el demonio cierre su boca, necesitas ayunar y orar. La oración y el ayuno te ayudarán a librarte de compromisos y dudas, alineándote así con la autoridad de Dios. Si ni siquiera esto parece funcionar, es probable que ahora estés tratando contigo mismo, no con satanás. Porque después de que hayas ejercido la autoridad divina, los demonios no pueden mantener la influencia, así que la influencia que permanece debe ser de la naturaleza carnal.

Al mismo tiempo, debes practicar los principios básicos de la disciplina cristiana: la oración diaria, la devoción a la Palabra, la santidad y la obediencia a Dios. Una vida así te dará la base adecuada que necesitas para elegir creer la verdad, luchar contra las mentiras que refuerzan y renovar tu mente.

Cualquier cosa que Dios no trate instantáneamente, Él te ayudará a tratarla progresivamente. Ahora es cuando tienes que comprometerte a aplicar las verdades que te he mostrado de las Escrituras. Esto es cuando serás tentado a buscar soluciones rápidas y abrazar doctrinas religiosas que lo pondrán de nuevo en un ciclo de esclavitud.

Así que no nos cansemos de hacer el bien. A su debido tiempo, cosecharemos numerosas bendiciones si no nos damos por vencidos (Gálatas 6:9 NTV).

Tienes que persistir en hacer lo que sabes que te lleva a la libertad. Aunque solo sea por eso, la mayoría de los creyentes no pueden ser libres. Simplemente eligen evitar el compromiso con el proceso de Dios. Sí, Dios puede hacer cualquier cosa instantáneamente. Pero en algún momento, necesitas comprometerte a tratar con los problemas de ti mismo.

Cuando los problemas de la carne surjan de nuevo —y seguramente lo harán— aplica los métodos bíblicos de liberación y libertad. Muchos cristianos entran en pánico cuando enfrentan una dificultad o tienen que tratar con problemas con los que ya han tratado antes. Así que no confundas la batalla con el yo por la esclavitud de satanás. Solo porque batallas no significa que estás atado. Solo puedes volver a estar atado si dejas de creer en la verdad. Y la verdad es que se te ha dado todo lo que necesitas para continuar en victoria.

Muchos creyentes quedan atrapados en décadas de esclavitud, simplemente porque son impacientes con el proceso de Dios. Se dan por vencidos antes de lograr algún progreso. Darte por vencido es evidencia de que no crees que el camino de Dios funcionará. Si creyeras, más allá de toda duda, que el camino de Dios hacia la libertad funcionaría, no importa cuánto tiempo tome, permanecerías en el proceso. Decídete ahora: vas a ser libre y no vas a abandonar el proceso.

El Espíritu Santo te da paciencia para el proceso. Usa la paciencia que Él te da.

En cambio, la clase de fruto que el Espíritu Santo produce en nuestra vida es: amor, alegría, paz, paciencia, gentileza, bondad, fidelidad, humildad y control propio! (Gálatas 5:22-23 NTV).

Te mantienes libre viviendo de acuerdo con la Palabra y permaneciendo fiel al proceso del Espíritu Santo, sin importar la demora o el contratiempo. Sigue adelante. Notarás algún progreso en unos pocos días, luego semanas, luego meses. Entonces, antes de que te des cuenta, mirarás hacia atrás a donde empezaste y dirás: "Soy libre. Soy verdaderamente, verdaderamente libre".

El Espíritu Santo expone las mentiras y te recuerda la verdad. Él instantáneamente rompe el poder demoníaco y progresivamente obra Su poder en ti para ayudarte a vencerte a ti mismo. Él te llama a ser libre, te libera, y luego te mantiene libre. Verdaderamente, el Espíritu Santo es *El que rompe las de ataduras*, y Él vive en ti.

Sobre
David Diga Hernández

David Diga Hernández es evangelista, autor de libros éxito, You-Tuber, ministro de sanidad y amigo del Espíritu Santo.

Su ministerio de sanidad evangelística realiza servicios milagrosos en todo el mundo y llega a millones de personas a través de los medios de comunicación.

David cuenta con una gracia para evangelizar a los perdidos y llevar a los creyentes a la cercanía con el Espíritu Santo.

From

David Diga Hernandez

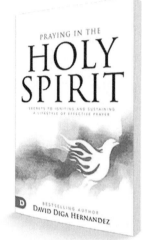

If you've ever been frustrated in your prayer life, this book is for you

Do you ever feel like your prayers are not effective? Does your prayer life lack vitality and consistency?

The secret to a thriving prayer life is not a formula—it is the supernatural power of the Holy Spirit. As you learn to engage with the Spirit of God, your prayer life will soar to levels you never dreamed were possible!

In *Praying in the Holy Spirit,* internationally recognized evangelist, teacher, and healing minister, David Hernandez presents bold answers to tough questions about prayer and offers revelatory insights to help you commune with the Holy Spirit in powerful ways.

Move beyond striving and struggling in prayer. It's time to pray in perfect faith from unhindered union with the Holy Spirit.

Purchase your copy wherever books are sold